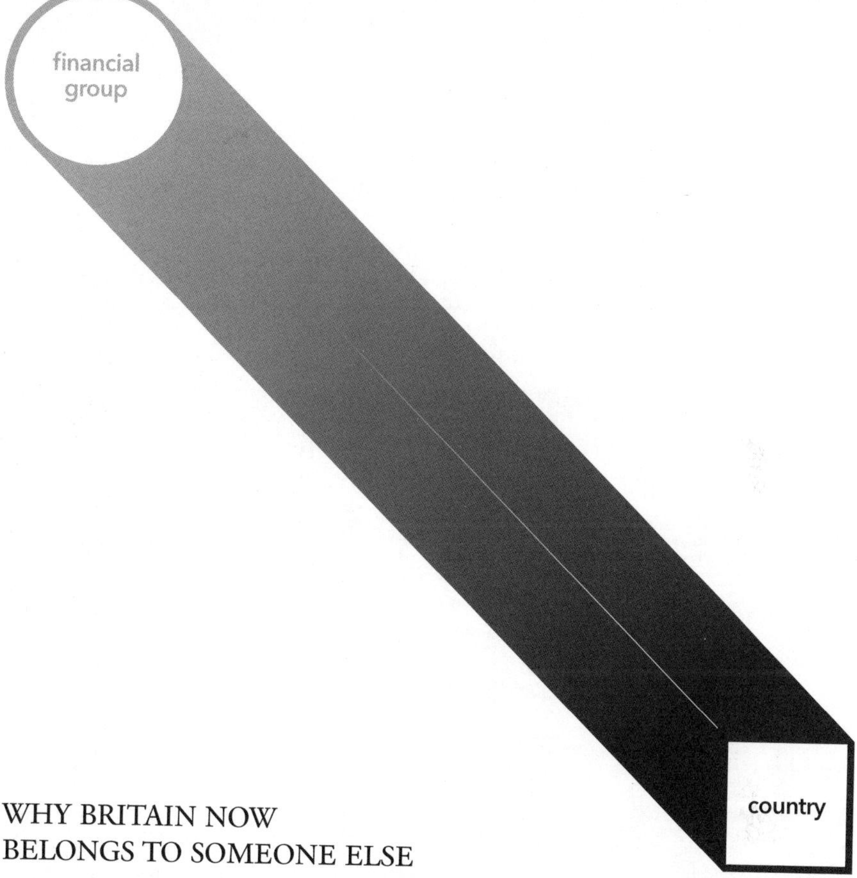

WHY BRITAIN NOW
BELONGS TO SOMEONE ELSE

PRIVATE ISLAND

財團治國的年代

從自由市場到——不自由的人民

詹姆斯・米克／著　黃佳瑜／譯

導讀 天下沒有免費的午餐及晚餐

李顯峰　台大社科院公共經濟研究主任

當前全球爭議的焦點是開放或保護之爭，各地有贊成自由貿易，同時也有人抗爭，隨著所得分配的惡化，這樣的衝突越來越熱烈。一九八〇年代全球興起一股自由化的風潮，大力倡議小而美政府的理念，反對凱恩斯學派主張的干預經濟活動，各國政府紛紛檢討公共行政體制的設計及運作。隨著新自由主義思潮衝擊各國的經濟政策，大力鼓吹自由化及政策鬆綁，國（公）營事業追求私有化（民營化），保護財產繼承，變更司法管轄權，這些成為一股熱潮。本書檢討一九八〇年代英國在柴契爾夫人主政期間大力推動的民營化政策，不幸的是結果顯然與原主張預期的理想落差甚大。

本書作者詹姆斯・米克曾擔任《衛報》駐莫斯科記者九年，對於共產經濟轉型過度為市場經濟期間的過程有親身的體驗，再加以對照英國混合式經濟制度的國營事業紛紛轉型發生的混亂現象。作者以故事體方式描述英國數個國（公）營事業民營化，證明了從一九八四年電信事業民營化、接著一九八六年天然氣事業、一九八七年機場航站、一九九〇年代的電力及鐵道事業，結果都是不完美的結局。本書點出問題與全球企業及跨國連鎖集團的策略有關。書中取材舉例豐富，描述整個事件的發展過程完整細膩，如同看一部電影般精彩，但因訪談有關的機構、人物及英國的地名相當多，也出現許多國際大企業名稱，剛開始閱讀時的確會對讀者造成混雜困擾；但讀者也能藉本書檢討的案例，認識英國經濟及社會體制的運作，以及許多跨國壟斷性企業的經營作為。

書中檢討整理英國私有化（或民營化）的事業分別是：一、郵務私有化：分揀室的故事，二、鐵道私有化：導致號誌失靈，三、自來水私有化：導致沒有一滴水可喝，四、電力事業私有化：發生電力戰爭，五、醫療服務私有化：結果是傷痕累累，六、國宅私有化：導致沒有空房可住，七、英國成為私人封閉島嶼：不歡迎外來族群。因為經營者代理問題的嚴重怠忽，民營化的結果使鐵道不能更新，新號誌系統只是一個空想。自來水公司民營化後，客戶反而無水可喝。

作者在每一項事業討論完後也自問，他所提到的每一家英國國（公）營事業的民營化過程，包括國際間企業的併購，公司的股權層層轉讓最後到其他不同國家（法國電力公司、加拿大退休基金、德國公司、香港李嘉誠集團、中國大企業等）的股東手中，等於英國的客戶繳稅給外國的股東。這樣的批判是否是顯露出民族主義、沙文主義，甚至是種族偏見？是否成為自由主義的敵人？

一九九〇年柴契爾夫人辭職下台當天，在國會演講，仍強調私有化政策是讓英國企業掙脫枷鎖，讓百姓們得以買下國營事業的股分，將權力還給民眾，使英國的事業能與歐陸公開市場競爭。但事實演變是，電力事業私有化反而剝奪人們的權力，而且讓權力轉歸法國國營電力公司所有，違反當初民營化的初衷。有趣的是，作者指出西班牙經濟學者哲瑪・貝爾（Germà Bel）追蹤私有化的概念，是源自德文的「Reprivatisierung」，一九三六年《經濟學人》柏林特派員報導當時納粹的經濟政策時，首次將其翻譯成英文。一九四三年席尼・馬林（Sidney Merlin）在《經濟學季刊》（*Quarterly Journal of Economics*）發表一篇分析納粹經濟政策趨勢的論文中，首次應用「私有化」名詞出現在學術論文中。文中提到納粹黨透過「私有化」政策，協助黨內高階成員及同謀者累積私人財產及工業財富，使一小群人逐漸掌握政治與經濟實權。私有化的結果似乎與一般能普及權力的概念認知不同。

比較十九世紀及二十世紀初，歐洲的自來水、天然氣、電力、鐵路、電報及電信等公用事業慢慢被收歸國有，由中央及地方政府完成及經營；相對上，美國允許私人企業經營重要的公用事業（例如電力），私人企業能壟斷地方市場，但美國管制投資報酬率上限，最高利潤只能占公司與股東已投入資本及其未來投資（以維持經營）的一個比率，結果因為資本報酬遞減律的作用，必須投入更多的資本支出來維持一定的報酬率，可能導致資本投入的浪費。另美國曾經因管制電力售價，當時油價攀升使發電成本高漲，導致加州發電廠嚴重虧損而歇業不發電。而英國的制度問題是未提供誘因獎勵公用事業，鼓勵投資高科技及更多的實驗。

國（公）營事業的經營，常發生「軟性預算」現象——因效率較低，不斷追加預算。深究其原因很多，其中賴賓斯坦（Harvey Leibenstein）曾提出X無效率（X-inefficiency）概念解釋公營或獨占事業的效率低落。導致公（國）營或獨占事業經營低效率的因素主要源自：(1)個人的動機效率，(2)企業體內各組織間的動機效率（intraplant motivational efficiency），(3)外部動機效率，(4)非市場投入效率。其中主要阻礙生產要素（即勞動、資本、自然資源）無法達到效率水準的理由是：勞動契約不完整、並非所有的生產要素都能在市場上交易、生產技術變動、並且競爭性廠商的互動存在極不確定性，生產要素有效利用度受動機壓力而決定。

此外，由公共行政角度探討。一九七一年尼斯坎能（W. A. Niskanen）探討官僚體制及代表性政府，在供給面經濟學及公共選擇理論界獲得相當大的迴響。行政部門（官僚體系）是公共財的獨占供給者，民意機關（立法機構）代表選民審查預算，成為預算的供給，如同是公共財的專買者；行政部門需要支用預算，成為預算的需求，追求最多預算額度的使用，選民透過民意機關希望追求利益極大，雙邊都擁有獨占地位，經過競爭的結果，得到最適當公共服務水準。由於行政部門對於公共財的生產及成本較一般民眾知道較多，形成資訊的不對稱，導致行政部門不斷擴充預算規模，政府支出一再擴充，造成財政困難。

但英國在推動公營事業民營化的過程中，推動實施「民間投資創建」（private finance initiative, PFI）制度有相當的成效，就需求具有急迫性、建設計畫自償性低的公共建設或公共服務，以民間財務主導公共建設的方式推動，將民間引導投入公共建設，靈活運用政府財政，「民間投資創建」制度對英國財政帶來很大的貢獻。

另外，英國在民營化過程中，有些政治人物常發表反對歐盟的言論，作者認為常常是自相矛盾的民粹式言論。這些政治人物認為歐盟是英國一切問題的源頭，批評歐盟阻礙地方政府，賦予勞工太多權力以至於傷害英國經濟、英國企業無法出口更多的商品到印度、歐陸到英國的移民增加是造成社會住宅短缺的主因、移民（特別是東歐來的）搶奪了非技術性的工作機會，這些瀰漫社會的氛圍累積下來，形成對歐盟不滿的情緒，終於醞釀為二〇一六年六月二十三日，英國公投贊成脫離歐盟的結果，不會令人覺得意外。

作者批評英國公用事業私有化政策捍衛者有六項迷思（他稱為依賴的謊言），一、民營企業的結構較公營事業健全，他認為這種想法是狂熱的信仰；二、私有化的網路（如自來水及能源輸送）必須在市場上競爭，但公用事業本身都具有獨占性質因此不適合；三、政府權力縮小意味著降稅，當稅制由累進退回單一稅制，需要考慮負擔能力；四、福利刪減後，一般民眾的收入下降。而當公用事業服務的網路越普及，且公用事業越昂貴，便不是人人可負擔；五、從表面上看，私有化有助於英國在海外市場的競爭，但實際上英國的自來水、能源及運輸業的所有權移往海外；六、私有化行動對文化造成破壞，人們卻不在乎。

對這些迷思，作者嘗試提出一些想法改正：包括各界要有私有化企業是「使用者付費」的概念，天下無免費的午餐，民眾應認同這是提高稅負的概念。公用企業應由非營利組織負責經營，透過發行債券籌資，不應出售股分；公用事業服務網路普及應採取累進費率，量能負擔，並且私有化企業的主事者應具有民意代表性，可以透過直選產生。但這些想法僅供參考，在不同國家不見得都可行，需要一些修正規畫。

國內推動民營化已有一段期間，已獲得一些成果，大體上若干國營事業民營化後政府仍擁有營運主導權，績效有高有低，取決於代理經理人的能力及組織結構的效率，如同《經濟學人》提出的「大政府不必然一定是醜惡的，如同小政府也不一定是美的」（二〇〇九年八月二十九日）。市場規模不大者，開放競爭反而帶來共慘的結果。參酌可競爭性市場的理念，允許企業擁有獨占或寡占的市場地位，但定價不能帶來過高的超額利潤，對民眾福利也是有利的。

市場機制發生失靈，得靠政府管理機制調和，但政府干預過多也會導致政府失靈，兩者應取得一定程度的平衡。企業治國能引進誘因競爭的機制，能提高效率，只是需注意到不應只著重績效（利潤），忽略企業的社會責任——股東、經理人、勞工及環境是共存共利，也要服務社會。本書所舉的英國民營化的案例教訓都可以提供財經政策規畫及推動的借鏡，以減少未來失敗的可能性，而對於公共行政、經濟學、公共經濟學或財政學、公司治理等學科更可做為重要的教材或案例。

二〇一六年八月三十日

謹將本書獻給蘇菲，並紀念偉大的建築師

——克里斯・吉爾林（Chris Geering）

目錄

Contents

引言

一九九一年冬天早晨，我將一把吉他、一本濃縮版牛津英文字典，以及一套俄語自學課程塞進一輛老福斯汽車，從我在愛丁堡附近的住處出發，驅車前往基輔。路上花了五天時間，離開我成長的島嶼英國，也離開了秩序與繁榮，一路東行，等待蘇聯瓦解。我不用久等。到了基輔幾星期後，蘇聯不復存在，俄羅斯和烏克蘭就此分道揚鑣。基輔的交通警察揮手攔下我這輛掛著外國車牌的汽車，脫口而出，「你來蘇聯有何貴幹？」過了一會兒才猛然臉色蒼白、口乾舌燥，茫然若失地別過頭去，彷彿是被角頭老大拋棄的街頭混混。一場歷時七十年的實驗宣告結束。這場實驗的內容，是要看看能否強迫生活在跨歐亞帝國的數億人口奉行公社精神；而答案早已揭曉——那是行不通的。我並不惋惜蘇聯共產主義破滅。儘管之後的諸多發展並不盡如人意，我仍然不哀悼它的消逝；在這片殘存的空隙中，開始出現新生的希望。然而，我原本以為那些搶著接管這片殘破家園、見利忘義而又貪婪的人物，不過是改變的過渡象徵；過了一陣子我才明白，他們就是改變的本質。

這本關於英國的書，緣起於烏克蘭和俄羅斯。眼看著各方禿鷹前來掠食全球最大計畫經濟體的遺骸，我不禁開始對本國政治家、經濟學家、說客和生意人所做的一切產生了質疑。我離開蘇格蘭的時候，理所當然以為自己了解英國；我以為柴契爾的改革方案屬於過渡政策，只能影響表面，不會動搖人民的根本生活。我得取徑基輔和莫斯科才發現自己錯了，才開始認清她和她的追隨者給英國帶來的改變竟如此深遠。

透過後見之明來看，一九九一是關鍵的一年。最開始，以柴契爾和雷根馬首是瞻的自由市場經濟體系，因為社群主義（communitarianism）在全球各地風起雲湧而被壓抑了十多年。然後柏林圍牆垮了，波蘭、捷克、匈牙利、羅馬尼亞和保加利亞的共產政權也垮了。從智利到紐西蘭，自由市場價值觀——也就是認定政府天生無能、課稅是沉重的枷鎖、財富欲望是成就的最大動機、彼此競爭的私人企業最能滿足人類的一切欲求——在非共產國家越來越根深蒂固。民眾普遍相信政府超支以及為一己之私而成立的工會，是一九七〇年代經濟停滯、通膨高漲的罪魁禍首；柴契爾和雷根靠著輿論撐腰，大膽地挑戰強大的工會，並且贏得了勝利。歐盟理論上是單一市場，因此阻礙商品與資金在國際間流通的屏障消失了。在英國，老百姓的貸款上限取消了，數百萬人取得信用卡。管制銀行如何運用民眾存款的重重法規也廢除了，難以想像的巨額資金在檯面下從一個國家轉移到另一個國家。政府支出遭到刪減，所得稅和公司稅也隨之降低。日常服務的銷售稅和手續費升高。公有住宅和大型國營事業紛紛轉為私有，導致成千上萬人遭到裁員。國際貨幣基金組織和世界銀行為開發中國家提供紓困貸款時，便以柴契爾在英國推動的方案為靈感來設計紓困條件。[1]

然而一九九〇年底，市場基本教義派的勝利似乎搖搖欲墜。雷根和柴契爾退出舞台，交棒給沒那麼急切、沒那麼富有魅力的人選。把市場經濟引入中國的鄧小平失勢；傳統共產黨員也指責他挑起了六四天安門事件。在蘇聯，被市場基本教義派寄予厚望的戈巴契夫也同樣遭到強硬派反擊；波羅的海國家脫離蘇聯的希望看來黯淡無光。而半社會主義的伊拉克獨裁者薩達姆・海珊，入侵了半資本主義的科威特。

然而隔年，開始有越來越多市場派人士相信，採取中央規畫的共產政權即將全面潰敗，美國會「打贏」冷戰，並且「終結歷史」。一九九一年初，情勢逐漸明朗；對於是否應該強制規定立陶宛留在蘇聯體制內，蘇維埃領袖失去了必要的共識與冷酷。那年夏天，一場企圖推翻戈巴契夫、最終卻失敗收場的丟臉政變，預示了波羅的海國家的獨立；烏克蘭也投票選擇同樣的道路，蘇聯就此宣告解散。年初，我在科威特見到一群資深英國戰地記者為了是否報導前線的軍情部署而發生激烈爭執；我們都認為英國和美國軍隊永遠不需要再上戰場，沒有幾個人懷疑海珊會走向失敗的命運，而他也真的被打敗了。那年十一月，我從位於比利時的奧斯坦德（Ostend）渡船口驅車東行時，自由市場主義的勝利浪潮似乎正席捲世界、不斷擴張，在我的輪下閃爍著光芒。這股浪潮有許多名字——消費資本主義、雷根主義、柴契爾主義、新自由主義、華盛頓共識。雖然兩德邊境的瞭望塔依然聳立，邊境卻已不存。在東德的中世紀城鎮上，狹窄的鵝卵石街道塞滿了二手汽車。我經過一片空地，在那裡，一家迫不及待的西德ＤＩＹ連鎖商店，等不及鋼鐵和建築磚塊抵達，逕自架起一張巨大的圓形帳篷，燈火通明地做起了生意。這座帆布超級商場彷彿一艘來自燦爛文明的太空船，降落在這片土地上，供應用塑膠膜包裝的建築零件和五花八門的衛浴設備。在波蘭，我因為濃霧而在弗羅茲瓦夫（Wrocław）附近迷了路。我見到小商店如雨後春筍在各地冒了出來，連最小的村落也不例外。半夜三更，在茫茫荒野中，我被濃重的煤煙弄得分不清方向時，遇到一個小生意人在路邊的小攤子叫賣咖啡；那是我嚐過最香醇的咖啡。這個小生意人彷彿是柴契爾價值觀的捍衛者，隨時準備好全天候服務，風雨無阻，彌補在共產時代失去的時光，默默嘲笑我從蘇格蘭帶來的、質疑自由市場的懷疑眼光。然後我跨越邊界進入烏克蘭。在這裡，蘇聯還有一個月才會告終。

對我而言，目睹毫無私人資產或私人企業可言的計畫經濟體，在毫無計畫的情況下突然瓦解，不啻為一系列赤裸而深入的經濟課程。我見到蘇聯共產體制不僅剝奪人民的人身自由，更在經濟領域上一敗塗地。遠在蘇聯解體以前，住房短缺問題便已積重難返；有時候好幾家人合住一間兩房公寓，有時候一家人分住好幾間宿舍。一九一七年革命之後從資產階級手中沒收的房屋，過了七十年還沒進行修繕；基礎建設破爛不堪；一九六〇到一九七〇年代之間沿著工廠周圍興起的城市與鄉鎮，每天只供應幾小時的自來水。由於需求與生產供給之間的凝聚元素——即價格——已經從交易等式中去除，另外改由莫斯科計畫員擬定的數字來操控，因此，沒人要的東西（比如蘇維埃政治家的著作全集、列寧半身塑像）氾濫成災，大家都要的物資（起

1. 一九七〇年代油價大漲後，波斯灣國家現金氾濫；他們借錢給北美洲及歐洲的銀行，後者轉而將資金借給拉丁美洲、非洲和加勒比海國家，資助野心勃勃的基礎建設計畫。後來，這些貧窮國家發現自己無力償還貸款，便向國際貨幣基金組織及世界銀行求援。

司、咖啡、香腸）卻極度短缺。社會出現嚴重不平等；這樣的不平等不僅反映在財富與資產上，也反映在有沒有管道取得每個人都該享有的便宜物資。食物得依照中央命令（而不是價格）由政府官員進行配給，結果就是讓餐飲生意成了黑市和犯罪集團的溫床。機場和火車站簡直成了難民營，因為票價低到幾乎免費，但是沒有足夠班次載運所有想搭乘的旅客。獨立後，俄羅斯與烏克蘭政府當局的第一項措施，就是大舉生產人民長期短缺的一項基本物資：鈔票，結果引發惡性通貨膨脹，數百萬人的儲蓄瞬間蒸發。

共產政權垮台的另一面，除了行動自由與言論自由蓬勃發展之外，還帶來了活躍的創業熱潮。吃苦耐勞的中年婦女大軍踏上史無前例的旅程，前往波蘭、土耳其和中國的市集，為俄羅斯和烏克蘭帶回牛仔褲、皮衣和金飾，讓俊男美女穿上渴望已久的精美行頭。商店、餐廳、酒吧、咖啡館和夜總會紛紛開業，書店和唱片行隨處可見。外國企業引進神奇商品，例如衛生棉條和國際直撥電話。基輔從原本什麼都買不到的地方，變成了只要有辦法、什麼都不缺的地方。

在基輔的頭幾個月，我數度懷疑自己是否成了柴契爾信徒——鄙夷計畫經濟、重新認識印鈔票的危險、由衷感激創業家。我無法明確指出這些念頭是在哪一刻突然幻滅的。或許是在我看到一大群赤貧退休族的那一刻：在莫斯科的白俄羅斯車站外，我看見好幾百位可敬的老婦人肩挨著肩站在寒風刺骨的黑暗中，人人手裡拿著一條香腸要賣——這是窮途末路下的自由市場。或許是在我造訪沃爾庫塔（Vorkuta）極地礦區小鎮的那一刻：在那裡，礦工的工資用三明治代替，老闆則以自由市場的價格出售煤炭，賺得口袋滿滿。或許是在我跟世界銀行分支機構「國際金融公司」（International Finance Corporation）駐莫斯科代表團理事羅傑・蓋爾（Roger Gale）會面的那一刻：當時他暢談俄羅斯的企業民營化計畫，方法是給所有市民發一張私有化證券（voucher），人們可以用來（而且只可用來）購買股分。我離開他的辦公室，走到一個販賣外國巧克力、堅果和汽水的攤子，儘管不是俄羅斯人，我還是輕易用十三英鎊現金買到一張私有化證券，無須證件。政府估計這些照理只能單次使用的私有化證券，平均使用了二到三次。

又或者是在一九九五年，我到伏爾加格勒（Volgograd，原本的史達林格勒）參觀民營化工廠的那一刻？這家一度雇用了上萬名員工的工廠，老闆因為被控侵占公款而在牢裡候審，剩下的幾名員工已經好幾個月領不到薪水了。工廠內的一名前黨工帶我四處參觀。我們在她的辦公室會面：在那裡，共黨革命英雄的半身像和堆積如山的泛黃《真理報》全都積滿了灰塵；馬克思和列寧全集長年幽禁在她身後的玻璃櫃裡，無人聞問。廠裡有一位老員工，等著分配公有住宅二十年了，好不容易排到第二順位，卻遇上開放改革。我曾經問他，既然拿不到薪水，何不索性罷工？「要是知道你會問這種問題，」身為列寧後嗣的黨工女士從牙縫擠出這句話，「我絕不允許你到這裡來。」

在幻滅的最初階段，我並未立刻將前蘇聯的極端市場化與私有化，跟英國經濟的部分私有化聯想在一起；畢竟，英國經濟向來就是以私有企業為主體。我仍舊假設兩個世界之間存在某種根本上的差異。英國有許多監督機構負責制定規則、管理私有化的產業，例如電信監管局（Ofcom）和水務監管局（Ofwat）等等；而在烏克蘭和俄羅斯，管制私有化的主要手段就是謀殺（起碼早期如此）。尤其在俄羅斯，少數人士將國有的石化和金屬事業據為己有，迅速致富。他們賺的錢多得令人咋舌，繳的稅也低得令人咋舌。原本應該用來修築道路、醫院和學校的經費，最後流向了遊艇、倫敦房地產和海外的足球隊伍。但是那應該跟英國的私有化毫無共通之處吧，不是嗎？

我開始注意到，一九九〇年代在烏克蘭和俄羅斯遇到的英美生意人和理財顧問，似乎有些不太對勁。他們比較在意企業賦稅過重，而不在意課稅太輕；比較重視保護私有財產，而不重視保護退休族；而且，他們也不關心地方工會力量薄弱或者受到壓迫。不過我想，這些都不足為奇；畢竟他們的俄羅斯夥伴不斷遭到暗殺。真正驚人的地方是，這些資本主義使徒中，似乎有太多人深信著一個神話——也就是英美經濟的一切美好事物，全都源自於自由市場。他們似乎相信（或者用談話、演說、寫文章等方式佯裝相信），在他們富裕的現代社會中，整體社會架構，包括道路、供電系統、鐵道、自來水和污水處理系統、無遠弗屆的郵政服務、電信網路、住宅、教育及醫療服務等，除了偶爾投入的慈善捐款，其餘都靠私人創業家基於利益欲望而扶持創立。然後傲慢自大的寄生蟲政府踉踉蹌蹌登場，替它手下那幫好吃懶做的兄弟沒收民營資產、伸手要好處。我不想替俄羅斯人或烏克蘭人卸責，面對共黨政權解體之後的問題，他們的處理方式確實有待商榷；不過，華盛頓共識交給他們的處理範本，卻是建立在虛假的歷史上。如果這是華爾街與倫敦金融區的自由經濟信奉者對俄羅斯人描述的資本主義世界，我在一九九九年搬回英國的時候不禁思忖，他們又如何描述我們的世界？結果如何？

* * *

當柴契爾的保守黨在一九七九年上台執政，英國經濟的一大部分以及幾乎全體的基礎建設，全都掌握在國家手中。至於「掌握在國家手中」這句話的確切定義，則取決於你的政治立場。對於傳統社會主義者而言，它的意思是「掌握在人民手中」；對於傳統托利黨人[2]來說，則代表「掌握在英國人手中」；對於柴契爾及其支持者，這句話的意思是「掌握在擅權的官僚和自私貪婪的工會分子手中」。多大一部分經濟？全國三分之一的住宅由國家出租；醫療服務也是；大部分的學校；軍隊；監獄；道路；橋梁；自來水；污水處理；國家電網（National Grid）；發電廠；電話與郵政系統；天然氣；煤礦；鐵道；垃圾收集；機場；許多港口；地方與長途客運；貨運車隊；核燃料再處理；飛航管制；絕大部分的汽車、船隻與飛機製造業；大多數鋼鐵廠；英國航空（British Airways）；石油公司；大東電報集團（Cable&Wireless）；製造飛機引擎的勞斯萊斯（Rolls–Royce）；製造武器的皇家兵工廠（Royal Ordnance）；海聯（Sealink）渡輪公司；信託儲蓄銀行（Trustee Savings Bank）；郵政銀行（Girobank）；

2. 譯註：the Tories，托利黨是英國保守黨的俗稱。

費倫蒂（Ferranti）和映懋（Inmos）等科技公司；醫療科技大廠阿莫先國際公司（Amersham International），以及其他許多企業。

過去三十五年間，這個共有的經濟體、屬於人民的島嶼，或多或少落入了私人手裡。數百萬戶公有住宅賣給了原來的承租戶或住房協會。大多數道路還在公家掌控之下，但是私有化觸角已深入了國民健保服務（NHS）、公立學校、獄政單位和軍隊。剩下的也都被柴契爾和她的繼任者一一變賣。柴契爾在她卸任之際誇口表示，百分之六十的老國營事業都已轉入民營——而這還是在鐵路和電力系統被拿出來拍賣之前的數字。

柴契爾私有化革命的原始背景，是經濟出現停滯性通貨膨脹、全國上下充滿挫敗感、一般人（甚至死忠的工黨支持者）都認為工會變得太過強大，阻礙了國家發展。工黨及柴契爾保守黨內的溫和派前輩，幾番與工會和雇主協商抑制工資和物價，試圖運用行政手段控制通貨膨脹；工黨也在國際貨幣基金組織的壓力下縮減了政府開支。但是柴契爾和她的核心幕僚打算下猛藥，他們的激進計畫讓黨內的溫和派深感震驚。

她的首席經濟顧問——已故的亞倫・華特斯（Alan Walters）相信，通貨膨脹和經濟疲弱的一大主因，是納稅人的錢被浪擲到人員過剩的老派國營事業上。他認為，英國的國營事業正如蘇聯的情況，利用怪異的、不透明的作帳手法掩飾其無效率，使勁吸取政府補貼金，毫不計算投入生產所需的時間和精力，也不考慮民眾真正想要的是什麼，或者願意付多少錢購買。只要政府補助金源源不絕而來，無論管理階層或基層人員都沒有意願去思考更聰明的工作方法或引進新技術，因為那意味著工作量減少，進而削弱老闆的權力、縮減工會的規模。是的，華特斯知道他的女門徒柴契爾會大刀闊斧砍掉對鋼鐵、煤礦、電力和其餘一切的補助；是的，數十萬勞工都得捲鋪蓋走路。但那樣還不夠；必須盡可能將眾多國營企業轉入民營——切分股權，向民眾出售。這些企業將不再受到政府補助，它們必須和民營公司一樣想辦法借錢，仔仔細細記錄花出去或賺進來的每一分錢以便跟股東交代，並且努力追求利潤。利潤越大、企業越有效率，管理階層得到的獎賞就越豐厚。最重要的是，它們必須跟其他公司競爭。一旦落後於競爭者，就有破產的風險。經理人面對的是賞罰分明的制度。英國產業的全球競爭力會越來越強，能夠為人民提供更好的服務。政府則省下了納稅錢。被解雇的勞工會收到遣散費；只要經濟回穩，他們可以去創業，或者找到其他更有用的工作。人人都是贏家——只有懶惰蟲和亞瑟·史卡吉爾[3]除外。

數百萬民眾買了股分。大多數英國人搞不清楚狀況，只能假設推動私有化的主要原因，是為了替身處絕境的政府籌措現金。哈洛德·麥克米倫[4]過世之前，對雜貨店女兒（指柴契爾夫人）的所作所為，做了一番伍德豪斯式的尖刻評論。這段經常被引述的話是這樣說的：「對於遇到財務困難的個人或政府來說，變賣資產是稀鬆平常的事。首先賣掉喬治王時代的銀器，然後是大廳裡的每一件好家具，最後就輪到卡納萊托[5]了。」

3. 譯註：Arthur Scargill，左派人士，曾任英國工會領袖，活躍於勞工運動。
4. 譯註：Harold Macmillan，英國保守黨政治家，一九五七至一九六三年出任英國首相。

柴契爾主政時期一直擔任內閣成員的奈吉爾・勞森（Nigel Lawson）是私有化行動的另一個忠實擁護者。他駁斥政府靠變賣家傳銀器斂財的說法。他在回憶錄中寫道，讓許許多多百姓擁有股分，才是重點所在。「私有化的主要動機不在於充實國庫，」他聲稱，「而在於對自由市場以及財富廣泛分配的信仰。」

若非柴契爾本人、她敏銳的政治嗅覺、她對自身判斷的堅定信心，以及她那種除非對手讓步絕不罷休的毅力與恆心，無論華特斯、勞森，或基思・喬瑟夫（Keith Joseph）、前共產黨員阿弗雷德・雪曼（Alfred Sherman）和尼古拉斯・里德利（Nicholas Ridley）等盟友，都無法落實他們的理念。在華特斯眼中，壓制「無理取鬧的工會」，是私有化行動連帶產生的一項好處。柴契爾的重點有所不同。對她而言，私有化只是對抗工會的眾多武器之一（起碼一開始是如此）；她要在一條連續的前線上作戰，從歐格里夫礦區（Orgreave Colliery）到沙卡洛夫[6]的流放之地高爾基城（Gorky），並且一舉消滅社會主義。啟發她的政治理念的，除了父親之外，還有一九四四年奧地利經濟學家海耶克（Friedrich Hayek）在大戰期間於劍橋寫的書《通往奴役之路》（*The Road to Serfdom*）。海耶克是公認的經濟學大師，最終獲得了諾貝爾獎。但是《通往奴役之路》並非一本經濟學著作，它是一本關於社會、不遠的歷史以及人性的書，而它跟社會學、歷史和心理學的關係，就跟《阿特拉斯聳聳肩》（*Atlas Shrugged*）這本書和文學的關係差不多。邱吉爾後來認同書中的概念，導致一九四五年大選慘敗；當時他說，工黨若要實現其福利制度與國有化政策，勢必得倚賴「某種形式的蓋世太保」。邱吉爾被趕下台，工黨大獲全勝。

《通往奴役之路》宣稱，社會主義將無可避免走向共產主義，而共產主義與納粹法西斯主義則是一體的兩面。在海耶克看來，聯繫著史達林蘇聯和希特勒德國之間的共通點，就是中央計畫經濟——單一的中央機關指揮著所有人的生活，以預先制定的條例決定人們的一切需求，限定每一個人分配到的口糧和工作內容。這樣的官僚作風將無法容忍異議與背離，就像工程師無法容忍龐大的生產線上出現一粒卡住齒輪的小石頭。令人不解的是，海耶克否認他是純粹的自由主義者，並且表明自由市場必須建立規則；他還說政府「提供一套廣大的社會服務制度」是可以接受的。然而，這跟他的主要觀點相互矛盾。他向來反對將國家規畫跟自由市場競爭混搭在一起，他認為這是兩種互斥的經濟模式。「希特勒上台時，德國的自由主義已死，」他寫道，「消滅它的就是社會主義。」照海耶克的說法，光是試圖推行社會主義就很危險：

> 在民主社會中，絕大多數民眾仍舊相信社會主義與自由可以並存。他們不明白，民主的社會主義——過去幾代人的偉大烏托邦理想——不僅不可能實現，推行的過程中還會產生恰恰相反的結果，也就是徹底摧毀自由。

---

5. 譯註：Canaletto，義大利畫家，以描繪十八世紀的威尼斯景色而聞名，於一七四六年至一七五五年曾旅居英國，一系列的畫作記錄了英國富裕時期城市的房屋、橋梁、教堂等。

6. 譯註：Andrie Sakharov，蘇聯「氫彈之父」及人權鬥士。

事實證明海耶克錯了。和其他西歐國家一樣，社會主義者也曾在英國政壇上來來去去；他們推行了福利國制度，也掌握了一部分經濟，卻從未對民主和個人自由造成任何威脅。政府成立了國民健保服務局，蓋了公有住宅，施行社會保障制度，廣設公立學校，並且將煤礦、鐵道和鋼鐵業收歸國有。儘管中央做了種種規畫以推動這一切，但從不妨礙數百萬大、中、小型私人企業開開心心地彼此競爭（或合作），由市場決定誰會日益壯大、誰會遭到淘汰。私人醫生依舊在哈雷街開業，年輕權貴依舊在伊頓公學的操場上打橄欖球，私人的哈洛德百貨櫥窗依舊在聖誕節期間閃爍著絢麗燈火。銀行家和股票經紀人擠滿了金融區，農民也擁有自己的土地。沒有人被政府強迫住在某一個特定的地方，或者從事某一份特定的工作。事實上，透過廢除徵兵制並且支持擴大女權（儘管這是相當矯情的男性觀點），英國似乎出現了海耶克意想不到的新自由型態。關於人們和企業應繳多少稅，而其中多大一部分稅收，政府最好留給人們自行決定如何支出；這種相關議題已有人做出論證，但也持續出現爭議。總之到頭來，無論蓋世太保、英國希特勒或英國版的俄共政治局都沒在現實生活中出現，也毫無出現的跡象。

到了一九七〇年代，海耶克的觀點——那是戰爭時期被困在英倫孤島，飽受燈火管制、物資匱乏之苦的難民觀點——被新的思潮取代。要理解當時的英國，美國人丹尼爾・貝爾（Daniel Bell）在一九七六年出版的鉅著《資本主義的文化矛盾》（*The Cultural Contradictions of Capitalism*）更合適。儘管書中概念陳述得相當籠統，但是他似乎抓到了英國當代的問題：

國家資本主義（state capitalism）體制可以輕易轉變成中央經濟體制……一個臃腫、官僚的龐然大物，成天有來自四面八方的企業和社群團體跟它吵著討補助和授權；然而它卻自顧自地大口吞著政府撥款，把自己吃成了巨無霸。

然而，柴契爾依舊用海耶克的眼光看世界，從來不曾改變。在她擊潰英國煤礦工人罷工事件之後（當時的煤礦工人放下工具，試圖阻擋大幅裁員和礦坑關閉），她寫道，「擊敗這場罷工證明了一件事，那就是英國不會任由法西斯左翼橫行而失控。」

如果綜合華特斯、勞森和柴契爾所說的話，那麼英國的私有化政策似乎有著五花八門的表面目標。他們說，私有化企業必須想辦法靠自己，政府不會給予補貼，也不會在它們遇到麻煩時出手援助。為了跟其他公司在市場上搶生意、爭利潤，它們必須裁掉冗員、投資新技術、嘗試新概念。競爭將使私有化企業的財務與價格變得更透明，經理人掙脫了政治干預與工會的阻撓，將跳過疲憊的、日益傾向社會主義的歐陸，在更廣大的世界施展猛虎般的創業精神。與此同時，削減對私有化企業的補助，意味著賦稅可以因而變輕，降低英國百姓的負擔。他們將不再受政府中央計畫的層層控制，不再由看不見的官僚指示他們如何生活。他們將在市場上自由選擇——而這個市場的成功與否跟他們休戚相關，因為其中數百萬人將成為私有化企業的股東。「私有化，」柴契爾寫道，「是導正社會主義的毒害與腐敗的重要手段之一……削減政府權力，提高人民的力量……任何旨在收復自由的政策，都以私有化為核心。」

大約十年前，柴契爾政府的早期政策慢慢顯出成效之後，我開始著手調查實際發生的情況。我的研究範圍包括四項私有化產業——鐵路、自來水、電力和郵政（這四項產業只有一項是在柴契爾卸任之前徹底完成變賣）。我還研究了規模最大的私有化行動，意即出售英國的公有住宅；以及尚未轉入民營、但其結構使它可以輕易完成私有化的組織——國民健保服務局。我的好奇心帶領我進入一個模糊地帶：這些事件新鮮得尚未被寫入歷史，卻又陳舊得算不上新聞。這個混沌的空隙，涵蓋兩年到二十五年前的期間；人們對這段期間發生的事件記憶猶新，但是無法輕易洞悉事情脈絡。這是一段漫長的時間，足以讓許多對立黨派的民選政府上台又下台，卻也是能夠看出政策長期效果的最短時間。

剛開始調查時，我心存懷疑，但倘若這六個私有化案例已取得成功，我樂得見到成功的證據。可惜事與願違，這六個案例並不成功，只除了一個沒被事先列為吹噓重點的面向。

私有化改革並未將英國變成小股東的國度。柴契爾上台前，英國有將近百分之四十的企業股分歸個人所有。到了一九八一年，比例剩不到百分之三十。等到她二〇一三年過世時，更跌到了百分之十二以下。這個數字之所以值得關注，不僅是因為柴契爾與勞森的股權民主理念並未透過私有化改革而實現，也因為它象徵國營事業私有化的行動失去了正當性。正如我在分崩離析的蘇聯見到的極端案例，大型國營事業的問題，不在於它們是為了服務政治目的而存在，而在於它們往往被管理階層及員工所綁架：儘管方式略有不同，但這些人熱中維持機構的權力與文化、保持或增加工作名額，並且贏得政府最大的財務支持。高度國有化的經濟體素來不乏殘酷的競爭，但競爭是為了搶奪政府的支持，而不是為了爭取客人。大型產業被列為政府的分支機構未必是一種理想模式，當科技日新月異，除非基於藝術理由，否則繼續付錢請人做不再需要做的事，很難交代得過去。地方政府不再聘用點燈的燈夫，因為不再有路燈要點；鐵路幹線不再聘用司爐工，因為不再有火車頭需要添煤。的確，英國軍隊仍然編列騎兵；儘管近衛騎兵團無法騎著馬跟塔利班打仗，但是他們穿戴沒有殺傷力的十九世紀裝備輕快地走著，是多麼賞心悅目的一幕。鋼鐵鑄造廠也同樣賞心悅目。但是擁有五千名員工的鋼鐵廠居然能用傳統方式經營，實在讓人很難理解。一九七〇年代的大型國營企業可能人員過剩，而工會也理所當然地抗拒任何有可能影響工作的改變。私有化之後，老國營企業無疑裁掉了大量勞工，並且引進了新的技術。若說效率是指以較少的人力做同樣的工作，甚至做得更好，那麼許多私有化企業的確稱得上更有效率。

但這只能說某些（或全部）國營事業應該推動商業化改革——也就是說，縮減政府補助、脫離政府的直接控制，並且強迫它們用商業利率貸款、設法以市場價格經營而不造成虧損。除了鼓勵民眾廣泛持股卻未果以外，政府沒有明顯的理由讓這些國營企業掛牌上市，賣給一般股東。私有制有許多模式，比如連鎖百貨約翰路易斯（John Lewis）是一家沒有補助、在激烈市場上求生的商業化公司，其所有權歸員工共享；全國建屋互助會（National Building Society）也是一家沒有補助、在激烈市場上求生的商業化公司，其所有權歸會員共享。衛報媒體集團（Guardian media group）依舊是一家沒有補助、在激烈市場上求生的商業化公司，屬於一個旨在支持衛報新聞價值、保護集團不被惡意收購的信託基金會所有。凡此等等，這些可以替代掛牌上市的眾多選項，從未被提出來討論：輿論若非支持股東資本主義，便是主張維持國有化現狀。

私有化改革派人士認為民營企業絕對強過國營事業，他們認為民營企業主會追逐收益、規避破產風險，因此絕對會比國營企業負責人做得更好。然而私有化改革並未出現這樣的結果。柴契爾等人用「創造財富」和「享受成功的回饋」等婉轉說詞宣傳一個概念，那就是民營企業高階菁英的貪婪，是促進繁榮的最大驅策力量，足以嘉惠所有人。結果就是三十五年來，責任和公共服務等概念被抹黑，甚至出現一種骯髒的觀念，認為工作本身沒有價值，有價值的是工作帶來的金錢。一九九〇年代中期，市場的神奇金粉並未在剛剛轉入民營的路軌公司（Railtrack）主管身上發揮力量，他們以為自己可以安然無恙地大幅裁員（不只裁撤號誌及維修工人，也解聘了高級工程師和研究人員），並且以低廉的成本和最先進的技術全面更新鐵道線路。遺憾的是，正如我在第二章將描述的，能告訴他們這項新技術並不存在的人員，就是被他們解聘的人員。結果導致公司在二〇〇二年破產，不得不重新收歸國有。

私有化也沒有迫使企業彼此競爭，或者為顧客提供更多選擇——這是政府宣稱私有化改革的最大價值。你或許以為，要將壟斷市場的自來水公司轉入民營是一件相當困難的事，畢竟它們不必與別人競爭，也不提供顧客選擇——顧客既沒有選擇供應商的權利，也沒有選擇要不要接受服務的餘地。但是英國的自來水公司確實轉入民營了，而且正如我在第三章描述的，自此之後，自來水公司便開始大敲顧客竹槓。私有化改革派人士熱愛競爭，而真正的民營業者卻痛恨競爭。我將在第四章說明，英國電力事業私有化改革的競爭理想——一個沒有規則、不受管束，而且無論老公司或新公司、無論規模大或小，也無論是售電業者或發電業者，所有企業一律平等的自由競爭市場——最後只剩少數幾家超大型業者，淪為一個不透明的寡占市場。

的確，電力事業私有化的失敗，顯示私有化改革並未照原本計畫賦予人民力量。它並未提供自由市場順利運作的關鍵要素，意即「資訊」。老國營電力事業的定價制度本來就神祕難解，民營化時代採用的新定價制度更讓人看得昏頭轉向。若要保護電力事業不受民眾檢視，與其用商業機密這個藉口，不如用複雜至極的定價制度來得有效。如果國會議員和能源部官員都搞不清楚電價結構，那麼一般付費用戶還有機會分辨哪一種費率、哪一個供應商對他最有利嗎？還有機會發現就連收費最低的公司都把他當成冤大頭嗎？

閱讀柴契爾自傳的過程中，我日益相信，她認為私有化改革能幫助英國轉型，讓企業主管變成她父親那樣有良心、有愛國情操和社會責任感的創業家；彷彿攸關數百萬人民生用水的自來水獨占事業，是一九四〇年代英國小鎮上的小雜貨店。她聲稱私有化改革是「前共產世界之外最大規模的權力轉移，將所有權與力量從中央交到人民手中」。然而實際情況是，老電力局裡刻板的公家官僚，被新電力公司裡刻板但薪水較高的民間官僚所取代。這些私有化的公用事業公司不僅龐大而冷漠，甚至不再屬於英國所有，也不再屬於小股東所有。事實上，在培植創新的、世界一流的英國公司這個層面上，電力和自來水事業的私有化改革徹底失敗了。如今，英國生產和出售的電力，絕大多數歸充滿幹勁、技術進步的西歐企業所有，有別於柴契爾認為西歐會因為社會主義滲透而走向滅亡。電力事業私有化的直接結果是，產業的一大部分如今重新收歸國有——但是是收歸法國國有，不是英國。在英國九家大型自來水與污水處理公司當中，有六家實現了「二度私有化」這個看似不可能的任務。它們從股票市場下市，遭東亞的企業集團或其他私人財團購併。如今，絕大部分的英國自來水事業的確掌握在民眾手上，但他們本身並不使用英國的自來水；他們是數百萬名加拿大、澳洲和荷蘭的退休公務員，在不知情的情況下，透過退休基金投資了英國的自來水事業。

我在第五章描述的國民健保服務局是個特殊案例。它還沒轉入民營，但是已經進行了商業化改革、不斷改組、引入了競爭，創造出一套非正式的、尚未實現的民營化健保系統。國民健保局轉變的故事說來話長，其中涉及了沿襲柴契爾政策的布萊爾工黨政權，而這個政權充斥著許多公私不分的政客，他們既想為英國做出一番貢獻，也想幫助自己和家人躋身六位數字的高薪階級。在經歷與托利黨以及黨內保守派社會主義分子之間永無止盡的鬥爭之後，執政的新工黨在商業世界的魅力下投降了，而且毫不掩飾自己如釋重負。他們犯的錯誤不在於創立信託基金會來掌管醫院——或者創立公辦民營學校，或者支持住房協會——而在於沒體認到若不好好保護，這些結構最終只是另一波私有化改革的中途點。

國民健保局隨後幾年的發展，顯示了腐蝕福利國核心的強大市場力量並非資本主義，而是消費主義——當提供公用事業的民營公司運用行銷手法為使用者製造不滿足感，讓他們覺得自己比不上別人，這些民營企業的欲望便跟使用者的欲望產生了交集。「如果消費意味著身分地位的心理競爭，」丹尼爾・貝爾寫道，「那麼你可以說，在中產階級社會，嫉妒是被充分認可的社會意識型態。」約翰・查恩利（John Charnley）在國民健保局體制內發明的髖關節置換手術，對病患而言，一開始是天賜的福祉，解除了他們的痛苦；照查恩利所說，病患感激涕零，讓人覺得可憐。但是它很快成為限量供應的特權。如今，髖關節置換術已成了競爭市場，企業可以設計並且以「生活型態選擇」為訴求，強力推銷有瑕疵的人工髖關節，取代市場上現行的、效果良好的人工髖關節。

這指出了反市場主義人士所遭遇的困難。一九四五年後，英國從一個無法滿足需求的單純社會，變成一個無法滿足欲望的複雜社會；就算沒有推行私有化改革，社會主義也會在這樣的變動中遭遇挫折。社會主義無法只為了重塑那種製造髖關節置換術、從零到有的幸福，就因此讓世界回到人工髖關節發明以前的年代。戰後的公有住宅也是如此。在為所有貧困的英國家庭提供了中央暖氣和室內浴室之後，社會主義無法光為了重新更換它們，就讓世界回到煤爐和後院茅廁的年代。公有住宅原本是承租戶夢寐以求的好地方，如今變成了人人唾棄的爛房子。亞當・史密斯的子孫寫信給貝爾：

> 假設市場具有足夠力量，可以有效分配社會福祉，在這樣的市場上，個人的效用[7]差異（differential utilities）和不同物資的稀少性會達到均衡點，在欲望強度

> 和付費意願之間取得平衡。關於社會相對正義這個問題，馬克思主義有一個截然不同的答案。它假設競爭、嫉妒和罪惡都源於稀少性，只要物資充沛就能化解種種衝突。但是我們現在已經明白，我們永遠無法克服稀少性。在後工業社會……總會出現十九世紀空想家無法預見的新稀少性。

如同我在本書最後一章所描述的，出售英國公有住宅而不增建，照理來說是人民與自由市場原理的一大勝利。然而到頭來，它卻是戰後史上最引人注目的市場失靈案例。這項行動跟其他私有化改革不同，除了能跟相對富裕的受益者進行選舉綁樁之外，其他理由都說不通何以要推行。柴契爾一開始也是這麼想的，她寫道：

> 這項行動，恐怕會讓經濟困難的家庭更加反感。他們省吃儉用存下了錢，用市場價格跟私人營造商買了房子……我擔心他們會反對讓公有住宅承租戶在不必做出任何犧牲的情況下，突然享受政府送來的一大筆財產。

但她最後改變心意，決定大力推動這項政策。然而，公有住宅私有化在經濟理論基礎上的缺陷，應該是一扇窗口，讓我們的視線能越過個別的私有化政策，看見一切私有化行動的本質，以及私有化行動無疑達到的一項成就：將財富聚集到非常富裕的少數人手上，犧牲了老年人、病人、失業者以及窮苦勞工的利益。

柴契爾改革之後，我們自認對稅務有什麼認識？政府削減了開支，這個我們知道。所得稅比以往低，這個我們知道。我們或許也記得柴契爾曾經試圖取消累進稅制（稅率高低取決於你的所得），變成單一稅制（每個人繳的稅都一樣），當時，保守黨企圖在地方上推行惡名昭彰的「人頭稅」，此舉加速了柴契爾的垮台。低稅負是她的箴言。用她自己的話說，她的政治理念核心是這樣的，「我認為工作最勤奮的人應該獲得最大的回報，並且保住自己的稅後工資。我們應該支持勞動者，而不是混水摸魚的人。我們不僅允許人們透過努力讓家人受益，更應該讚揚這種行為。」

這樣自以為是的認知是錯的。的確，政府削減了開支，而且在我書寫的此刻，繼承柴契爾政策的聯合政府又再度縮減支出。保守黨在一九七九年取得執政權時，最高稅率是百分之八十三，最低則是百分之三十三。如今的最高稅率是百分之四十五，最低則是百分之二十。其中的訊息似乎夠明顯了：保守黨刪減公共支出、降低稅率，實現了對勞動階級的諾言，後繼的工黨也願意延續政策。但是這並非全部的真相。在柴契爾第一屆任期中，政府一邊降低了所得稅和公共開支，另一邊卻提高了營業稅，也就是加值稅（VAT）——這是比人頭稅更無情、更倒退的均一稅。他們上台時，加值稅稅率為百分之八；現在是百分之二十。你越貧窮，受加值

7. 譯註：效用（utility），指得是人們透過消費所獲得的滿足程度。

稅的影響就越大：二〇一〇年，國家統計局的研究顯示，對於最富裕的五分之一人口，加值稅只在他們的整體稅賦上加了百分之四；但那些往往被有錢人認為從不交稅的五分之一的貧窮人口，實際上所得的百分之八點七被以加值稅的模式繳入國庫。聯合政府取得政權那一年，喬治・奧斯本[8]將加值稅提高到百分之十四。

然而，窮人要負擔的均一稅，並非只有加值稅一項，這也就是私有化改革在其中扮演的角色。這些其他的沉重負擔不叫做「稅」，但它們應該被算做稅收的一種——私人稅（private taxes）。柴契爾早年平衡預算的方法之一，是大幅提高油價、電價和公有住宅租金；這些事業當時都還在政府的掌控之中。私有化之後，民營業者持續以高於通貨膨脹率的水準調漲價格。一般認為只有政府徵收的才叫稅賦，但這是一種有利於自由市場制度的語言遊戲。任何不得不交的錢——無論是交給政府或民間機構——都是稅賦。我們不能沒有電力，因此電費就是電稅；我們不能沒有自來水，因此水費就是水稅；有些人生活可以不靠鐵路，有些人則不行，後者付的就是鐵道稅；學生付的是大學稅。私有化改革的整體，就是將稅務系統本身私有化，甚至可以說，是將我們這些公民私有化了。藉由將公民打包出售，一個個產業被賣給投資人，政府得以壓低傳統意義上的稅賦，甚至免稅。在原本的體制中，公用事業靠累進的稅收來支撐；如今則全靠使用者支付的統一費率來支撐。也就是說，我們從富人有義務幫助窮人的體制，轉變成由窮人支撐的體制，富人只要支付對他們而言九牛一毛的費用就可以享受服務。無論外資與否，在投資人眼中，讓自來水、電纜和機場變成有價值的大宗商品，是不得不使用這些服務的民眾。我們別無選擇，只能乖乖支付他們索取的費用。我們是人形的收入流；我們成了自己土地上的佃農，必須支付一連串私人費用才能在這裡生存。

反對讓外國人成為國家基礎建設的新民營業主，並非基於種族偏見，而是反對將徵稅的權力賣給外國政府；比起本國政府，我們甚至更無法運用民主的力量控制這些外國政府。我們尤其反對其中的偽善：一個宣稱極度厭惡共產極權的政黨，卻讓倫敦居民一打開水龍頭，就不得不繳稅給中國政府；一個宣稱希望讓英國免於歐盟干預的政黨，卻強迫全體公民繳稅給法國政府，只為了籌資興建薩默塞特（Somerset）的實驗性核子反應爐。

我們長期致力於縮短貧富差距，然而將稅賦從富人身上轉移到中產和低薪階級，無異於倒行逆施。一九三七年，英國最富有的百分之一人口，稅後所得占全體國民收入的百分之十二點五七。此後比例逐漸下滑，柴契爾上台前夕，只略高於百分之四。接著就開始急速攀升，二○○七年重新回到六十年前的水準——百分之十二點五七。

除了必須負擔父母親從前不必負擔的高附加價值稅和一連串的私人稅外，低薪階級還受到雇主的壓榨。二○一三年皇家郵政推行私有化改革的故事，偶爾被視為「新科技（網際網路）毀滅老派國營獨占事業、工會還抵制原本可以挽救企業的新科技（新郵件分類機器）」的經典案例。事實上，正如我將在第一章描述的，皇家郵政是泛歐洲最後一家進行私有化的郵務公

8. 譯註：George Osborne，英國財政大臣。

司；這項改革很可能讓原本薪水豐厚、工作體面的英國傳統郵差，變成一份最低工資、難以餬口的職業。為了釐清事情經過，我飛越北海，出發尋找答案。

第一章
分揀室的故事

Chapter 1

郵務私有化

無論如何發展，強烈的競爭壓力將迫使皇家郵政壓縮郵務人員的工資，將低薪勞工變成被剝削的勞工……皇家郵政的故事將會是科技進步和私有化的範本，顯示社會大眾願意接受少數窮人重現舊日景象——一群絕望、飢餓的勞工湧入工廠門口，彼此推擠、打鬥，只為了爭奪幾小時的零工機會。

在荷蘭的某個地方，一名女郵差有麻煩了。由於健康狀況不良、天候冰雪交加，再加上生活中的突發狀況層出不窮，她的投遞進度已經落後了好幾個月。她跟她的伴侶租了一間已私有化的前國宅，走道上堆滿一箱箱的郵件，出入越來越不方便了。她在民營的郵務公司之一首選郵通（Selektmail）工作，首選每星期會送來兩次郵件，每次三到四箱信函、雜誌和型錄。她會把剛送來的郵件分門別類，然後投遞；然而積壓了一整個冬天的工作量，實在很難消化。她覺得雇主已經開始懷疑她了。我拜訪她的時候算了一算，客廳裡總共堆了滿滿六十二箱信件。在這堵由郵件箱堆砌起來的牆和她的私人物品（香蕉箱子、一串不用了的珠簾和一個拖把水桶）之間，只剩下狹窄的通道。不知不覺間，郵件箱也悄悄爬進了書房；在這裡，女郵差的電腦埋在她自己的舊報紙和待寄送的雜誌堆裡。要是兩堆紙張混在一起，公私恐怕很難分得清楚。這名女郵差還沒打算放棄。幾年前，她在另一家民營郵務公司「桑德直郵」（Sandd）也碰過類似問題。「我在二〇〇六年加入桑德的時候，每次要投遞十四箱郵件，」她說，「我根本應付不來。到了二〇〇六年的耶誕節，家裡有九十個這樣的箱子，元旦當天更累積到了九十七箱。甚至堆到廁所裡。」這名女郵差負責遞送大宗商務郵件，以換取微薄的工資。她做得不太好，但是很少顧客抱怨信件遺失，所以事情還沒曝光。

全世界的郵政服務都做了這樣的改變——盡可能向企業收取最低成本，遞送最大數量的垃圾郵件。在網際網路時代，民眾投遞的郵件數量銳減，但這只是郵政沒落的原因之一。壓低替少數幾間大客戶遞送大宗信件的成本，所付出的代價就是用臨時工取代高薪的郵差，導致服務品質下滑。

我答應不登出這名荷蘭女郵差的姓名，也不透露任何能指認她的細節。就算家裡沒有堆積了好幾個月的未投遞信件，桑德或首選郵通也能隨時隨地開除她。就算荷蘭的法定最低工資是每小時八到九歐元，但她估計，自己每星期替這兩家公司工作三十個小時，時薪大約五歐元。她沒有工作合約、不能領病假工資、沒有退休金，也沒有健康保險。一家公司給她一點點年節獎金，首選郵通發給她一件夾克和毛衣；不過她沒有別的衣服和鞋子，還得花錢維修自己的腳踏車。公司能夠開出如此苛刻的條件，是因為荷蘭的勞工法有漏洞。女郵差每投遞一封郵件只賺幾分錢。民營郵局控制郵務人員每天的投遞量，確保月薪不超過五百八十歐元，因為超過這個水準，企業就有義務提供固定的工作合約。不知道為什麼，首選郵通沒發現它們收回來的空箱子比送出去的箱子少。我跟著女郵差走進廚房，又看到二十多個裝滿郵件的箱子，有如不斷上演的噩夢。

首選郵通的箱子是黃色的，上頭印有德國郵政集團（Deutsche Post）的黑色號角標誌。德國郵政原本是公營事業，獨占德國市場，但是它跟荷蘭同業一樣，很久以前就轉入民營了。多年來，這兩家公司為了搶生意而在荷蘭街頭纏鬥不休；這場橫跨北歐的郵務大戰，最後把剛剛私有化的英國皇家郵政公司也捲了進來。老國營郵政公司轉入民營，不見得代表競爭對手的仗會變得比較好打，畢竟民營化和自由化是兩回事。但是在荷蘭，民營化與自由化結合在一起，將郵政服務轉變成英國前所未見的產業。

我到荷蘭參觀的時候，荷蘭的住家和企業每星期都有來自四家不同公司的郵差上門。「橘色」郵差是來自私有化的荷蘭郵局，原本打著天遞郵通（TNT Post）的旗號，但是即將更名為荷蘭郵政（PostNL）；「藍色」郵差屬於荷蘭的民營企業桑德；「黃色」郵差是來自德國郵政DHL集團旗下的首選郵通；「半橘色」郵差則屬於VSP網，這是TNT成立的子公司，旨在使用廉價的臨時工，跟企業內部的工會人力自相殘殺。TNT每星期送信六天，桑德和首選兩天，VSP只送一天。在狂熱的自由市場主義者眼中，這是很健康的競爭。但是奇怪的是，沒有一家公司能夠把生意做起來。TNT遭到避險基金以及其他掌握公司命運的跨國股東施壓，要求公司進行分割，即便它們已經用廉價勞力取代一般員工，想辦法讓財務底線好看一點。德國郵政則要退出荷蘭市場，把從來不賺錢的首選賣給桑德。

桑德是由一群離職的TNT經理聯手成立的，開創出獨特的荷蘭式民營郵務服務。「桑德」（Sandd）代表「分類與遞送」（sort and deliver）。英國的民營業者可以收信和分信，但是送信——所謂郵政服務的「最後一哩路」——不久前還是皇家郵政公司的專屬權。許多擁有大型郵政系統的國家都是如此分工：郵件從配送中心送到各地的投遞局，再由領固定薪水的皇家郵政郵務人員分包，最後用貨車、腳踏車或徒步送信。而在桑德的系統下，裝滿郵件的箱子送到臨時工家裡，他們自己找地方進行分類，然後在固定的日期以他們自訂的時間送信。除了大幅減少郵務公司的開支，這種系統在管理階層眼中還有另一個好處，那就是減少郵差碰面的機會，省得他們互吐苦水、慫恿彼此加入工會。

我看著女郵差洗完了碗，仔仔細細擦乾水槽兩側的不銹鋼流理台，然後就在這裡分類郵件，堆成好幾落。郵件似乎多半是宜家家居（Ikea）的型錄，封面上有一組明亮的淺色家具，在燈光照耀下令人心動。宜家家居的理想生活空間，應該不包括專門拿來分類郵件的區域吧。隨著型錄塑膠封套拍打流理台面的動作變得越來越單調，我的目光被一排藍色小精靈玩偶吸引過去。它們巍巍顫顫坐在水槽上方的銅管上，身上蓋著又厚又黑的灰塵。女郵差知道工作情況不妙。這次拜訪後，她寄給我一封電子郵件，痛苦地說，「我不停在哭。」

尤里斯・萊傑騰是另一位民營郵差，他幾個月前辭掉了桑德的工作。我跟他在布森（Bussum）豪華別墅區的一家咖啡館碰面，離希爾弗瑟姆（Hilversum）不遠。他給我看一張傳單，那是他離職之後，桑德從他門縫底下塞進來的。圖片上有四個穿著桑德藍色制服的白人，手上拿著一綑郵件在馬路上昂首闊步，笑得合不攏嘴。「在戶外奔忙，做時間的主人，」上頭寫著，「學生、家庭主婦和銀髮族的理想工作。」他向我說明聖誕節過後的一天工作量：一天三次，分類並投遞三百二十三封郵件，重達八十一點四公斤，並且分送到兩百七十九個地址。桑德宣稱可以在六小時內完成，但萊傑騰說他花了八個小時。為此，他拿到二十七塊多的工資，同等於每小時賺約三歐元。

桑德宣傳這份工作是「兼差工作」，特別適合那些想呼吸新鮮空氣、動動筋骨、已經領了政府退休金、還在讀書或者有老公負擔家計的人來打打零工。但是萊傑騰三十二歲了，沒辦法找到讓他學以致用的美術館工作，必須靠好幾份薪資微薄的零工來維持生計；而他並非特例。

我問他，除了每封信八分錢的工資，桑德是否提供其他福利。他說，員工通常得從薪水中扣掉買制服的錢，但是公司偶爾會分發「點數」，你可以集點數兌換桑德的藍色夾克。

荷蘭的郵政市場和英國一樣，都以消費者之名實施了開放改革，就如前歐盟公民都耳熟能詳的一句話：競爭將嘉惠每一個人。然而萊傑騰指出，其實只有在大型企業裡才看得到郵政競爭；一般人沒辦法到桑德或首選的郵箱投遞信件，因為根本沒有這種郵箱。尋常的荷蘭百姓仍然必須付四十六分錢的郵資，透過荷蘭郵政公司寄信。在此同時，荷蘭政府跟桑德定了協議，用十一分錢的郵資寄送政府信件。「一般人別無選擇，只有TNT可用，」萊傑騰說，「郵政系統病了。」

大衛・辛普森是英國皇家郵政的首席發言人；在我啟程前往荷蘭的前夕，這位熱情的北愛爾蘭人帶我參觀該公司最驕傲的設施之一——位於給蘇塞克斯（Sussex）的蓋威克郵件中心（Gatwick mail centre）。除了名字相同之外，它和鄰近的機場毫無關係。這間巨大的郵件處理廠建於一九九九年，它吸納、吐出一封封郵件和包裹，分送到英格蘭六百平方英里範圍內的每一個地址，從M25[9]到南海岸，從東邊的義本鎮（Eastbourne）到利特漢普頓（Littlehampton）的最西隅，每天分揀兩百五十萬封郵件。

蓋威克的經理麥可・菲利穿著灰色細條紋西裝、棕色平底鞋和粉紅色開襟襯衫巡視工廠。他是愛爾蘭第二代。「我爸說我是假愛爾蘭佬，不是真貨，」他說。他成長於佩卡姆（Peckham）的一棟國宅，一九八七年加入郵局當學徒，年僅十七。他討厭早起，幾個月後就想打退堂鼓，然而他們反而升他做儲備幹部。二十四年後，他成了公司裡的大紅人。在菲利帶領下，蓋威克採納了皇家郵政亟欲推行的、日本管理顧問山科肇（Hajime Yamashina）的經營哲學。山科經常造訪蓋威克。地震和海嘯侵襲家鄉的那天，他正好在郵件處理中心。當菲利宣揚山科的哲學時，雙眼閃閃發亮。宣傳的首要項目就是注意安全。郵件處理中心各個角落都貼著可愛的卡通圖樣，那是隻戴著眼鏡、穿著白袍的吉祥物安全鼴鼠。「『切莫藐視安全，須得時時留心，』」菲利說，「推動這項專案之前，廠裡每年保證出二十八起意外——不是這裡磕磕碰碰，就是那裡撞了一下。去年，我們達到零事故的紀錄。」

這個由輕磚塊和鍍鋅鋼板構成的廣大工業空間，裡頭滿是推車和分信機器，卻顯得乾淨整潔，正好讓菲利練習他那大有長進的眼力。他猛然停下腳步，指著看來一塵不染的地面，「我看見三根橡皮圈和一張標籤。」他說，「五年前我可以容忍，但是如今眼力進步了，在我看來，這就是瑕疵。」菲利和員工一起研究如何為從前視而不見的問題尋找解決方案，他們租用電動車以取代人力在廠內搬運郵件，每年可以省下上百萬英鎊的人工費用；他們察覺某些電動輸送帶會拖慢工作人員的速度，因此發明一種簡單的、靠重力運作的無動力輸送帶；他們發現一世紀以來，沒有人質問為什麼分揀員使用的分類架上有五十六格。為什麼是五十六格呢？因為向來如此。事實證明，只要將分類架縮減為十五格，並且在分類架的正反兩面都打開開口，

9. 編註：M25即倫敦外環高速公路。

就可以省下每個人一整年份的辛苦與肌肉痠痛，更別提浪費掉的時間。

然而，即便如此創新改革、上下一心；即便九年來逐步關閉郵局、郵件中心，並將人力從二十三萬人降到十六萬五千人；即便與工會和平共處；即便年盈餘達九十億英鎊，皇家郵政仍陷入苦戰，必須跟咄咄逼人的競爭對手爭奪日益縮減的郵件量。最首要的競爭對手就是荷蘭的TNT[10]。皇家郵政和競爭對手不同，它必須親手將郵件送到全國家家戶戶與各個企業，從勒威克（Lerwick）到彭贊斯（Penzance），一星期六天。如果不加快現代化的腳步，它就賺不了錢；但是如果沒有賺更多錢，它就無法加快現代化的腳步。於是出現了私有化政策最主要的官方理由，一個熟悉的理由——民營的皇家郵政可以自行在民間市場借貸；相較之下，公營的皇家郵政不能自行借貸、只會增加政府的債務。

我很好奇菲利對桑德的制度有什麼看法，於是告訴他我正準備前往荷蘭，看看民營郵務人員的運作方式。菲利看不出來這套做法在英國有什麼理由行不通。「我們可以把郵件分包好，方便投遞，」他說，「我們可以把郵包送到某個媽媽家裡，她剛剛送了小孩上學，有兩、三個鐘頭的空閒可以在她家附近送信——我們很清楚這種模式，也願意嘗試。現在我們卡在龐大的人員……我們討論過（荷蘭模式），希望日後能實行。」

我感覺身旁的辛普森緊張得豎起了汗毛。「當然，我們必須先得到工會首肯，」他說。

「是啊。但是有何不可呢？」菲利堅持，「我說以後何不參考參考這些效率較高的模式？」

我們很難弄清楚究竟發生了什麼事，讓荷蘭成了民營郵政服務的測驗平台。不知基於什麼原因，荷蘭人在英國和美國眼中，向來帶有隱隱約約的嬉皮式左傾色彩；但在推動荷蘭皇家郵政私有化改革時，有著這般形象的荷蘭人竟做得比柴契爾所做的一切更徹底。荷蘭保守派當權人士組織了一張綿密的人際網路，彼此沆瀣一氣、利益勾結，將幾世代以來的成員緊緊綑綁在一起，不願與外人討論陳年往事。一九八二年到一九九四年之間主導自由市場政策的首相呂德・呂貝爾斯（Ruud Lubbers），拒絕接受我的採訪。受呂貝爾斯任命、在一九八九年負責推動荷蘭郵政系統私有化改革的妮莉・克羅斯（Neelie Kroes），則以她的歐盟專員身分作為拒絕受訪的藉口。

一天早晨，我為了尋找荷蘭郵政的最後一位左翼負責人、直到一九七七年都在約普・登厄伊爾（Joop den Uyl）的內閣主管郵政事務的邁克・范胡騰（Michael van Hulten），搭上了黃色雙層火車穿越荷蘭鄉間，前往范胡騰在萊利斯塔德鎮（Lelystad）的家鄉。火車行進間，光影產生變化，我的視線離開手中的書本，抬眼眺望。窗外的地形地貌改變了。火車的右邊是一大片平原，點綴著一排排火柴盒般的房子。這塊土地有一種原始而清新的氣質，猶如歐洲人剛落腳墾荒時的美洲草原；而那些低矮、平頂、方方正正的房子，甚至它們彼此間隔的距離，都讓我萌生一股奇特的熟悉感：這地方酷似米爾頓凱恩斯[11]。

10. 如今在英國更名為哨子（Whistl），隸屬於TNT分割出來的荷蘭郵政集團。
11. 編註：Milton Keynes，距倫敦約八十公里，是一九六七年由英國政府規畫的新市鎮，內有三個小鎮及數十個農莊。

往左看是海的方向，景色截然不同，讓人一時不知身在何處。我想起小時候一本書裡的插畫，那是北歐平原在第四紀更新世（Pleistocene era）結束時該有的風貌。灰色天空下，一望無際的平原有如菲仕蘭草原，往外綿延直到與明亮的海平面連成一線。幾株零星的樹被強風折彎了腰。一大群鹿、長角蓬毛的黃牛和野馬，啃著從冰冷土壤裡冒出來的嫩綠春草。就在阿姆斯特丹東北方幾分鐘路程外的地方，一派原始自然景象，只差沒見著長毛象。

范胡騰站在萊利斯塔德鎮平房中的廚房向我介紹，這片土地是夫利佛蘭省（Flevoland），是一片人造的土地，也許是二十世紀政府最宏偉的一次大自然干預行動：兩大片海埔新生地，加起來超過南約克郡的面積。我們坐在廚房裡吃著吐司、乳酪，配上咖啡。一九三〇年范胡騰在荷屬東印度群島出生時，這間廚房還在須德海幾公尺深的水面下。我見到的野鹿、野馬和野牛是後來引進的，任由牠們在自然保護區裡自由奔跑。那麼類似米爾頓凱恩斯的感覺又是怎麼一回事？「我們的靈感來自這座英國新市鎮，」范胡騰說。他親切地對我微笑，彷彿我是他失散已久的家人。范胡騰是打造夫利佛蘭的建築師之一，也是最早的居民。一九七二年，總共有四百人率先住進了這個新世界，范胡騰和妻子名列其中。他也是在那一年開啟了短暫的政治生涯。他協助建設的這塊處女地，是政府干預時代的紀念碑，在那個年代，人們普遍相信政府有力量、權利和責任為人民打造一個更好的世界。橫越須德海的大壩工程始於大蕭條時期，而海埔新生地的出現，正好碰上革新派社會主義樂觀思潮最高漲的一九六〇和七〇年代。

「一開始是政府負責打理一切，」范胡騰說，「那是國營事業，經費完全來自國庫。你如果需要錢，海牙中央政府根本懶得問理由，要多少有多少。」馬克斯思想和新約教義在范胡騰身上融為一體，而他領導的獨立團體——基督教極端派（Christian Radicals），在一九六八年轉型變成激進政治黨（Political Party of Radicals，簡稱PPR）時，巴黎精神在荷蘭清晰可見。一連串意外發展把他推進了國會。一九七三年，左傾的執政聯盟出乎意料地請他出任交通部長，掌管包括郵政在內的種種事務。

和英國一樣，一九七〇年代的荷蘭也出現高通貨膨脹、工業急速衰退的現象，罷工行動此起彼落，全國上下瀰漫著挫敗感。面對建造新市鎮或從海上填出夫利佛蘭，人民開始出現反對聲浪。當時的聯合內閣整天吵吵鬧鬧，而首相的致勝武器，就是每次跟意見不同的閣員開會時，運用比別人更強的熬夜本事讓對手投降。范胡騰處在這個火氣沖天的內閣中，看到荷蘭政界的意識形態逐漸朝兩極化發展，但是他沒看到與柴契爾及雷根同一派的思潮也開始在荷蘭發酵。他剛接管時，荷蘭郵政處於虧損狀態，他的解決措施很直接：郵資漲價一倍。他至今仍然不敢相信，敵對陣營的妮莉・克羅斯針對這項措施對他大肆抨擊，指控他破壞了生意。而他的理想化性格，更讓他因為郵政銀行而槓上了右派的財政部長——維姆・德伊森貝赫（Wim Duisenberg）。

「那是荷蘭最有錢的銀行之一，百分之百屬於荷蘭人民所有。」范胡騰說，「依我看，我們應該把錢用於服務社會……但那場仗我打輸了，德伊森貝赫早就決定將郵政銀行從郵政體系中獨立開來，我當時沒看出那是私有化的前奏。」一九七七年大選後，范胡騰離開內閣和國會，接任的克羅斯開始為荷蘭郵政的私有化鋪路。不久後，一連串稀奇古怪的納粹相關事件擊垮了呂貝爾斯的基督教民主黨的政敵（其中之一是前郵務人員維姆・安納傑斯，他忘了告訴任何人，為了逃避在納粹德國擔任郵差的強制勞役，他曾在大戰期間加入納粹親衛軍），於是呂貝爾斯成了首相，在一九八九年和克羅斯聯手推動郵政私有化改革。七年後，這家私有化企業買下澳洲包裹遞送公司TNT，並依此命名。

如今年過八十的范胡騰依舊積極投身社會運動，依舊充滿理想。郵政事業的私有化讓他感到沮喪，而不久前荷蘭地方客運網的私有化行動則讓他火冒三丈。他說，萊利斯塔德鎮有三家客運公司，照理應該彼此競爭，如今卻全被同一家法國企業買下。

「今天是星期三吧？」他說，「每逢星期三，至少會有六個人上門，各送來一些郵件。首先是地方報紙，接著是另一份地方報紙，然後是郵差，另外三個郵差晚一點會來。在我看，這就是郵局私有化最根本的毛病：從前一個人可以做的事，現在要六個人來做。他們的工資全都過低，投遞品質也沒見改善。以前是早上送信的，如今到了現在，我還在等信。」

我們有理由相信，當一九八九年，呂貝爾斯和克羅斯推動郵政事業私有化時，是幫了荷蘭郵政一個大忙。儘管荷蘭人信仰自由市場的價值，但是只要涉及他們的皇家郵政，荷蘭人的行動明顯受到以國家利益為優先考量的愛國心左右。英國在一九八四年變賣老郵政體系中最亮眼的事業——英國電信（British Telecom），迫使郵務事業自食其力；荷蘭的郵務與電信事業卻直到一九九八年才分家，公司體質因而更健全。一九八六到一九九六年之間，當兩國的郵政服務都處於盈利狀態時，英國皇家郵政的利潤——十二億五千萬英鎊——幾乎全被保守黨政府挪去彌補財政缺口，而荷蘭郵政則得以保留盈餘，用來更新設備並且併購ＴＮＴ。一九九〇年代末期，當電子郵件和網際網路開始衝擊紙本郵件，當歐洲即將實行開放郵政市場的法規時，荷蘭人站在更有利的地位。二〇〇〇年，ＴＮＴ變得非常強大，遠超過英國皇家郵政，布萊爾政府甚至展開祕密會談，打算將英國郵政事業跟荷蘭競爭對手合併，或者賣給他們。

這項交易最終破局。然而二〇〇〇年，新工黨迫使皇家郵政面臨競爭的做法，得到了奇怪的效果。其他歐洲國家（例如荷蘭與德國）莫不保護他們既有的郵政事業，首先賦予完全的商業自由，許久之後才允許對手進入市場與之競爭——也就是先完成私有化改革，為開放市場做好準備。然而英國卻反其道而行：先開放市場，再進行私有化改革。這表示在英國，關於誰可以從遞送什麼郵件、索取多少費用的法規（這些規則原本是用來保護企業對抗皇家郵政這個被寵壞的獨霸市場的大恐龍）中得利最大的，是歐陸那些受寵程度只比皇家郵政略遜一籌的民營獨占企業。為了避免郵政世界中的小型哺乳類動物遭皇家郵政這頭雷龍踐踏，工黨及其顧問反而將皇家郵政置於ＴＮＴ和德國郵政（即ＤＨＬ）等迅猛龍的威脅之下。

馬汀・史坦利是卸任的工黨官員，二〇〇〇年到二〇〇四年間負責開放市場，迫使皇家郵政面臨競爭。我問他，英國為什麼要比其他歐洲國家更早開放市場。「單邊卸防，」他說，「如果我們沒有率先解除武裝，西歐國家還得拖好長一段時間才會開放競爭。德國郵政和ＴＮＴ在本國市場從未面臨嚴峻挑戰，它們被描繪成偉大的民營企業，但是它們從未在大宗郵件業務上展開競爭，就這麼輕輕鬆鬆地賺大錢。英國的立場是，如果我們不開放，沒有人會開放。」

那麼，我說，讓其他國家的獨占企業瓜分英國獨占企業的市場占有率，而英國的獨占企業卻不能在荷蘭或德國享受同樣待遇，豈能算是公平競爭？

「我覺得，我們不能光允許英國人競爭，而不讓德國人參與競爭，」史坦利回答，「更何況真正重要的是，郵件是由英國人民寄出、收取、分類、運輸和遞送的：以前如此，以後也會繼續如此。郵政公司的後台老闆是誰根本無關緊要。如果我們當初沒有加把勁喚醒皇家郵政，皇家郵政現在會是一無是處的賠錢貨。」

只可惜照理查・胡柏（Richard Hooper）的說法，皇家郵政恰恰變成了一無是處的賠錢貨。胡柏針對該組織提出的一連串報告（第一份報告發表於二〇〇八年），給了政府變賣公司的理由。「若不採取重大行動改變現狀，」胡柏警告，「皇家郵政必定無法生存。而且，深受喜愛的全國郵政系統，也將難逃縮減服務項目與品質的噩運。」

＊　＊　＊

一九七九年某一天，一位英國郵政官員認認真真寫了一份長達五頁的指示，標題為「郵政大樓的地板暗門」。他列出五種被許可的暗門，其中第二類暗門「必須足以承受不小心踩到暗門上的男子重量，並且貼上長二五〇公厘、寬二〇〇公厘、黃底黑字的自黏塑膠標籤，標明

『請勿踩踏暗門』。」這個離譜的官僚是誰？是上級給他行文，告訴他有必要製作一份新的暗門說明書嗎？為什麼？他們在一九七九年蓋的是郵政大樓，還是郵政城堡？說不定，這位不知名的官員，正是寫下了編號N02F0024的指示〈灰色制服與搭配外套之詞彙表〉、以及在編號K07B0400指示〈時鐘〉上宣布「可容納五十人以上的洗手間應配置時鐘，走廊則免」的同一個人？

在溫布頓通訊工人工會（Communication Workers Union，簡稱CWU）的研究室中，一個個紅色卷宗占據一大排書架，條列出郵政系統的種種老儀式，宛如一套百科全書，蒐羅了已被遺忘的各種郵政狀況。「我剛加入時，」如今擔任工會通訊與活動經理的約翰・寇柏特說，「你得上兩的月的課，學習各種不同的簡稱。所有東西都有操作說明，各種標籤分別代表什麼意思。結業時得參加分揀測驗，考過了才能成為獨立郵差。現在則全免了。」

人會改變：當過獨立郵差、並且在一九八〇年代帶領米爾頓凱恩斯地區激進基層組織的寇柏特，如今開開心心地跟我談起，工會打算聘請原本替威廉・海格[12]做事的政治說客菲利・史奈普，向聯合政府進行反私有化遊說行動。環境也會改變：柴契爾在一九八一年將英國電信分割出去之後，舊日的英國郵政官僚帝國就此分崩離析，然而，還有一個更大的威脅正逐漸成形，一九八二年，十萬名美國高階主管彼此連結，建立一個叫做「電子郵件」的新玩意兒。辦

12. 譯註：William Hague，英國保守黨政治家。

公室系統顧問公司厄威克聶索斯（Urwick Nexos）嘲笑這個無聊的發明，「誰會拿一千磅重的終端機取代日記本，而且還得學打字？」一名顧問冷笑道，「便函有什麼不好？大約九成的信件都能隔天送達，速度夠應付絕大多數的要求了。如果有急事，大可以拿著手寫的便條去發電報。」到了一九八五年，「電子郵件」逐漸被「email」（原本中間有一橫槓的連字號）這個詞取代。美國的MCI公司開始為美國客戶提供跨大西洋的服務，只要一分鐘，寄件人的email便如閃電般地傳到布魯塞爾，抵達先進的MCI收件室，接著比利時郵差再將信件妥善列印出來，親手送交目的地。

然後每個人都學了打字。我著手研究郵政事業之前，曾想過靠寫信來安排採訪事宜。但我沒寄出、也沒收到什麼信件，我靠的是電話、email、簡訊、Skype和Viber等通訊軟體、Gmail聊天室和Google。上一個耶誕節買的郵票，到復活節才剛剛用完。我寄了一張卡片給朋友，謝謝她請我吃晚餐，她則用email回覆，謝謝我寄給她的謝卡。今天早上，我收到的郵件包括一封銀行對帳單、一封信用卡帳單（正如我的銀行不斷宣導的：「轉入無紙化」，所以這份紙本帳單根本毫無必要），以及艾德・米勒班[13]寄來的卡片，催我趕緊上網提供建言，共同為英國的未來貢獻心力。

千禧年之初，郵件量的成長開始跟經濟景氣脫鉤。經濟進入繁榮期，但是紙本郵件的成長速率下滑，email、簡訊、線上聊天室和網際網路抹去了昔日的郵件路徑。二〇〇五年，郵件市場徹底下滑，從此一蹶不振。根據胡柏的報告，郵件市場很可能在二〇一五年之前繼續縮量百分之二十五到四十。

技術變革並非新鮮事。十八世紀末，所謂新媒體，指的是驛馬車以讓人眼花撩亂的六英里半時速，載運報紙在全國上下傳遞資訊。五十年後，鐵道出現了，想必曾有許多忿忿不平的驛馬車夫發現自己不得不另尋出路。這次變革不同於以往的是，文字衝破了桎梏，不再需要依存於實體，人們的手心不再需要感受文字的重量。

* * *

倫敦市中心沒有幾間大型工廠，而克勒肯威爾街角那一大塊看似鐵灰色隆起物的樂山廠（Mount Pleasant），也許是最後一個。前陣子我拜訪的時候，這個破舊的郵局鬼城有超過一千七百名員工呼吸著樓梯間的古老陳腐氣味、踏在磨壞的鑲木地板上，在嘈雜又互相干擾的電台音樂聲裡把郵件丟進陰暗的分揀格中。要說哪一棟郵政大樓有裝暗門，肯定就是這一棟。

一八八九年，郵政局接收了原址上的監獄。當時並未一舉拆除整座監獄，而是從側邊徐徐移入，彷彿阮囊羞澀的房客只想租半張床。大戰空襲期間，大樓飽受一場又一場的大火摧殘，然後在一九五四年再度焚毀。大樓底下掩埋著已廢棄的皇家郵政地下鐵路中央車站。在這個郵件中心裡，有些機器已經有二十五年歷史了。原本有十二台信件分類機器，現在只有十一台在

13. 譯註：Ed Miliband，英國政治家，於二〇一〇到二〇一五年間擔任工黨黨魁。

使用，留下第十二台當備用零件。樂山是皇家郵政「現代化之前」的範本，最常拿來跟蓋威克的「現代化之後」進行對比。「我在這裡工作了八年了，」負責帶我和大衛・辛普森四處參觀的經理李察・艾陀說，「這裡連油漆都沒重新上過。」

然而一切都將改變。二〇一二年，當南倫敦九榆樹區（Nine Elms）及東倫敦堡貝門利（Bromley-by-Bow）的郵件中心雙雙吹了熄燈號之後，樂山是倫敦市中心僅存的最後一間郵件中心，雀屏中選成為幸運兒。皇家郵政說，另外兩間郵件中心之所以沒有跟樂山一樣得到三千兩百萬英鎊的整頓經費，是因為它們沒有足夠的工作量。二〇〇六年，倫敦全年的郵件量為八億六千一百萬件。皇家郵政預估，二〇一四年會下滑到三億三千五百萬件。全國各地有二十間郵件中心業已關閉或即將關閉，包括利物浦、博爾頓（Bolton）、赫爾（Hull）、牛津和米爾頓凱恩斯。

在我參觀樂山的那天傍晚，廠區已空出一整層樓，準備迎接新設備、山科肇和吉祥物安全鼴鼠。整頓期間，業務照常運作。廠區工作人員毫不費力地分揀大量的普查表、處理兩百萬張工會選票。已經有一部分新設備到廠了。一台彷彿是馬歇爾・杜象[14]和菲利浦・史塔克[15]聯手設計的巨大設備，專門負責分揀A4大小的信封，其餘什麼也不幹。「這台機器大約五年新，可以取代一百二十名郵差，好得不得了，」艾陀說，「我們把普查表放進去，機器一下子就分好了。」

辛普森從窗口凝望機器內部，裡頭有無數信件跳著催眠般的舞步。「望著這幅景象，你會頓時對英國產生國家認同，」他說，「讓人不由得想團結起來。」

除了龐大的郵件業務之外，樂山也有附設的郵件派遞室。事實上，樂山是倫敦市金融區的郵件室，涵蓋郵遞區號以EC開頭的所有區域。一天早上，我隨著女郵差丹妮絲・高芬奇一起出勤；用郵差的術語說，叫作「上路」。我們走向她的綠色塑膠分揀架時，同事像狗吠似的叫了起來：一位名叫王子的郵務人員剛剛走進辦公室。

高芬奇是個嬌小的女人，她穿著天藍色的皇家郵政襯衫，一頭紅褐色短髮，還戴著金色大耳環。她清晨四點五十分起床，從滑鐵盧車站搭六十三路公車，趕著上早上六點的班。她的兒子在英國航空公司擔任機組人員，丈夫則是一名司機。我跟她碰面時剛過九點，她正根據郵件的個別地址進行最後分類，並且用紅色橡皮筋捆成一束一束，準備放進她的遞送袋。當天，她有三批郵件要遞送。遞送第一批的時候，一輛貨車會將另外兩袋放到「安全接駁點」，等待她稍後取件。

觀察郵差處理信件，你會發現郵差得花許多時間應付全球民眾的低能。高芬奇手上有上百封無法投遞的信。一家位於紐澤西的律師事務所寄了超過一打信件到她負責的區域，收信人是一間不存在的公司。高芬奇得一一貼上貼紙，並且勾選無法投遞的原因。她秤了第一批郵件的重量：九點七公斤，而最高限制是十六公斤。「皇家郵政是講倫理的。我有二十五年的資歷，

14. 譯註：Marcel Duchamp，美籍法裔藝術家，二十世紀實驗藝術的先驅。
15. 譯註：Philippe Starck，知名法國設計師。

所以才能分到那麼好的工作，」她的意思自己的工作量相對較輕。她估計這批信件會花她兩個鐘頭投遞。她省掉早休時間，我們在十點鐘離開樂山，這讓她在中午以前就能結束工作。

我拿起高芬奇的袋子，走出旋轉門踏上法靈頓路，迎接春天的陽光。我們有如置身廣告裡，文宣說郵差工作是多麼美好。嫩葉冒出頭來，微風舒爽，老太太們親切地叫著高芬奇的名字，彷彿她們一直盼著她來，彷彿她們寂寞孤獨、那天除了高芬奇之外再也見不到其他人。我們在一間公寓門口按電鈴，要請屋主簽收信件。等了許久，他終於開門。他看起來病懨懨的，但是很開心。「抱歉讓你久等了，我才剛生了一場胃病，」他說，「你最近怎樣？」

「我很好，謝謝你。」

「見到你真開心啊。」然後我們繼續走向花店。也許那位生病的收信人獨自生活，畢竟全英國有三分之一的家庭是一人獨居。只要郵局還在，至少有個活生生的人會帶著東西上門找你。

郵差不會總是遇見晴朗的好天氣，有時候會下雪，有時候會下雨；有時候還會被狗咬（高芬奇就被咬過一次）；有時候得爬樓梯（如果你在愛丁堡或格拉斯哥工作，那就得爬好幾百階樓梯）；有時候得爬坡、走爛泥巴路。大部分郵差不像高芬奇那麼幸運，一踏出派遞室就直接走進自己負責的投遞區域。而且，大多數投遞路線都需要兩個鐘頭以上才能走完。基層的工會主管和個別郵差有諸多抱怨，他們說皇家郵政竄改數字，實際上郵件量增加了，才沒有下降；他們說用來計算最佳投遞路徑的軟體，並未將現實狀況納入考量；他們還說郵差的工作量越來越繁重，而且被逼著接受越來越長的投遞路徑。在郵差專屬的電子論壇royalmailchat裡，有一段火藥味十足的討論：郵差表示日常的投遞量輕則約二十五公斤，重則約一百二十公斤。不過，對於一位聲稱自己曾一次投遞重達一百三十公斤的郵差，大家都持保留的態度。[16] 另一方面，一位兼職員工表示他被規定在兩小時四十五分鐘內走完八英里半的路線，他想問問其他郵差，這樣的規定是否可能達成。大家一致認為不可能。

「如果郵差對我說，『別跟我提郵件量下滑，我投遞的量比以前多，』他說的多半是對的，」辛普森說，「但是路線的設計是以三個半小時的工作量為準；這跟五年前或十年前不同，當時只要一個鐘頭就能走完一圈。現今大多數的郵差工作變得比以前辛苦，但是薪水沒變……以前他們只需要運用八成的工作時數，現在卻需要用到百分之百。」有經驗的人都知道，所謂百分之百的工作量，通常是指以百分之九十為目標，最終卻達到百分之一百一十。皇家郵政越想把投遞時間和距離算得剛剛好，郵差越有可能被迫扛得更多、走得更遠。英國郵差的日子越來越難熬了；但是在皇家郵政競爭對手的眼裡，這樣的日子還不算難熬。

私有化以前，倫敦以外地區的皇家郵政郵差，每星期平均工作四十小時，稅前周薪大約三百七十五英鎊，等於年薪直逼兩萬英鎊。不過加班的機會越來越少了。「以現在的幣值計算，那是很高的薪水，」英國郵務公司（UK Mail）執行長蓋・巴斯威爾（Guy Buswell）說。英國郵務是皇家郵政唯一的大型本土競爭對手。「我們的送貨司機得拚命工作才能勉強賺到

16. 高芬奇表示，郵務人員沒必要一舉扛起所有郵件——郵袋可以放在途中的幾個接駁點上。

三百英鎊，他們的工作時數可比郵差長得多。」比起替荷蘭的桑德或首選的民營郵差，丹妮絲・高芬奇不僅收入較高，基於年資，她一年還可以放五星期的年假，薪水照算。她的制服和工作鞋是免費的，二〇一〇年到二〇一一年的大風雪期間，公司還給她的鞋子加裝鞋釘。退休之後，甚至有一筆可觀的退休金供她養老。

然而，競爭態勢卻逼得皇家郵政朝荷蘭模式發展。郵局員工及其支持者面臨的戰爭，不在於挽救註定遭到淘汰的工作（「二〇〇二年迄今裁撤六萬人，根本不算什麼！」當我說起皇家郵政已設法大幅縮減人事時，巴斯威爾哼笑了一聲），而在於避免讓僅存的工作被矮化：避免讓郵差變成送報夫這一類的工作。「就實際情況而言，『郵差』如今應該是一份兼差工作，」巴斯威爾說，「若以手工分信，成本是每封信兩便士，用機器分信，每封信成本零點一便士。很遺憾，事情的發展就是如此。未來，郵差真正能做的事只剩下投遞。每天投遞四到五個鐘頭，然後就沒事做了。」

＊　＊　＊

我打電話到穆克島（Muck）時，線路相當清楚，但是我跟島上聯絡人的通話，會不時被他的孫兒孫女還有羊群們打斷，我得打上好幾次電話。穆克島一星期只收信四天，我納悶居民是否介意。「很合理啊，」勞倫斯・麥克尤恩說，「就算再少一點我也很滿意，一星期三次大概就夠了。」麥克尤恩家族是這座小島的主人。

根據法律，皇家郵政必須一星期工作六天，每天從全英國十一萬五千座郵筒收信，分送到兩千八百萬個地址。無論信件從什麼地方發出、送到哪一個地點，全國一律收取統一的平價郵資。包裹也適用同樣法規，只不過一星期只送五次。這就是所謂的普及服務（Universal Service Obligation），簡稱ＵＳＯ——「將經濟與社會凝聚在一起的元素之一，」李察‧胡柏在針對皇家郵政私有化爭議所提出的報告中這麼形容。

總有少數特例存在。位於斯凱島南方、長約二點五英里的蘇格蘭島嶼穆克島，就是其中之一。穆克島上有十二戶人家，只有當渡輪從馬萊格（Mallaig）過來，他們才能夠收信。「皇家郵政送信給我們，顯然很花成本，」麥克尤恩說。冬天天候惡劣，渡輪班次有可能縮減到一星期一班。不過也有些時候，麥克尤恩利用早班渡輪寄出限時信，信件隔天一早就能抵達倫敦。但是如今，穆克島架設了衛星接收器，有了寬頻網路服務。島上某些地方甚至收得到手機訊號。「在這個年代，email的角色很吃重，郵政變得越來越不重要了，」麥克尤恩說，「皇家郵政打的恐怕是一場穩輸的仗。」

如果照胡柏所說，這場仗的用意是為了維持普及服務，那麼戰爭早就開打了。一八五二年，安東尼‧特羅洛普[17]在與穆克島遙遙相對的澤西島上裝設了第一批實驗性質的郵筒。二〇一一年，澤西島郵局宣布停止星期六的服務，希望藉此替財務報表的赤字止血。根據布魯塞爾

17. 譯註：Anthony Trollope，十九世紀英國作家，曾服務於郵局。

（歐盟）最新的郵政指令，目前歐洲規定的普及服務，最低不得少於每星期五天。但是TNT大力遊說，試圖降低最低規定。二〇一〇年，當時主掌TNT歐洲郵政事業的彼耶特・孔茲（Pieter Kunz）表示普及服務「有如侏儸紀公園，我們必須想辦法廢除它」。不難想像，幾年以後，右翼英國媒體會把每星期縮減送信次數的責任歸咎於歐盟官員──「布魯塞爾為每日郵遞吹熄燈號」；而私有化的皇家郵政則悄悄效法荷蘭模式，暗自慶幸。「TNT是郵政產業裡的大反派，但是它們並不孤單。老實說，假如皇家郵政可以卸下每周送信五天的義務，它們不會出言抗議。」

李察・胡柏的第一份報告是在二〇〇八年為工黨製作的，內容建議皇家郵政進行部分私有化。第二份報告則是在二〇一〇年為保守黨、自民黨聯合政府製作的，主張變賣皇家郵政或公開上市。兩份報告都表示，為了避免皇家郵政破產並且維持普及服務，現代化與私有化改革勢在必行。胡柏的第一份報告立場明確，「目前並非縮減普及服務的時機，減少每星期送信次數……對誰都沒有好處。」胡柏的第二份報告比較模稜兩可，報告中說，在徹底完成現代化改革之前，皇家郵政沒道理縮減服務，但是「也許情有可原」。兩份報告都花費許多篇幅深入探討幾條高度技術性法規，這些法規將迫使皇家郵政以特定價格遞送競爭對手分揀好的大宗郵件；照皇家郵政的說法，這個價格將導致虧損。

胡柏說得沒錯，皇家郵政遭逢新媒體挑戰，面臨了生存之爭。對手是無紙的文字世界，由無重的電子文字構成。繼音樂與報紙後，郵件也步入後塵。競爭對手保證郵遞服務隨傳隨到，彷彿他們經營的是自來水或天然氣公司。然而還有第三種競爭，存在於兩組截然不同、且需求處於對立面的顧客之間：一邊是少數的幾百家大型企業與組織，它們每隔幾天會突然爆量寄出幾百萬封郵件和型錄；另一邊則是數百萬民眾，他們每年寄出幾張耶誕卡，還有偶爾需要對方簽收的郵件。兩邊爭奪著同一批郵務人員的服務。在這場競爭中，重視廉價的少數顧客占了上風，重視規律性與普及性的多數顧客落敗。廉價贏了，受苦的則是郵務人員。

兩份報告之間存在奇怪的落差。胡柏的第一份報告對獨占市場的荷蘭ＴＮＴ與德國郵政ＤＨＬ充滿溢美之詞，這兩家公司先私有化，然後進行現代化改革，最終成為自由市場的龍頭老大。報告中有圖表顯示，二〇〇七年皇家郵政的利潤在歐洲市場墊底，ＴＮＴ與ＤＨＬ則領先群倫。奇怪的是，兩年後胡柏的第二份報告卻低調地略過德國與荷蘭的這兩家明星公司。這其實不足為奇，因為二〇〇九年的利潤圖表顯示，ＴＮＴ和ＤＨＬ的毛利率只剩下百分之三點二五，落於皇家郵政之下。

二十一世紀的頭十年，荷蘭與德國的郵政事業出現了尖銳對立。這或許跟上述的數字沒什麼牽連，但卻透露出腐敗的徵兆。兩邊確實是死敵。當我訪問ＴＮＴ的奧瑪西特・迪爾里奇（Almast Diedrich）時，針對該公司在英國的行動提出許多冒犯的問題，迪爾里奇客氣地一一回答；然而當我問起德國人阻礙ＴＮＴ東進的措施時，他的嘴形扭曲，彷彿要發出咆哮。「ＤＨＬ的行動很聰明，」他咬著牙說，「典型的德國作風。」德國人的行動其實跟荷蘭人沒什麼不同，也就是想辦法保護本國收入穩定的前國營員工，避免跟低價勞工競爭，同時卻在鄰國市場建立廉價的私人勞工網，傷害對方的前國營員工。迪爾里奇說，TNT的管理階層甚至曾致電德國的郵政工會，指出工會在德國捍衛郵差的高薪，並且問他們什麼時候打算到荷蘭，對工資低得駭人聽聞的DHL郵差做出類似的捍衛行動。

「很有趣，德國人在荷蘭市場跟荷蘭人一較高下，但不是以商品跟遞送天數來競爭，純粹以工資作為競爭基礎，」通訊工人工會的鮑溫說，「而在德國市場，荷蘭人也純粹靠工資跟德國人競爭。兩邊都像殺豬似地哀號著相互指責。」

我問鮑溫，為什麼跨國企業可以如此輕易跨越歐洲國界，而工會卻似乎只能在本國境內運作？為什麼歐洲的郵政工會不串聯起來，跨國抗議郵政公司大舉聘用低薪的臨時工？

「有一部分是因為，事情是逐步發生的。」他說，「每個國家的郵務工作都在萎縮，一部分是來自於財務危機，另一部分則是被電子化取代，還有一部分則是自動化的發展。幾乎每個國家都提出提前退休、自願離職和職位調動等因應方式，因此分散了工作量縮減的實際衝擊。若要說服一般郵政員工參與罷工保護跨歐洲的郵政服務，恐怕難如登天，除非事情直接影響他們的荷包。一般勞工……不會替二十年或三十年後的郵政前景操心。」

荷蘭國會多年來對低薪的郵務公司施壓；我在荷蘭期間，國會終於迫使這些公司完成協商。勞資雙方在凌晨時分達成協議，桑德等企業必須在二〇一三年九月底以前，跟百分之八十的郵務勞工簽訂公平合約，這表示員工可以得到某種程度的社會保障。TNT的廉價子公司VSP網也名列其中。奧瑪西特·迪爾里奇是願意接受訪談的最高階主管（其他資深主管都忙著清理ＴＮＴ在全盛時期隨意購併的資產），我跟他在ＴＮＴ的海牙總部會面。在這裡，恢弘的辦公大樓商業區、多線道的高速公路以及高架電車軌道，帶有酷似環太平洋一帶的脈動。我問起他們跟工會的協議，他坦白承認，「的確，你可以說我們跟其他公司一樣剝削勞工。我們一開始就表示如果其他企業願意達成勞工協議，我們願意追隨其後，但是我們絕不會帶頭行動。」

我和工會領袖埃貢・赫隆（Egon Groen）在馬路另一頭的豪華飯店大廳碰面；他是與雇主簽署協議的工會代表之一。那是星期五傍晚，一群年輕白領正在點一輪喬瑟夫・歐尼爾[18]所說的「盛在金色與白色相間的玻璃杯的荷蘭啤酒」。赫隆的連帽夾克和疲憊神情，在此顯得極為格格不入。

「ＴＮＴ的策略是：『成為媲美聯邦快遞和ＵＰＳ的業界巨擘』；當然，它們失敗了，」他說，「如果你得拆分公司，就表示當初的購併並不成功。到頭來，股東和員工統統沒得到好處，只不過是幾個經理人開開心心地冒了險，然後鎩羽而歸。」他說，荷蘭郵政市場自由化的贏家，是那些需要寄送大宗郵件的大型組織。「輸家呢？差不多就是每一個人：ＴＮＴ、新進的郵務公司、勞工、政府。他們開放了市場，頭疼了五年，然而惡夢還沒結束。」

為了抗議減薪百分之十五，ＴＮＴ的郵務人員確實曾經在二〇一〇年發起罷工。赫隆並

18. 譯註：Joseph O'Neill，愛爾蘭裔作家。

不對紙本郵務的未來抱持幻想。「郵件量的萎縮速度超過預期；電子郵件的替代速率則超過預期。今天是報稅截止日，而我猜大家都在上網填寫稅單。」不過，赫隆對社會基層勞工的前景還是很樂觀的。「大約三分之一勞動人口即將在十年後退休；那會造成很大的問題，卻會替民營郵差這類勞工製造更多機會。雇主沒辦法太挑剔。我們不能從愛爾蘭或其他地方引進兩百萬名勞工。勞工的工資勢必上漲。」

* * *

二〇一三年十月，皇家郵政的一大部分已完成私有化。政府保留百分之三十八的股權留待日後出售，另外將百分之十的股分平均贈予全公司十五萬名員工。幾百位理想主義者拒絕接受配股，捨棄了價值數千英鎊的日後獲利機會（員工不得在三年內轉賣股票），其餘百分之五十二的股分以每股三點三英鎊的價格對外出售；大大小小投資人爭相搶購，一般投資人的超額認購量達到七倍，法人的超額認購量則達到二十倍。只有投資金額低於七百五十英鎊的散戶買到他們要求的量，而一家避險基金以及新加坡政府則搶到最多股分，落在這兩個極端之間的所有投資人都未獲得滿足。這是繼一九八〇年代柴契爾政府的大型私有化行動之後，再一次出現的投機風潮，政府的售股所得是十七億英鎊。然而股價持續攀升，到了十二月時，股價幾乎漲了一倍。政府如此賤價出售英國民眾的資產，被政治色彩兩端的陣營同聲指責過於天真、無能。《每日郵報》（*Daily Mail*）形容替政府發行股票的高盛公司（Goldman Sachs）是「貪婪之名舉世皆知的華爾街大型投資銀行」，並且指控它「給予大型金融機構客戶優先購買權……事實證明，發行價格遭到低估，荒唐得可笑。」

從政治層面來看，不難理解政府低價出售皇家郵政的原因。基於前車之鑑，內閣大臣和文官深知此類交易有兩種風險——一是讓急切的投資人賺取暴利，二是投資人覺得價格過高，容易導致交易崩盤。第一種風險是一場短暫而強烈的風暴，很快就會停息；然而第二種結果則會讓卡麥隆—克萊格政權永遠背負無能的烙印。更進一步來說：假如你是一個支持私有化的政治家，當出現關於股價的爭議時，你就已經贏了，因為那表示關於私有化本身的爭議業已結束。但是，在國有制和私有化的簡單對立之外，還有其他從未列入討論的選項——例如設立皇家郵政信託基金會，商業化經營，但是不以營利為目的；或者採用約翰路易斯[19]的模式，由全體員工共享企業的所有權；這兩種模式都可以讓企業負債與政府公債區分開來。

而當股價的紛紛擾擾吸引了所有目光，對皇家郵政未來影響更深遠的一起事件正悄悄發生。

股票上市的過程，總會發生許多奇奇怪怪的事。公司公開出售之前，皇家郵政被自由市場派和托利黨評論家形容成一個注定滅亡的大怪獸，它是屬於網路和柴契爾時代以前的、開倒車的老店，裡頭盡是一群靠國家養、光拿錢不做事、反對進步的懶惰廢物，卡住了英國經濟發展的齒輪。然而一夕之間（就在來不及改變心意停止私有化進程的那一刻），皇家郵政成了無

19. 譯註：John Lewis，英國高檔百貨商店，合夥制企業的典範。

價的國家資產，股權如同黃金或蘋果電腦股票那樣珍貴，無論金融世界的精明富豪或用功的散戶，所有人都爭先恐後地搶著分一杯羹。這中間的落差是怎麼一回事？難道皇家郵政的生意恰好在私有化改革之際出現好轉？或者私有化行動本身，具有希臘神話中米達斯（Midas）般點石成金的魔力？

霧靄沉沉的一天，我正在倫敦家中思索這一切，有人從門縫塞了一封信進來。這封來自皇家郵政的廣告信函，似乎提供了支持第一種說法的答案。「我們熱愛包裹，」信封套上寫著。傳單上促銷著小包裹郵件的新尺寸和單價。網際網路雖然毀滅了信件市場，但是你無法靠網路寄送物品；網路購物的興起帶動了包裹郵寄的熱潮，規模之大，似乎足以彌補信件市場的損失，皇家郵政總裁莫亞．格林（Moya Greene）甚至提議每星期遞送七天，超越法規規定的五天或六天。

但是一切還言之過早，郵政事業的新黃金時代尚未到來，包裹遞送服務出現了激烈競爭。在荷蘭，荷蘭郵政最近宣布將遞送次數降到每星期五天，取消星期一的服務；美國郵政署則打算停止星期六送信；紐西蘭大部分地區即將實施每星期遞送三天。但也可能出現其他可以振奮投資人的事情，有人發現皇家郵政擁有許多閒置的土地和大樓，這些資產價值遠遠超過政府抛售顧問所評估的數字，股東因此出現暴利機會。而且，政府出售皇家郵政之際，慷慨地將龐大的退休金負債（八十億英鎊）留在財政部。另外，就在私有化之前，郵政事業的管理單位，也就是電信監管局，允許皇家郵政將平信的郵資調漲百分之三十。原本對立的工會，最近突然變得很平和；當然，還有即將湧進的商業貸款可以拿來購買新機器。

但是還有別種聲音。加通貝祥證券（Canaccord Genuity）做了一項研究分析，指控政府賤價出售皇家郵政。報告中說，如果皇家郵政裁撤百分之三的人力，並且提高百分之三的營業額，那麼二〇一五年以前，公司的價值將達到一百億英鎊，是政府售價的三倍。這份投資報告藏著一段很有趣的結論，「但是真正讓人感興趣的問題是，如果公司刪減人事成本，會出現什麼結果？」換句話說，如果皇家郵政不只裁員百分之三，甚至還要求員工減薪並且減少福利呢？如此一來，股東會真正大賺一筆。

私有化幾天前，荷蘭郵政的英國分公司TNT快遞，宣布在曼徹斯特成立新的遞送中心，預計招募上千名員工。該公司將以西倫敦原有的營運為基礎，讓新進郵務人員騎著橘色腳踏車遞送郵件。TNT補充說道，該公司打算繼續擴大服務，雇用兩萬名員工。喬治．奧斯本特意讚揚TNT。「這真是曼徹斯特的大好消息，不僅為求職的年輕人以及此地區長期的失業人口製造真正的就業機會，」他說，「也是對英國投下信心票。」《曼徹斯特晚報》的反應更熱烈，「郵政公司捎來就業禮物，」報紙上的標題這麼寫著。

奧斯本的熱情放錯了地方——或者根本虛假不實。假如像人們所說，實體郵件的總遞送量下滑、自動化的設備將降低郵務人力的需求，那麼TNT快遞絕無可能「製造就業機會」。荷蘭公司所做的，只不過是搶走其他郵務人員的飯碗。而這是它們的本國市場絕不允許的事。

我在二〇一一年造訪荷蘭，當時，沒有任何跡象顯示皇家郵政的競爭對手將在英國招聘私人郵差、挑戰國營獨占老店在「最後一哩」的遞送服務；這顯示對民營企業而言，將最後遞送服務轉包給國營郵局是筆划算的生意。「一般民眾還無法接受其他人登門送信。事實上，現在的郵遞模式很完美，」皇家郵政的競爭對手巴斯威爾滿意地說，「我是皇家郵政的忠實粉絲，我不能接受其他人走街串巷、挨家挨戶送信。」

然而，皇家郵政向來擔心，承擔普及服務的重責，表示它們得攬下別人「挑剩下」的所有工作；依照普及服務的規定，除了最偏遠的鄉鎮之外，郵局在其餘各地提供的服務水準，必須等同於人口稠密的都市。競爭對手可以雇用私人郵差從事成本較低且較輕鬆的都市郵遞工作，然後削價競爭，把成本高昂的鄉間郵遞工作交給郵差叔叔，任由皇家郵政虧損倒閉。除了早已不復存在的獨占優勢，皇家郵政還有另一個重要的保護措施阻擋這種情況發生——也就是暫時不用被徵收其他競爭對手必須徵收的加值稅。此外，皇家郵政跟競爭對手收取的費用也有上漲的空間。最後，當服務的普及性受到威脅，電信監管局依法必須介入干預。

然而關鍵是，電信監管局沒有保護皇家郵政的義務。假如競爭的郵政公司（目前是TNT）光挑有利的服務範圍，因而威脅了皇家郵政的生計，電信監管局表示它們有可能採取的因應方式之一，是將皇家郵政負責的部分鄉間地區轉交給TNT服務。電信監管局可以選擇在二〇二一年後針對整個普及服務公開招標，挑選出價最低的投標人。而最低投標人就是TNT為自己預設的定位。皇家郵政倫敦地區郵務人員的平均底薪為每小時十一點六四英鎊；而根據通訊工人工會的數據和其他傳聞，TNT倫敦地區遞送人員的底薪是每小時七點一英鎊起跳，比皇家郵政低百分之三十九，比最低生活工資低百分之二十。ＴＮＴ遞送人員簽的是零時合約（zero hours contract）——也就是沒有最低工時的保障，而退休金、年假和病假等條件，也比不上皇家郵政的郵務人員（公司的人事成本因而較為低廉）。根據二〇一一年荷蘭郵務業敲定的協議，若是在荷蘭，ＴＮＴ將無法如此剝削本國郵務人員。ＴＮＴ與皇家郵政競爭之際，同時挑起工會之間的競爭，而無論就政治或生意而言，對ＴＮＴ或許都有好處。ＴＮＴ跳過通訊工人工會，反而跟代表投注站、鋼鐵業、地毯製造業、製鞋業和足球經理人的社群聯合工會（Community）達成協議。「通訊工人工會運作多年，希望迫使ＴＮＴ關閉。如今工會醒悟到那是無法實現的事，」社群聯合工會的保羅・塔博特告訴我。

皇家郵政仍然可能以民營企業之姿在商場上告捷。它也可能漸漸沒落，以至於被更名為哨子的ＴＮＴ、或者另一家大型民營郵政公司取代。哨子的母公司荷蘭郵政，說不定會買下皇家郵政，或者被皇家郵政買下，或者兩家公司合併。無論如何發展，強烈的競爭壓力將迫使皇家郵政壓縮郵務人員的工資，將低薪勞工變成被剝削的勞工。除非最終出現迫使荷蘭郵政進行改變的政治和道德革新，否則皇家郵政的故事將會是科技進步和私有化的範本，顯示社會大眾願意接受少數窮人重現舊日景象——一群絕望、飢餓的勞工湧入工廠門口，彼此推擠、打鬥，只為了爭奪幾小時的零工機會。

第二章
號誌失靈

Chapter 2

鐵道私有化

這是個關於無能、貪婪和謬見的故事，故事的發展，源自於人們認為利潤和股價是成功的唯一評量；而主持會議和閱讀資產負債表的能力，比善用機器和物質來滿足人類需求的能力，更有價值。

二月，一個溫暖潮濕的早晨，在克魯（Crewe）到曼徹斯特機場的鐵路上，有一支十人工作小隊在谷斯翠村（Goostrey）附近的鐵軌上活動。他們的橘色化纖工作服在蒼翠欲滴的田野和黑壓壓的烏雲襯托之下亮得刺眼，看起來彷彿迷幻劇裡的人物。工作很吃重。他們拿著又粗又舊的金屬蓋木棍把軌條從水泥軌枕上撬起來，抬離鋪著碎石的鐵道床。另一條軌道上有一台裝了鐵軌輪子的推土機，轟隆隆地刨著地上的碎石；這些男人要拿著鏟子，一鏟一鏟地鋪進新的碎石，在軌道下填實。

當時是二〇〇四年，這群男人參與的是英國史上最昂貴的一次非軍事行動，也就是英國鐵道西岸幹線的現代化工程。這項工程原本預算十五億英鎊，但是在工程延宕兩年後、在二〇〇八年完成某一版本時，已經耗費了九十億英鎊，費用絕大多數都由納稅人買單，而這比美國太空總署送人上月球的成本還高出三十億英鎊。照理說，如此龐大的支出應該讓英國的鐵路網徹底翻新，然而最繁忙的路段、也就是從倫敦到拉格比的八十英里，依然使用古老的基礎設施。照二〇一三年鐵道監管單位的說法，這項工程「自始至終讓人失望透頂」。工程原本的宗旨是重建二十一世紀的倫敦蘇格蘭鐵路，如今，政府卻輕率地把它貶成「拉格比（Rugby）以北的九十億英鎊改進工程」，必須由全新的二號高鐵來取代。

我在這裡透過許多訪談和文件，重建出這場價值數十億英鎊的弔詭故事。與這些故事相互呼應的，是鐵路私有化之後頻頻發生的流血致命事故。這些事故或多或少讓路軌公司（Railtrack）畫下一個不光彩的句點。這是個關於無能、貪婪和謬見的故事，故事的發展，源自於人們認為利潤和股價是成功的唯一評量;而主持會議和閱讀資產負債表的能力,比善用機器和物質來滿足人類需求的能力更有價值。

若以更宏觀的角度來看,這也是一個關於英國發展走向的故事:這個國家對設計、製造、興建有用物品的能力失去了信心;在這個國家,擁有這些能力的人不被重視、不被珍惜而且工資微薄。

* * *

三名高階主管穿著比較乾淨、比較新的同款式橘色工作服,盯著谷斯翠的工作團隊。他們全是美國人,來自一家叫做貝泰(Bechtel)的美國營造公司。這群美國人兩年前被延攬進來,要從無能的路軌公司手中拯救西岸幹線的現代化工程。目前看起來似乎沒有一家英國企業擁有必要的技術;在路軌一步一步把公司的內部專家剷除殆盡之後,接手路軌公司的半官方機構「聯網鐵路公司」(Network Rail)也同樣無能為力。

鐵路業為了壓低最後的開銷而採取了極端措施。他們同意完全關閉我們當時所在的路段(也就是從克魯到奇爾德),而且長達四個月。這項措施迫使第一西北鐵路的數千名旅客改搭客運,讓六百名穿著橘色制服的男女工人得以日以繼夜地在軌道上工作,每周七天、每天二十四小時。若非如此激烈手段,領導貝泰西岸團隊的加州人湯姆·麥卡錫說,最後支出有可能上看一百三十億英鎊。

但是原本金額可能更龐大。這項工程已是一條夢幻鐵道東刪西減之後剩下來的簡約版本。為了興建這條夢幻鐵道，路軌在一九九七年跟理查・布蘭森（Richard Branson）的維京鐵路公司（Virgin Trains）簽訂一紙嚴苛的合約，後來陷在其中，進退兩難。二〇〇二年，鐵路策略管理局（Strategic Rail Authority）聘請史都華・貝克調查路軌西岸計畫的失敗原因。我找了一天跟他會面，在他面前高聲朗誦一連串越來越高的金額：一九九六年花費十五億英鎊，一九九九年花費五十八億英鎊，二〇〇一年花費七十五億英鎊……。

「這些金額都無法履行合約，」他說，「把數字乘上六倍或八倍才可能。如果真要創造足以履行（路軌公司原本）承諾的基礎建設，恐怕需要三百億到四百億英鎊。」

在谷斯翠，我慫恿美國人談談這項工程為什麼會出現如此驚人的預算超支。來自休士頓的德州人鮑伯・布萊迪，負責管理該路段的重建工程。他開口回答，「依我看，部分因素來自私有化過程的政治角力……」

麥卡錫打斷他。「別扯政治，」他說。

於是布萊迪打住了。但是他說的沒錯，而這正是麥卡錫不希望他太多話的原因。西岸計畫的問題不在於耗資九十億英鎊，而在於路軌公司原來的老闆以為他可以用小錢完成鐵道現代化的工程，然後向大眾和金融圈推銷這個以意識形態為導向的幻覺。

* * *

一九九四年十二月二十三日星期五的清晨，倫敦中部起了大霧，溫度接近冰點。報紙上的報導包括葉爾欽轟炸車臣、健力士收購案醜聞的最新進展，以及工黨針對公用事業的高階主管發動最新攻擊：這些公用事業剛剛完成私有化改革，高階主管從中獲利數百萬英鎊。在倫敦漢諾威廣場一棟辦公大樓的五樓，十五名顧問坐在一間辦公室裡執行一項費力的工作。他們拿著紅筆，要在一份長達一百八十二頁的祕密報告的右上角逐頁標上數字。

在保守黨拋售的國營事業中，鐵路私有化是最具爭議的一項改革，過程中有太多文件遭到外洩。這些紅色數字就是阻止報告外流的機制。那年春天，新成立的路軌公司從國營的英國國鐵（British Rail）手中，接掌經營和維修軌道、橋梁、號誌和隧道的責任。路軌即將在股票市場公開上市，因此有必要讓民眾和金融圈相信它有能力籌資推動西岸幹線的現代化工程——這是英國國鐵從未得到經費去做的事。這份報告就是要給路軌下指導棋。

五年後，當報告上的建言已能看出（失敗的）成果，而報告本身卻被媒體遺忘。新一代的路軌領導人試圖把過錯全部推到英國國鐵頭上；但事實上，事情根本和英國國鐵毫不相干：當時路軌下定決心證明自己不需要英國國鐵的專家，因此委託幾家顧問公司擬定工程方案。

那個星期五，顧問們興高采烈，再過兩天就是耶誕節了。他們從三月便開始著手進行這份報告，等到寫完紅色數字，報告就要送交政府和路軌公司，大功告成，可以好好過節了。「我們得在中午前完成。不過大家十一點就做好了，」其中一名顧問回憶。「我記得大夥兒後來一起到樓下酒吧開開心心慶祝結案。」

表面上來看，這群顧問有充分理由好好慶祝。他們面臨一個巨大的問題，然後提出了簡潔巧妙的解決方案。

＊　＊　＊

將近兩世紀以來，鐵路業飽受輿論和媒體抨擊；在這樣的文化氛圍下，這個行業竟然還樂此不疲地使用誤導民眾的術語，實在令人百思不解。西岸幹線[20]就是一例。它既不沿著西海岸行進，也不僅是一條線；它是總長六百九十英里的鐵路網，縱橫倫敦和格拉斯哥之間，連接利物浦、曼徹斯特、伯明罕，以及西米德蘭斯郡和英格蘭西北部的各大城鎮。

它堪稱全世界歷史最悠久的跨城市鐵路網。一八三三年，一群創業家和酗酒成性、穿著紅色短外套的探勘員著手動工，過程漫無章法，耗費三十年才完成。醉醺醺的探勘員若在工作中死亡，往往會在他們跌跤之處就地埋葬。狹窄的隧道、擠在一起的鐵軌、緊迫的過彎，還有許多奇奇怪怪的設計；凡此種種反映的不僅是地形地貌和現代火車的速度（最高時速為四十英里），更顯示出有權有勢的地主不願意讓哐噹作響、冒著黑煙的火車載著下層階級穿越他們的領地。負責興建倫敦到伯明罕路段的羅伯特・史蒂芬生[21]，偶爾得趁著月黑風高祕密丈量，免得遭權貴驅趕。

一八三三年到一九九四年之間，這條鐵路當然翻修過，但是從未徹底改建。曾經住過十九世紀房屋的人對這樣的情況都不陌生：電力發明時，房子往往裝了一套神祕複雜的電線系統，後來偶爾用粗糙的手法重新接線；一九六〇年代做過便宜而簡單的轉換：屋主不斷修修補補，沒有錢也沒有遠見徹底改裝——西岸幹線就是類似狀況，只不過規模大得多。顧問登場之前，政府已經二十多年未對西岸幹線挹注任何資金。唯一一次重大改建，是一九六〇年代為了鐵路電氣化而調整了軌道。喬治亞時期與維多利亞時期的工程師運用技術維修鐵道，不斷提高火車時速，直到一九八〇年代中期為止。然後，這個鐵路網開始迅速衰敗。

最嚴重的問題出現在號誌系統。舊的系統必須淘汰。但是若要全面更換綿延幾千英里的線路、紅綠燈和老舊號誌站，成本將高得嚇人。一九九二年出爐的赫斯基報告在當時是機密文件，不過後來悄悄進了下議院圖書館，報告中用聳動的文字描述西岸幹線號誌站的惡劣狀況，讀起來宛如戰情快報。斯托克波特一號號誌站「設立於一八九六年。繼電器室屋頂漏水，纜線嚴重受損……零件付之闕如。號誌站結構破舊，電力不穩。」酒廠支線，「設立於一八九四年……具有嚴重結構問題……不堪翻修。號誌站結構嚴重損壞，人員進出必須靠特殊方法。」邁爾斯地區，「設立於一八九〇年……號誌站及繼電器室都有嚴重結構問題，目前靠土木結構支撐以避免崩塌。」

路軌公司有什麼妙招？它們要如何辦到英國國鐵辦不到的、重建這條搖搖欲墜的鐵路？顧問公司提出了一套了不起的方案，不僅能夠不花國庫一毛錢地推動西岸幹線的現代化工程，而

20. 譯註：west coast main line，業界通常簡稱 WCML。
21. 譯註：Robert Stephenson，「鐵道之父」喬治・史蒂芬生的獨子。

且，火車還能以英國前所未有的速度——每小時一百四十英里，在倫敦和格拉斯哥之間飛馳，讓西岸幹線傲視整個鐵路世界。

＊　＊　＊

一九九〇年代，「移動式閉塞區間」（moving block）這樣的新概念，在鐵路業激起熱烈討論。這個以手機通訊科技為基礎的概念，有可能徹底取代傳統號誌系統。火車一般採用固定區塊系統：一條路線分成好幾個區間，列車依據號誌進入和離開每一個區間；如果某一個區塊已被列車占據，號誌將阻止另一列火車進入該區間，避免兩車相撞。移動式閉塞區間號誌系統放棄傳統的號誌方法，轉而採用電腦、軌道感應器和無線通訊網路。在這套系統下，列車駕駛員可以隨時得知自己和其他列車的相對距離。列車前後仍有一段保護區間，不過這塊保護區間會隨著列車移動，而且根據列車本身以及前後列車的速度來調整。

路軌的顧問將移動式閉塞區間號誌系統納入考量，難題便奇蹟般地迎刃而解。數字都說得通了。他們不必重新建造號誌系統。只須拆掉舊系統，用幾座行動通信基地台取代，並且在火車駕駛室安裝黑盒子；這種做法將大幅降低安裝及維修成本。有了移動式閉塞區間號誌系統，同一條路線可以擠進更多班次，車行速度也可以加快；鐵路公司不僅可以因此調漲票價，還可以用更少的列車提供更多服務。最棒的是，鐵路公司可以靠多出來的盈餘支付鐵道更新費用，以便乘載時速一百四十英里的高速火車。

移動式閉塞區間號誌系統只有一個問題，但這個問題相當重大：世界上並不存在供鐵路主要幹線使用的移動式閉塞區間技術。即便到了現在，將近二十年後，無論這條鐵路線複雜與否，全世界還沒有一條鐵路幹線採用移動式閉塞區間技術。它只用於少數幾個都市捷運系統，例如碼頭區輕便鐵路（Docklands Light Railway）和上海地鐵；而這些系統採用移動式閉塞區間技術[22]的時機，絕大多數都在西岸幹線更新工程的預定完工日之後。對於跨城市的高速鐵路而言，這項技術仍然只是紙上談兵。然而，顧問決定不讓這個小細節阻礙他們的計畫，路軌公司也一樣。

「剛聽說這套方案時，我心裡想：『哇，他們肯定得到什麼驚人突破，那表示這套技術如今已被證實可行。』然而情況並非如此，」當時擔任維京鐵路執行長的克里斯・格林（Chris Green）告訴我。「那只是個希望。而僅靠希望革新歐洲第三繁忙的鐵路網，簡直是瘋了。」

總共有四組顧問分頭進行可行性研究；其中，博斯艾倫顧問公司（Booz Allen Hamilton）負責針對號誌系統提出建議。該公司對本文不予置評，不過一九九四年參與專案的顧問之一，倒是願意發表意見。在最終的八人核心顧問小組中，只有兩人熟悉英國的鐵路幹線，其中一人當時非常資淺。有四名顧問是美國人，或者在美國工作。沒有一個人精通西岸幹線這類鐵路的移動式閉塞區間技術，因為有關這項技術的實驗，多半在歐陸進行。

22. 如今被稱作「通訊式行車控制系統」，簡稱 CBTC。

這名顧問要求隱匿真實姓名，因此我以亞瑟代稱。他說起他的同事，「我個人認為……他們沒有足夠知識，毫無理由便輕易嘗試。我有高度專業的鐵路背景，所以對此無法苟同。」

顧問對全球其他鐵路的現況毫無所悉，因此開始發函查詢。「我們展開調查，」亞瑟說，「我們寫信給製造商，請他們提供資訊……我們跟日本人查詢他們的（移動式閉塞區間）技術發展，他們說：『毫無進展。』這讓我們很驚訝。」的確，外行人會以為這樣的答覆能讓顧問停下來思索。無論是擁有時速一百六十英里的子彈列車的日本人，或是擁有時速一百六十英里的高速列車的法國人，都未在一九九四年採用移動式閉塞區間號誌系統；即便此刻也仍未採用。

然而，儘管欠缺足夠知識、儘管全世界沒有一條鐵路使用這套系統、儘管找不到廠商製造系統所需的設備，博斯艾倫團隊仍然建議使用移動式閉塞區間號誌系統。為什麼？亞瑟暗示，顧問團隊受委託的課題，不在於找到最實用的解決方案，並釐清成本，而是要從財務數字上，讓私有化政策看來切實可行。傳統號誌系統的成本恐怕會嚇跑投資人，導致私有化改革嘎然中止。

「大家總試著論斷的是，你們為什麼給西岸幹線推薦如此華而不實的技術？這是個合情合理的問題，」亞瑟說，「但是，如果你仔細看看委託內容，就會發現這個問題並不公平。我們的職責是找出成本效益最高的解決方案。」

博斯艾倫的顧問還得到另一個結論，如今回頭來看，這個結論似乎非常奇怪。儘管他們知道私有化改革後的鐵路業會是什麼面貌（路軌公司擁有鐵路基礎設施，好幾家民營火車營運業者提供服務，另外還有一大群民營企業試圖分一杯羹、盡量不侵犯彼此的權益），然而，他們仍舊以英國國鐵的歷史——簡單草率的東部幹線現代化工程，以及二十年前的傳統號誌系統為基礎，估算西岸幹線現代化工程所需的成本。這好比西方石油公司將他們的成本預估，建立在蘇聯時代的普丁訂價政策之上。

「我當時沒想到的是，」亞瑟承認，「鐵路業的重整，出現了我做夢都想像不到的複雜程度。」顧問也沒想到，路軌的高層竟會光挑他們想聽的結論。

* * *

路軌的私有化行動由兩個人主導——執行長約翰・艾德蒙（John Edmonds），以及已故的董事長羅伯・霍頓（Robert Horton）。艾德蒙原本是英國國鐵的資深主管，霍頓則是英國國鐵的前任董事長。然而，艾德蒙這個前國營企業主管，卻在私有化之後成了最狂熱的顛覆分子。基於他在國營鐵路事業的經驗，他不僅無法認同英國國鐵的行事風格，也對公司內部的工程師及安全專家懷有疑慮，甚至鄙夷。他認為這些人過於謹慎、保守、裹足不前。於是他革除了位居公司核心的內部專家，導致公司沒有人能夠理解承包商的計畫內容。

艾德蒙拒絕為本文發表評論。一位資深鐵路經理這麼說他，「就是他解雇了營運經理與技師，因為他不信任他們。他認為這些工作都可以外包出去，在市場上購買服務就好。他有強烈的企圖心，想要打破框架、改弦更張。他向來不滿傳統的鐵路業，他相信私有化的世界是萬靈丹，人們可以自由發揮才能，只要再加上新科技和市場因素，一切便水到渠成。但鐵路業的運作不是那樣的；你不是在賣烤焗豆。」

霍頓和艾德蒙一樣，也是路軌公司私有化行動的忠實擁護者。然而，儘管霍頓樂得扮演企業改革者的角色，而且演得還挺神氣活現的，但是他根本不是創業家的料；儘管他在一九五〇年代主修工程學，但他也不是天才工程師的料。說穿了，他就是一個高薪的民營企業官僚，靠著後帝制時代的半國營石油事業奠定名聲。他沒有造就英國國鐵，是英國國鐵造就了他。無論他在位期間做了多少改變，他在一九五七年上任時，英國國鐵早就是個不斷擴張的龐大事業，等到他在一九九二年下台時，英國國鐵仍然是個不斷擴張的龐大事業。不過，他確實懂得石油業，只可惜對鐵路業所知不多。

「他對鐵路業的涉入不夠深，無法明白出了什麼錯，」鐵路業的一個消息來源說，「他擅長推動私有化改革，跟金融圈交情很深，有辦法說動私人投資者為業界注入資金。他不曉得他會失去所有重要的經營幹部、失去所有重要的工程師，也不曉得他們追逐的是一項不切實際的技術。」二〇一一年過世的霍頓同樣拒絕受訪。他透過一封簡短的電子郵件告訴我，「你要明白，長久下來，這項計畫的範疇出現了巨大變化，技術上的決策也是如此。這一點是非常重要的。」

一九九四年，艾德蒙、霍頓，以及接二連三換人之後最新上任的保守黨運輸部長布萊恩・

馬威尼（Brian Mawhinney），全都希望聽到顧問告訴他們，西岸幹線的現代化工程可以靠私有化的鐵路公司籌措民間資金獨力完成。不過，事情還有一線生機，有一個人有機會說服他們，讓他們相信這項計畫的風險高得令人無法接受。

* * *

採納移動式閉塞區間號誌系統是一項致命的決策，而有機會阻擋路軌公司制定這項災難性決策的關鍵專家，是公司新任的電機部門協理羅德・馬淳姆（Rod Muttram）。但是他對鐵路業的認識也不深，他是從軍火業跳槽過來的；他曾在軍火業協助發展新的武器系統，包括新型火箭砲。他相信移動式閉塞區間號誌系統理論上可行，至於實際運用在如此複雜的鐵路網上是否行得通，他得仰賴顧問提供給他的資訊。（馬淳姆拒絕對這段內容發表公開聲明。）

一九九四和一九九五年間，英國國鐵依然存在；而它的董事會認為顧問的提議過於不切實際。時任英國國鐵董事長的約翰・衛斯比（John Welsby）告訴我，「採納一項從未在真實世界進行測試、也從未在全國最複雜的鐵路網上測試的技術，讓我非常擔心。」

衛斯比並非事後諸葛。一名在路軌和顧問之間擔任溝通橋梁的路軌高層主管回想，「當時，英國國鐵董事會出現很大的反對聲浪，壓根不支持這項計畫。董事長約翰・衛斯比是最敢發言的反對者。他說，這技術是永遠無法實施的。」

衛斯比以及其他英國國鐵同僚無法成功說服他們的民營繼任者。「你得記住，在那個階段，我們每一個人都忙得無法想像，」他說，「大夥兒得同時做三件事：首先得經營鐵路，其次得拆分鐵路公司以便出售，最後，他們往往還得準備管理層收購（management buyout）事宜。大家每星期工作七天，每天二十四個小時。我們該說的都說了，但是路軌聽不聽勸，得看他們自己的意思……當然，他們才懶得聽。當時的氛圍是：英國國鐵是大壞蛋，即將被拆分、消滅。我們是政府的眼中釘，新的情勢對我們不太有利。」

顧問遞交報告之後立刻出現另一項警訊。警訊來自歐洲。我依據資訊自由法拿到了顧問的諮詢報告。這份報告幾乎隻字未提歐洲採用的規格；沒有一位顧問來自歐陸。然而亞瑟很明白地表示，顧問假設歐洲其他鐵路正準備推行這套新技術，而英國向來高度仰賴歐洲的技術調查，這次只不過是率先推行罷了。

但是在一九九五年一月，總計十九家的歐洲國營鐵路公司得到一致的結論，認定移動式閉塞區間號誌系統尚未成熟，無法落實到現實世界，下個階段應該採用較為簡單的過渡型技術。路軌公司再度忽視警訊。事實上，路軌可能根本沒聽到消息，當時該公司跟歐洲幾乎毫無接觸。情況非同小可，而社會大眾都被蒙在鼓裡：歐洲國家公開宣布技術尚未成熟之時，一群美國顧問和主管卻自顧自地認定歐洲支持開發這項技術。

* * *

一九九五年三月，路軌公司及政府將它們對西岸幹線的計畫公諸於世。它們不顧警訊，毫無保留地支持顧問的建議，以移動式閉塞區間號誌系統作為現代化改革的核心。托利黨的鐵路部部長約翰‧沃茲（John Watts）表示，一項「創新的號誌與控制系統」將是西岸幹線的「計畫核心」。（沃茲接受電話訪問時，表示自己不記得那段期間發生的枝節末葉。）

顧問的諮詢報告維持機密。三月二十二日，路軌發布了所謂的報告摘要。這份摘要內容大致無誤，但是民眾聽到的跟顧問所說的有幾項重大出入：例如顧問提出警告，萬一移動式閉塞區間號誌系統證實不可行、而必須採用傳統號誌技術時，那麼希望火車時速超過一百二十五英里（這是路軌的目標），將招致「極為龐大的成本」。這個決定性的警告、也是路軌日後垮台的關鍵因素之一，沒有被放進這份摘要中。

三月初，號誌公司的主管告訴國會議員，他們「也許」可以在十年內落實移動式閉塞區間技術。然而顧問在他們的機密報告中，樂觀地描述安裝移動式閉塞區間號誌系統的「五年計畫」。路軌是這麼對大眾宣布的，「開發專案預計在三到四年間完成。」

最令人震驚的是，在摘要報告中，路軌憑空添加一段從未在顧問諮詢報告中出現的話，「這套行車控制系統的硬體設備大多已經存在，所需技術相對成熟。」

我把這段話唸給亞瑟聽。他的反應是，「嗯……有意思。」

他是否認為這段話有誤導效果？亞瑟沉吟許久，最後才說，「如今回頭來看，這項技術的進展無疑沒有我們預期的成熟……這段話讓我很驚訝，真的，我很吃驚。我不知道他們從哪裡得到證據，可以說出那樣的話。」

對於這些出入，無論霍頓或艾德蒙都不予置評。我問另一位熟知內情的業界大老有什麼看法。「說技術發展成熟……如果在一九九五年這麼說，我確實覺得很大膽。」

顧問的諮詢報告從未提及這一點，而這究竟是怎麼一回事？其實，路軌和托利黨人心裡還有另一個盤算。一九九四年，鐵路號誌工人曾經發動一次大規模罷工，一旦引進新技術就能裁撤數千名號誌工人，進一步削弱工會實力。

有些鐵路業人士願意姑且相信霍頓、艾德蒙及他們的同僚。「誠信確實重要，但是我認為問題不在於誠信與否，而在於判斷錯誤，」二〇一三年退休的鐵路政策監管局主任麥可・畢斯維克（Michael Beswick）告訴我，「他們假設技術可以快速發展，可惜事與願違。這就是問題所在，當時主掌路軌的人，確實能力不足。」

另一位業界大老說，「約翰・艾德蒙急著推動鐵路私有化，因此說出比較煽動人心的話語，鼓勵民眾相信路軌充滿膽識與幹勁。重點在於創造信心，而這有時得靠大膽的宣言。」

在得知能夠取得顧問諮詢報告之前，我曾訪問路軌的一位前任高階主管。他手上沒有報告影本，只能試著靠記憶回想報告結論。我後來發現，他的記憶跟報告並不十分相符，反倒是反映出路軌私底下的真正對話。「基本的結論是，如果採用傳統的號誌技術，根本不可能以合理的成本翻修西岸幹線，」他說，「無論可行與否，唯一的辦法就是引進二十一世紀的號誌技術。」決策已定，路軌在不知不覺間踏上了垮台的命運。

顧問並不魯莽。對於西岸幹線的現代化工程，他們從未想像路軌會獨力經營與籌資。他們規畫了一套尚稱詳盡的方案，建議路軌聘請一家經驗豐富的大型土木工程集團，由對方代為籌資並管理工程，同時承擔大多數風險。然而路軌當時的財務長諾曼・布洛赫斯特（Norman Broadhurst）仔細研究數字，認為報酬太高，不該讓肥水外流。他認為路軌應該自己來，因此開始遊說同事。一位董事會成員形容自己反對提議的情景。「我當時就表明，路軌內部的管理能力不足以獨力進行這項計畫，」他說。事實證明他是對的。路軌一旦下定決心採用移動式閉塞區間號誌系統，便開始浪費時間促成此事。路軌不斷縮編公司內部的號誌部門，一九九五年，殘存的號誌小組小到可以把整個部門塞進一台計程車。隔年，搬遷到伯明罕的舉動進一步造成人員流失。一名路軌高階主管說，「我們浪費了兩年的資源。」一直到一九九六年三月、路軌再幾個月就要轉入民營時，公司才終於委任兩家跨國工程集團發展移動式閉塞區間號誌系統的替代雛形。艾德蒙剷除內部工程與專案管理人才的舉動，很快讓公司嘗到苦果。「路軌在一九九六年的行動很不尋常；它剪除了英國國鐵體系內的菁英工程團隊，」克里斯・格林說。

路軌假設兩大號誌集團會發展出相似的移動式閉塞區間號誌系統雛形；它假設兩項成果可以相輔相成，為日後實際可行的系統奠定基礎。但是情況並非如此；兩家集團視彼此為勁敵。「不出所料，兩家集團的方案背道而馳，而不是殊途同歸，」號誌業的一位資深人士說。這原本不是什麼大事，然而在移動式閉塞區間技術研究還不著邊際的時候，路軌做了一項致命決策：它親手奉上一把槍，請維京鐵路公司拿槍指著路軌的頭。

* * *

時間是一九九七年二月，理查・布蘭森的維京鐵路公司搶下西岸幹線高速區間車的經營特許權。同年十月，新上台的工黨政府背棄該黨將鐵路事業重新收歸國有的主張，布蘭森和路軌共同宣布西岸幹線計畫的籌資方式。他們為搭乘區間車的旅客描繪一幅美好的遠景。路軌將斥資十五億英鎊翻修老舊的鐵軌，同時為了換取維京的部分利潤，路軌將另外投入六億英鎊安裝移動式閉塞區間號誌系統並改良其他設施，創造出一條高速鐵路。二〇〇二年，維京的新型傾斜式列車能以時速一百二十五英里在這條線上奔馳；到了二〇〇五年，時速將提高到一百四十英里。倫敦到曼徹斯特只剩下一小時四十五分鐘的距離；倫敦到格拉斯哥則不到四小時。突然之間，路軌發現自己被維京合約綁死了：它得在二〇〇五年之前，在整條西岸幹線上安裝一套不存在的號誌系統；如果無法履行合約，罰金規模不堪設想。

「他們想，『哎呀，我們簽了（合約），最好還是幹吧。』他們明白不能光說不練了，」號誌業的消息來源說。

然而，路軌陷入了進退兩難的困境。如果路軌無法確切說明它的要求，就無法公開招標開發技術；但是如果沒有找個廠商簽約開發技術，它就無法弄清楚自己要什麼。在此同時，兩大號誌集團的工作讓這項技術越來越撲朔迷離。「因為我們走的是不同路線，我們把彼此當成競爭對手，所以路軌沒辦法說，『情況很明確了，規格在這裡，』」號誌業的消息來源說，「我想，問題的癥結在於路軌沒有夠強的內部知識與專才來善用其他業者，路軌沒有能力蒐集業者的觀點，然後加以判斷。」

路軌確實擁有一張王牌。事實上，它很久以前就延攬了一位移動式閉塞區間號誌專家。早在一九九五年，當時的保守黨政府擔心羅德・馬淳姆欠缺鐵路業經驗，恐怕會讓金融圈投資人卻步不前，在政府的堅持下，路軌指派大力擁護移動式閉塞區間號誌系統的布萊恩・梅立特（Brian Mellitt）擔任工程部協理。梅立特是個聰明又有經驗的專家，當時施工中的倫敦地鐵銀禧線（Jubilee line）延伸路段採用的移動式閉塞區間號誌系統，早期就是由他負責監督的。

但是在一九九七年，正當梅立特的專才最炙手可熱時，他得意的工程失敗了，輿論一片譁然。簡單地說，銀禧線的移動式閉塞區間號誌系統無法使用。按理應該彼此溝通的電腦之間無法交換資訊。成本飆升，工程師急著趕在千禧巨蛋（Millennium Dome）開幕以前完工，無計可施之下，只好暫時用老式的傳統號誌系統應急。每小時地鐵班次砍了一半，而這項工程的主要包商西屋號誌公司，則擔起絕大部分責任。一九九五年在國會中宣稱西岸幹線將於十年內完成移動式閉塞區間號誌系統的執行長約翰・米爾斯（John Mills）被革職下台。

一九九八年，當銀禧線出問題的消息開始浮上檯面，新就任的傑拉德・柯爾貝特[23]對前朝留下來的西岸幹線移動式閉塞區間號誌系統工程，越來越感到不安。他沒有繼續重用梅立特。如果說柯爾貝特有什麼獨特之處，那就是他對工程專業人士的敵意甚至比前任還深。路軌直到

23. 譯註：Gerald Corbett，他在一九九七年底接替艾德蒙的職位。

一九九八年七月才跟英法合資的GEC阿爾斯松公司[24]簽訂系統開發合約，而進度已落後一年多了。但是儘管如此，這份合約並未要求交出實際成品；這一紙九個月的合約，目的是要定義未來應該交出什麼樣的成品。

號誌系統只是西岸幹線現代化工程的一部分，還有更多事項有待完成——鐵軌必須重鋪、隧道必須調整、橋梁必須改建，而這些工程也同樣進度落後、預算超支。計畫不斷更改。路軌曾花一千萬英鎊請包商開發新型態的變壓器，結果卻棄而不用，回到原點。包商每天都會發現新的狀況；這條鐵路破損的程度，遠超過路軌和顧問的理解。

與此同時，由於路軌已經裁掉了公司內部絕大部分的工程師和鐵路營運專家，因此毫無能力判斷這一大群包商索取的費用是否合理。「不難理解某些業者趁火打劫、藉機斂財，」一名鐵路業人士說，「機會太誘人了。」

同樣的模式周而復始。路軌轉而請一家美國公司提供專案管理專才，最後也同樣狼狽收場。路軌聘用的是布朗路特公司（Brown & Root），這家公司隸屬於美國的哈利柏頓（Halliburton）工程集團，當時的經營者是迪克・錢尼[25]。越戰之後從五角大廈撈了不少肥水的布朗路特是否能做好這項工作，這點還未可知，但是路軌從沒給它一展身手的機會。

「路軌用了他們，卻另有盤算，」一名知道內情的高階主管說，「在石油和天然氣領域中，布朗路特擁有豐富的專案管理經驗。路軌說，『那好，露一手吧，』但是他們卻臨陣退縮，從未給予支持。」

此時，柯爾貝特及其團隊發現前朝犯下的另一個古怪錯誤，讓他們驚駭不已：維京合約已成既定事實，路軌的新當家必須概括承受。

＊　＊　＊

儘管維京鐵路一開始因為經常誤點而聲名狼藉，但是路軌與維京的合作計畫廣受歡迎，不僅路軌內部，甚至政治圈、媒體和社會大眾都樂見其成。傾斜式列車的速度可達每小時一百四十英里，早上從倫敦出發，中午到格拉斯哥用膳，聽起來挺不賴的，這可是一大進步；只不過這有一個嚴重的問題，而且這問題連外行人都看得出來：還有其他列車需要使用同一條鐵道，並且這些列車無法以時速一百四十英里奔馳。好比說，貨運列車甚至連一半的速度都很難達到。整體而言，西岸幹線每天有一百二十個班次的列車，另外有兩千班列車在它的各個支線運行，除此之外，還有四千個班次在某個時間點穿過這條路線。這些列車分屬十四家民營的火車營運公司，它們採用了至少十九種不同的動力機組，混雜了客運、短程和貨運服務——簡直是一場合約噩夢。然而合約都簽了。一九九八年，路軌開始痛苦地領悟到，它得違背某些合約才有辦法履行跟維京簽訂的內容。

在這條路線推出更快捷、班次更頻繁的維京列車，意味著路軌必須下更多功夫確保其他速

24. 譯註：後來更名為阿爾斯通（Alstom）。
25. 譯註：Dick Cheney，曾任美國副總統。

度較慢的列車能夠照常營運，賺取應得的利潤。不過，等到路軌開始認真研究維京合約，並且拿它跟路軌承諾的軌道工程比較之後，發現除非至少打破一項合約義務，否則排不出日後的行車班表。更確切地說，路軌看到了問題，卻拒絕正視狀況。那正是路軌結束的開始。

「它們跟鐵路監管局誇下海口，保證一定行得通，但是誰都曉得那是不可能的，」鐵路策略管理局的史都華・貝克說，「時速一百四十英里的列車很快就會追上時速七十五的貨櫃車和時速五十的區間車。這樣的安排不切實際。如果不蓋新的鐵路，現有設施無法容納合約規定的服務項目。」

速度問題只是冰山一角。路軌的維修哲學充滿風險：它們說，與其定期維修，它們寧可等到零件即將報銷才願意更換。這毋寧是拿路軌的未來當賭注。路軌倒閉之後，專家研究路軌和維京以及其他火車營運公司簽訂的西岸幹線合約，發現路軌承諾蓋一條從二〇〇五年到二〇一二年都不需要維修的鐵路。專家為此震驚不已。

「無可否認，維京合約是一大錯誤，」麥可・畢斯維克說，「是最終導致公司倒閉的其中一項原因。」

一九九九年，泡沫破滅了。二月分剛剛接掌維京鐵路的克里斯・格林四處視查，想看看這項偉大的西岸幹線重建工程的進度如何，結果大為吃驚。「場面冷清得讓我驚訝：鐵軌上毫無動靜。我以為會看到大型黃色機具拆除鐵軌、替換號誌裝置、重新接線，但是大家似乎都為了工作範疇而爭論不休。難怪浪費了兩年時間。我想，我上任的時候，路軌才剛剛發現這項工程將耗費巨資、複雜無比。」

他很快察覺列車的排班危機。「做鐵路業的，最起碼得懂得安排火車時刻表不是嗎？路軌應該有能力自行規畫火車班次，我也相信它們排了班表。不過，當它們發現班表行不通，它們也發現自己被附帶高額罰金條款的合約綁死了，最高得付兩億五千萬英鎊的罰款給維京……它們只要一細想，就發覺自己無法承擔違約的後果。這就是它們非倒閉不可的原因。」

* * *

一九九九年春天，路軌的股價超過十七英鎊，達到歷史高點。在此同時，這項工程卻陷入混亂。布朗路特被解職，路軌另聘一組顧問尼可斯集團（Nichols Group）來調查現況。鐵路監管局開始施加壓力，強烈要求路軌提出確實可行的西岸幹線行車時刻表。阿爾斯通的移動式閉塞區間專案極不順遂，研究了九個月，卻仍然無法提出一套明確的系統設計。阿爾斯通索取七億五千萬英鎊以便完成工作，但是由於情況混沌不明，路軌甚至不打算買單。雪上加霜的是，梅立特辭職了。

「他走了以後，就沒有人替移動式閉塞區間技術說話了，」號誌合約的內幕人士說，「那個時候，銀禧線的營運正面臨瓦解。」

一九九九年十二月九日，路軌終於在一場代號「黑鑽石日」的會議中，做出它規避許久的決定。路軌承認公司下了高額賭注的移動式閉塞區間號誌系統終究是一場夢幻泡影。尼可斯集團的報告明確得叫人難受：系統準時完工的機會不到二十分之一。銀禧線的災難說明了其中的風險。阿爾斯通從來無法解釋清楚，如果遇到事故或無線號誌中斷，移動式閉塞區間號誌系統會出現什麼狀況。倫敦和格拉斯哥之間的整個鐵路網說不定得全面中斷服務。

為了安裝新設備，路軌必須協調火車營運業者汰換兩千個火車動力機組，並且重新訓練四千名司機；路軌也從未充分理解為此所應付出的罰金額度。路軌得付出慘痛代價。如今，它們必須用更龐大的成本，安裝一套傳統號誌系統。安裝傳統號誌系統意味著關閉鐵道部分路段，而關閉部分路段則意味著必須付高額補償金給火車營運業者。路軌跟火車營運業者簽訂的合約，全都建立在預期採用移動式閉塞區間號誌系統的基礎上。要不就得撕掉這些合約（並且付出更高額的補償金），要不就得重新規畫整個鐵路網，注入更龐大的資金。原本的預算是二十億英鎊，新公布的數字則高達五十八億英鎊。這個數字很快就被證明受到低估，而且低得離譜。國庫若不慷慨解囊幫忙紓困，路軌恐怕難逃厄運。

五天後，十二月十四日，路軌發文給鐵路業監察人湯姆．溫莎（Tom Winsor）。距離第一批顧問告訴路軌移動式閉塞區間是多麼絕妙的系統，已經快滿五年了；距離路軌不顧英國國鐵、國會議員和鐵路記者的警告，執意誤導大眾移動式閉塞區間號誌系統是「相對成熟」的技術，也已經超過四年半了。如今路軌寫道，「全球各地乘載混合機種的鐵路幹線中，從未有任何一條線路使用（與移動式閉塞區間號誌）相符的系統……系統的基本軟體，之前從未在攸關生死的環境中操作。」如果安裝了移動式閉塞區間號誌系統，路軌說，有可能為英國最重要的鐵路網引來「全面癱瘓的重大危機」。為了發展移動式閉塞區間號誌系統，路軌至少已經花了六千五百萬英鎊，甚至更多，但是迄今一無所獲。二〇〇一年路軌破產清算前，西岸幹線上演了傳奇的最後幾幕戲，是越來越孤立無援的柯爾貝特跟監察人溫莎之間的正面交鋒。湯姆・溫莎根本瞧不起路軌的管理階層；他對自己的看法很有信心，因為他出任鐵路業監察人以前，原本是鐵路合約律師，熟知路軌跟維京簽訂的合約。政府監察人湯姆・溫莎堅持路軌履行的中心合約，是由商業律師湯姆・溫莎起草的——這兩人是同一個人，如假包換。

溫莎必定知道自己是導致路軌倒閉的元兇之一。但是他也知道布萊爾政府、社會大眾和絕大多數火車營運業者都受夠了這家公司，金融圈也逐漸失去信心。路軌唯一的同盟者維京鐵路公司也對它懷有疑忌。那年夏天，路軌坦承新的西岸幹線無法遵照承諾。在理查・布蘭森花了六億英鎊訂購的義大利傾斜式列車達到一百四十英里時速之後，布蘭森笑著對採訪者說，「你知道維京鐵路為什麼要改名嗎？因為它們被耍了。」

二〇〇〇年春天和秋天，路軌高層兩度前往霍爾本（Holborn）的鐵路監管局辦公室開會。溫莎隨後公布兩次會議的逐字記錄。柯爾貝特氣勢洶洶地長篇大論，企圖爭取更多資金，設法維持公司生存。

溫莎跟他的同事坐著評議，言詞扼要卻充滿猜忌，彷彿高高在上的治安官。「如果我們一味埋頭苦幹，盲目推行移動式閉塞區間號誌系統，豈不代表我們無能？」會議紀錄顯示柯爾貝特在五月分孤注一擲的說詞，企圖將路軌遲遲未能發現問題，硬說成路軌善盡管理之責。柯爾貝特接著請求放寬路軌與其他火車營運業者的合約規定，以便騰出時段供維京使用。溫莎不為所動。「合約的一方期望對方信守合約，」他問柯爾貝特，「難道不是天經地義的事嗎？」

「的確，」柯爾貝特說，「天經地義。真實世界是該如此，」他停頓片刻，給自己回頭的餘裕，「但是從許多角度來看，鐵路業不是一個真實的世界。」

* * *

六月分，監察人委託一群新的顧問評斷路軌在西岸幹線的營運狀況。顧問表示，從一九九四年的原始報告之後，工程的某些環節從來沒有重新評估過。諷刺的是，這群顧問來自博斯艾倫——正是六年前向路軌大力推薦移動式閉塞區間號誌系統的這家公司；柯爾貝特無言以對。

暫且撇開西岸幹線不談，二〇〇〇年十月，哈特菲爾德（Hatfield）一帶的鐵軌因路軌疏於維修而斷裂成數百個碎片，一輛從國王十字（King's Cross）到里茲的大東北高速列車因而脫軌，導致四人喪命。當時離帕丁頓火車相撞事件才一年多（在這場災難中，訓練不良的列車駕駛員闖越位置不佳的紅燈，造成三十一人罹難，超過四百名乘客受傷）。二〇〇一年春天，鐵路業一片混亂，西岸幹線工程的預估成本提高到了八十億英鎊。十月，在路軌最後一次背著其他業者跟維京重新談判之後，政府決定收手。路軌玩完了。

鐵路策略管理局、接收路軌的聯網鐵路公司，以及貝泰工程開始研究路軌留下的殘局。

西岸幹線的預估成本持續攀升，最後甚至出現兩百億英鎊的金額。唯有將時速目標降低成在二〇〇八年以前已經達到的一百二十五英里，西岸幹線工程的預算才能壓回九十億英鎊。

約翰・艾德蒙等路軌創始元老，總將公司的慘敗歸咎於柯爾貝特及新工黨時代。計畫搖擺、工程經費控制不嚴、政治干預、安全規定越來越嚴格——他們說，這些因素導致工程預算飆升，否則本來應該可以用更低廉的成本完成的。

然而，為路軌埋下滅亡種子的關鍵決策，全都是在柯爾貝特上任以前、在工黨政府站穩腳跟以前、在派丁頓和哈特菲爾德災難發生以前制定的：包括愚蠢地選擇一項未經驗證的新科技並且大肆宣傳；自行管理西岸幹線，而不是委託經驗豐富的工程集團處理；以及交涉維京合約時展現的傲慢。

綜觀路軌的歷史，管理階層顯現出一貫的特徵：蔑視工程專業，並且持續拒絕正視他們經營的軌道已年久失修的事實。並且就算移動式閉塞區間號誌系統能夠準時上線，也得花好幾十億經費整修其餘的基礎設施。

「我們越深入調查，越明白現有的基礎設施已經徹底不堪使用了；而新的狀況仍不斷浮現，」鐵路策略管理局的史都華・貝克說。在想像的世界裡，如果一九九五路軌年拒絕顧問建議的移動式閉塞區間號誌系統，如果它肯花時間仔細研究鐵軌的狀態，那麼西岸幹線現代化工程的實際成本會是多少？不用說，絕對足以讓路軌躲過私有化的命運。到了今天，英國恐怕沒幾個人會認為那是一件壞事。若不進行私有化，可以籌到錢推動西岸幹線的現代化工程嗎？也許無法馬上找到錢，但是財政部別無選擇，遲早得投入它如今投入的數十億英鎊。而路軌身為商業化經營的國營事業，將能以更便宜的方式融資，勝過這五年來付給股東和貸款銀行的三十八億股息和利息。

西岸幹線的故事象徵著民主政黨運作失靈，這是整起事件令人不安的面向之一。不光是特定政黨，整個政府體制都出現問題。梅傑政府創造了怪物般的路軌。路軌私有化不到一年，保守黨便在大選中受到懲罰。而一開始就走偏的西岸幹線工程繼續如火如荼展開。五年任期的政府如何為壽命動輒數十年的工程計畫負起監督責任？沒有人回答過這個問題。我為這篇文章做了無數次訪問，令我詫異的是，沒有幾位鐵路業人士提到交通部官員或政黨。他們唯一認得的政府單位，是唯一持久的政府單位——非民選的財政部。

然而，若說英國民意代表睜一隻眼閉一隻眼，那你就錯了。一九九五年二月中和三月初，當顧問交了報告而路軌和政府仍在考慮階段，下議院交通委員會便針對西岸幹線工程，質詢艾德蒙、霍頓和幾家大型號誌公司的主管。

國會議員表現出色。問政風格犀利的工黨交通委員格溫妮絲・鄧伍迪（Gwyneth Dunwoody），事前曾跟資深鐵路作家李察・霍普（Richard Hope）簡單談過，深知其中利害關係。因此，委員會在七月發表的報告中，精確點出路軌所冒的風險，堪稱料事如神。

> 報告中警告，「西岸幹線的重建迫在眉睫，然而，將投資的財務分析建立在未受到驗證的火車控制系統上，有可能延誤全國最主要跨城市路線的現代化工程，後果令人難以忍受。」

國會議員善盡職責。他們認真而徹底地檢視一個掌握民眾生命與荷包的非民選組織制定的大計畫，指出其中的缺失，但是沒有半個人理會。

＊　＊　＊

一八三七年，身兼賽馬主人、政論日記作家和威靈頓公爵密友的查爾斯・格雷維爾（Charles Greville），形容他的第一趟火車旅行——從伯明罕到利物浦的西岸幹線列車——是一次「特別美好」的經驗。他寫道，「初時有些緊張，彷彿被帶著出走，但是不久便湧上一股安全感，快樂地奔馳。」火車當時的速度大約每小時二十英里。格雷維爾知道火車可以跑得更快。「曾有一名駕駛員將列車速度提高到每小時四十五英里，」他記錄著，「卻因此遭解雇。」

目前看來，西岸幹線大概永遠無法達到一百四十英里的時速，除非二號高鐵（預計從曼徹斯特到倫敦，能以時速兩百五十英里進行，但是要到二〇三三年才會實現）的計畫取消。我是在二〇〇四年、克里斯・格林即將退休之前認識他的。當時，他所能做的只是邀請客人參加布蘭森新進的紅色快速列車短程試行，見識一下列車潛力。「我去年八月參加一百四十五英里的試車，列車開得又平穩又順暢，」他說，「時速原本定在一百二十五，我們說，『請加速到一百四十五，』它立刻像跑車一樣衝出去……我們的火車是一頭獵犬，但是未來十年只能像隻拉不拉多那樣跑著。」

我在寒冬雨中、在封閉的克魯到奇爾德路段上，見到了英國工程師羅伊・希克曼。他雖然必須聽命於貝泰的美國工程師，但是也有數十年的鐵路經驗了。他曾在聯網公司工作，這家有反工程師情節的路軌後繼者曾打出「以卓越技術服務英國鐵道」的口號。在西岸幹線工程上，聯網每天燒掉三百萬英鎊的經費。

「貝泰帶來我們前所未見的規畫水準，」希克曼說，「我想，無論路軌或整個業界，從來沒有充分理解或預期重建西岸幹線的工程規模和挑戰。唯有等到開始工作之後，我們才驟然發現這項任務多麼艱鉅。光拆掉舊的基礎設施就得花上二十年的時間，重建新的設施，恐怕還得投入同樣長度的歲月。」

第三章
沒有一滴水可喝

Chapter 3

自來水私有化

水公司私有化和柴契爾的自由市場浪漫主義之間，最顯著的對比在於水公司的獨占色彩：數百萬戶顧客沒有選擇供應商的餘地，他們只能接受供水，只能乖乖付費。數百萬筆受制於水公司的月費綿綿不絕，永無止盡……柴契爾政府似乎沒有採取什麼措施，防止股東謀取豐厚報酬。股東果然力求自肥，即便到了她的繼任者年代仍然如此。

當我翻閱我在圖克斯伯里（Tewkesbury）拍攝的照片時，我找到查克・帕維的兩幅身影，照片中他以手作為洪水水位標竿。帕維，六十六歲的退休電氣工人，穿著曼聯足球隊的連帽上衣，留著稀疏而花白的娃娃頭，戴一副黑框眼鏡，站在埃文河（River Avon）河畔的一堵矮牆邊。他的右手橫舉，手掌大約比這堵及腰矮牆的牆頭高出三十公分。下方三到四公尺處，橄欖色的埃文河河水潺潺流過。照片的背景是一座人行拱橋、一株輕拂水面的低垂柳樹，還有廢棄磨坊的巨大紅色磚牆。下一張照片，帕維站在白熊酒館剛剛粉刷過的外牆旁邊，看起來更激動了，彷彿擔心看照片的人還沒搞懂他的意思。他的姿勢相同，只不過這次，他的手高舉過頭，盤旋在路面上方兩公尺處，大約酒館窗戶四分之三的高度。我懂他的意思。二〇〇七年七月二十三日星期一、也就是圖克斯伯里的水位達到最高點的一天，如果你站在帕維目前站立的地方，就會浸泡在水中。

乍看之下，這些照片似乎平凡無奇，只除了帕維的手勢暗示著一場凶猛的大水曾將位於塞文河（Severn）與埃文河匯流處的圖克斯伯里，變成一座依傍著廣闊褐色水面的孤島，有如密西西比河的三角洲。不過照片上仍有蛛絲馬跡可循。第一張照片，你可以看見兩座被急流沖毀的棧橋至今尚未修復。橋上的木板被洪水捲起、吞沒，只剩下殘存的金屬骨架。第二張照片上，酒館牆上新粉刷的油漆顯示保險金已經發下來了，生活剛剛從洪水造成的損害恢復正常。

酒館窗戶貼著兩張A４大小的黃色紙張，一張寫著當地的郵遞區號「gl20」，還有「新房子，沒保險」。另一張紙，畫著一棟房子被一條波狀線條攔腰截斷，象徵房子的下半部被大水淹沒，上頭的標語寫著，「別在洪泛區蓋房子了」，然後是兩個小字「拜託」，接著又回到大字「蕭先生」。他們指得是當時在圖克斯伯里市政府擔任規畫司司長的克里斯・蕭（Chirs Shaw）。

帕維積極參與社會運動，他是塞文與埃文山谷聯合抗洪小組的一員。這個小組由熱心民眾組成，他們相信受水患所苦的圖克斯伯里，是政府貪婪且麻木不仁之下的受害者。帕維是你可以在危難之中託付信任的人，他的個性高貴善良，永遠忙個不停，擔任志工、募款、以實際方案解決具體的問題、幫助別人。水災期間，圖克斯伯里的淨水廠被大水淹沒；這座淨水廠隸屬於地區自來水公司——水環純水務（Severn Trent）。結果發現，密斯自來水廠（Mythe waterworks）是三十五萬人口唯一且不可取代的供水源頭：整整十天，格洛斯特郡絕大部分的都市和村落沒有自來水可用，生活倒推回兩世紀以前。

帕維強行借用馬莎百貨公司的餐車，給自己派了個任務：他要推著餐車走訪圖克斯伯里中部一條條潮濕而斑駁的街道，替當地的老弱居民運送好幾百公升的瓶裝水，除了一聲感謝，不求任何回報。「斷水的那一個星期，我替每一位沒辦法提水的老人家送水，」他帶著我拜訪他以前服務的對象時說，「救災時若給小瓶裝的水，老太太還有辦法提；但是有時候，他們給你五公升裝的水，老太太根本提不動。」

他帶我認識葛萊蒂絲・米爾。葛萊蒂絲從前在農場工作，現在八十六歲了，住在老人福利住宅。「他們說可以拿洗澡的水沖馬桶，」她解釋，「我這把年紀已經提不動什麼東西，光是半公升就夠重的了。」帕維也向我介紹今年八十八歲的約翰・羅素，他是一位退休工程師，住在老人安養中心。「我看見一位老太太試著提六瓶水，走起路來搖搖晃晃的，」羅素說，「一個完全不認識的陌生人跑來幫她提。」他介紹我認識瓊・巴夫頓。巴夫頓的女兒需要洗腎，每星期三次，淹水最嚴重的那幾天，她坐在輪椅上，被人沿著一條廢棄鐵道推出圖克斯伯里。巴夫頓的丈夫事後罹患中風。「我忍不住想，都是這種種折騰害的，」她說，「而他不是唯一的受害者……我才不管別人怎麼說，要是不設法解決，事情會一再發生。」

我們邊走邊聊。帕維回憶往事時，偶爾會出現斥責的語氣，例如想起生意人不斷拿五公升的容器到鎮上的緊急供水處裝水，直到「被揍」才停止。他對其他人讚譽有加。他似乎沒有大衛・威茲那麼憤慨，威茲也是聯合抗洪小組的活躍分子，當他把文件、報告和證據在他廚房餐桌上一字擺開時，看來彬彬有禮且心平氣和，但其實災情讓他怒火中燒。他的房子並未在環保署畫定的淹水潛勢地區裡，但是前一年七月，他們家淹水了，整整五個月才修繕完畢。他相信政府切斷了圖克斯伯里的水患防災經費，並且鼓勵建商在洪水地區大肆開發。他指出，政府計畫在二〇二〇年以前興建三百萬戶的住宅。為什麼？他質疑著，為什麼需要那麼多房子？「如果你相信《每日快報》（*Daily Express*）所說的，」他臉上的表情顯示著他認為我會相信，「從現在起，我們每年將湧進六十萬名移民。」[26]

肯・鮑爾坐在一旁聆聽我們談話。水災期間，他是圖克斯伯里的鎮長，但並非唯一的地方首長。這個城鎮有兩個首長，首先是圖克斯伯里自治市的市長（此自治市還涵蓋其他幾個城鎮），掌握數百萬英鎊經費，責任重大，工作地點在圖克斯伯里南部重鎮的一座現代化辦公大樓；另一個則是代表圖克斯伯里鎮理事會的鎮長，幾乎沒有經費，也沒什麼正式責任，平時就坐守在大馬路上那座興建於十八世紀的市政廳。鮑爾屈居人下，耿耿於懷。身為二號首長，碰上市政活動，他得站在市長的身後。

「當個二當家的，就是那麼一回事，」他開車載我離開威茲家時說，「他們在鎮尾開了一間民俗文化中心，我得去那裡扮演老二。我們的貓撲博覽會（Mop Fair）有千年歷史了，每年都由地方首長揭幕，不過是由市長，不是鎮長。就是心裡有點兒不舒服，但是你也沒辦法。」

是什麼讓鮑爾、帕維和威茲聯合起來？假設一名來自十八世紀的法國訪客穿越時空、在二十一世紀初的圖克斯伯里待上一段時間，你請他描述這個城鎮（以及英國其他類似城鎮）的新三級制度，他很可能認為圖克斯伯里可以區分為公務員、民營企業員工，以及地方主義者（localist）。鮑爾、帕維和威茲是本土派的：身為長期居民，他們當然是在地人（locals），不過他們也是地方主義者，因為他們深信就地方事務以及地方最大的利益而言，當地居民比外來專家懂得更多——就連高度技術性的問題也不例外。他們深信政府公務員、官僚以及西敏寺的政客對圖克斯伯利特別苛刻，而且是故意的。

本土派人士提出一份報告，針對現狀進行公平的批判。他們表示，由於環保單位並未位於

26. 那次和威茲談話之後，英國的淨移民人數已經降到每年移入二十萬人以下。

沿海地區，因此只考慮河水洪災造成的破壞，沒有考慮直接由密集大雨帶來的暴雨洪災（也稱為暴洪或地表洪水）；這抱怨很有道理。[27] 他們抱怨地方政府沒打算抵抗也沒辦法抵抗來自大型開發商的壓力，任由財團在水災潛勢區域周邊、甚至裡頭開發建案。但是這無法解釋為什麼本土派人士始終對公部門心懷怨恨；相較之下，他們談起私部門時，例如保險公司代表、大型建商和水環純水務公司，語氣就溫和多了。這也無法說明為什麼本土派人士一點兒責任也不必負擔。說起中央指導地方政府開發洪泛區，聯合抗洪小組用「英國政府自二次大戰以來最大的騙局」來形容，「在政府的優先順序中，人民的生命安全排在第三順位。」

在圖克斯伯里，人們一般責怪中央與地方政府以及環保單位不阻止建商推動建案，更甚於責怪蓋房子的建商或買房子的民眾。當保險公司提高保費，他們責怪政府沒有投入足夠的防災經費，更甚於責怪提高保費的保險公司，或選擇住在有淹水風險的山谷卻不願意多付保費的民眾。他們責怪環保單位沒有針對密斯水廠位於洪泛區而對水環純提出警告（事實上，環保單位確實警告了），更甚於責怪沒有任何防洪準備的水環純。

我很好奇帕維對水環純有什麼看法——這家民營企業壟斷市場、獲利豐厚，卻選擇不提供備案，使得密斯自來水廠在無法運作時也沒辦法繼續供水；而他自願無償幫忙收拾善後的，也正是這家企業惹出來的麻煩。因為我的提問，他說出了他的看法，「我想，它應該國營化，」他說，「我不認為有誰可以控制水資源。地球上的一切都需要靠水維生。」

一個人可以有多重身分。前任鎮長鮑爾除了身為本土派人士以外，也曾是任職於消防局的公務員；而我認識他的時候，他已轉入民營機構服務，在水環純擔任電氣技師，駐紮密斯自來水廠。水廠淹水之後，他拚命工作，設法讓水廠恢復運作。水環純頒給他一百五十英鎊獎金以資酬謝。「我把部分獎金捐給鎮長慈善基金，」他說，「我們只是盡自己的本分，試著讓水廠恢復營運，好供應乾淨的水給民眾飲用、清洗，那是我們的當務之急。水廠許多員工自己家裡也斷水了。」

水災過後，水環純投入三千六百萬英鎊，替密斯水廠興建額外的防洪措施以及備用管線，以防未來再次斷水。當被問起以前為什麼沒做這樣的準備，該公司解釋密斯斷水的風險極低，沒有充分理由投入這筆費用，況且，可供投資的經費非常有限。

二〇〇七年七月，水災襲擊幾天之後，三十五萬居民仍然被斷絕生活中最重要的必需品，水環純竟於此時宣布獲利三億二千五百萬英鎊，證實將發放一億四千三百萬英鎊的股東股息。沒多久，該公司在政府監督機構水務監管局的許可之下，宣布它們不準備向顧客發放補貼，而且即便斷水，它們仍將照正常狀況向民眾收取水費。水災期間擔任水環純執行長的柯林・馬修（Colin Matthews），不久後跳槽到另一家民營的壟斷企業——ＢＡＡ機場管理公司[28]；當時，希斯洛機場剛開設第五航站，ＢＡＡ在第五航站的行李搬運系統一團混亂，事情鬧得沸沸揚揚。他在水環純擔任執行長的最後一年，薪水是一百二十萬英鎊。

27. 二〇一三年，環保署在淹水地圖上新增了地表洪水氾濫的風險區域。

28. 譯註：該公司的前身是英國機場管理局，British Airport Authority。

一如水環純的許多員工，肯・鮑爾也同樣持有公司股分。我問他，當鎮上鄉親的水龍頭流不出一滴水，他拿股息的時候，難道不會於心不安？「我不覺得需要良心不安，」他說，「我進去裡頭拚命工作，就是為了替大家恢復供水。」

* * *

塞文河是英國最長的河川，發源自威爾斯山丘，綿延兩百二十英里。如果說這條河會給圖克斯伯里帶來任何麻煩，那麼源頭通常是遠在西北方的大雨，而雨水要好幾天後才會湧入塞文河下游。這代表了還有反應時間；但是通常沒此必要，因為暴漲的河水會漫流到洪泛區的草原上，使少數幾間屢遭洪災的房子淹水，幾天之後，洪水便會慢慢退去。無論如何，這就是洪水的標準腳本。但在二〇〇七年七月，麻煩的源頭近在咫尺，大水來得又快又猛。

你可以從圖克斯伯里望見科茲沃爾德山脈（Cotswold Hills），這道緩緩起伏的低矮小丘橫亙東邊幾英里外的地平線，隔開塞文谷地和泰晤士谷地。最高峰克利夫山（Cleeve Hill）的海拔高度只略高於三百公尺。科茲沃爾德是陡坡地形。在它的東邊，地勢從泰晤士谷地和牛津的方向逐漸上升；而西邊朝向喬汀翰（Cheltenham）、格洛斯特和圖克斯伯里的那一面，卻是一道險峻的懸崖。當科茲沃爾德山區降雨，流向泰晤士的河水路徑比較溫和、緩慢；相較之下，將科茲沃爾德的雨水疏導到塞文河及埃文河的河道並不明顯，只要短短兩個鐘頭，大水就能灌進圖克斯伯里。

即便在七月以前，二〇〇七年的夏天便已水患成災，雨量打破兩百五十年來的紀錄。六月間，約克郡（Yorkshire）和漢柏塞（Humberside）共有兩萬七千戶住宅及商店淹水。在地勢低窪的赫爾（Hull），抽水機無法應付暴洪，一名試圖清理大排水溝的男子卡在溝裡，救援人員無法抽出他卡住的腿，眼睜睜看著男子失溫致死。在雪菲爾（Sheffield），一名男子及一名少年被急流沖走，整座城市被大水一分為二。在格拉斯特郡，學校和道路封閉、住宅和商店淹水；但是對圖克斯伯里來說，稍早這一連串凶猛得不符合夏季的暴風雨，造成的危害沒那麼明顯。

五月分，科茲沃爾德山脈的侏儸紀石灰岩一開始乾透了，而且比往常任何紀錄都更乾燥。然而到了七月底，緊鄰圖克斯伯里的東側陵地——布萊登、阿德頓、沃斯東、諾丁罕、克利夫——土壤含水量已達飽和。如果繼續降雨，山洪只能朝谷地宣洩。而大雨也確實繼續下了。

七月二十日之前的幾個星期，英國西北部氣候出現異常現象。如果你打開正常的七月氣象圖，你會看到噴射氣流——一道形成極地冷空氣與熱帶暖空氣交界面的高空急速風帶——在冰島和英國之間朝東北方向飛馳，穿越法羅群島（Faroes）。英國舒舒服服地位在這條界線較溫和的一側，盡享亞速爾群島（Azores）高壓地區的種種好處。然而，如果你打開二〇〇七年七月的同一份氣象圖，你會看到噴射氣流在中途急速轉彎，穿越大西洋、橫掃布列塔尼半島（Brittany），然後繼續貫穿歐洲中部，直抵波蘭。整個英倫群島落在這條界線錯誤的、低氣壓的一側。彷彿這樣還不夠討厭似的，大氣和海水仍然維持正常的夏季溫度。暖空氣可以在形成降雨之前夾帶較多水氣，造成短暫、密集且高度局部化的陣雨，讓夏天的野餐季節提早結束，讓溫布頓網球場拉起了雨罩。沒有更糟的組合了：飽水的土壤、冬天的風暴程度，以及富含水氣的夏季空氣。

七月十九日星期四，潮濕的亞熱帶氣團轉變成低氣壓，由法國朝英國南部推進，然後滯留不動，彷彿是被困在杯子裡的球。當氣團裡的厚重雲層爆裂，驚人的暴雨便傾盆而下。雨下得最兇的，要屬科茲沃爾德山區及其附近地區。星期五下午，鄰近圖克斯伯里北邊的珀肖爾（Pershore），一小時之內降下十毫米大雨；格洛斯特則在二十四小時內降下平時兩個月的雨量。星期五到星期六之間，雨勢最強勁的科茲沃爾德山區灌注了超過三十五萬噸的雨水，水勢很快往西找到出口，注入埃文河與塞文河，潺湲的小溪和山澗變成猛烈的急流。在這些頃刻間怒濤洶湧的水道（凱倫溪、蒂爾溪、小費德和斯威爾蓋特）與山谷裡的兩大河流之間，最大的障礙就是圖克斯伯里鎮、鎮上的一萬名居民，以及密斯自來水廠。

格洛斯特的公務部門，包括各地區的市政府、醫療服務單位、警察與消防隊，都收到環保局與氣象局的警告，得知星期五很可能出現不尋常的豪雨，導致災情。不過，沒有人知道降雨的確切時間與地點。星期五上午，該郡開啟了位於格洛斯特西南部城鎮奎卓立（Quedgeley）的緊急指揮系統（稱為「黃金指揮中心」），準備迎接最壞狀況。民間企業也掌握了情況：水環純表示星期五當天他們對公司管理階級發布了「緊急天候示警」；但是該公司陷入既定心態，認為自來水廠絕無淹水的可能。

* * *

水環純定期委託泰訥馬克（Tynemarch）工程顧問評估淨水廠與供水網路的風險。泰訥馬克是從帝國理工學院分割出來的公司。水環純自己承認，泰訥馬克曾在一九九〇年代指出密斯是造成供水中斷的關鍵點，而且如果密斯關廠，該公司沒有其他備用水源。但是根據水環純所言，二〇〇四年的最新報告中，泰訥馬克評定基於淹水而導致供水中斷的風險微不足道。

水環純以商業機密為由，拒絕讓我查閱這份報告，除了用偷的，根本沒辦法確認泰訥馬克的專家在二〇〇四年對水環純說了什麼；而作為私人企業，水環純不受資訊自由法的管束。不過，水災過後不久，水環純的顧客關係主任馬丁・肯恩在接受格洛斯特電台訪問時是這麼說的：「密斯防洪設施決口[29]的風險，我想大概只有千分之一的機率。這套防洪設施被視為萬無一失，我們安然度過一九四七年的洪水，而我們的自來水廠在這裡已有一百多年歷史了，從未發生問題。所以，就我們對這個廠區的要求而言，防洪設施決口並不在考量範圍內。」他繼續說道，「水廠做了風險評估，（評估認定）沒有淹水之虞。因此，沒有為淹水制定應變計畫。」

環保當局對密斯水廠的風險程度持不同觀點。在環保局公開的淹水潛勢圖中，倘若遇上

29. 編註：決口指堤防被大水沖出缺口，造成溢流。

百年一見的大水——也就是說，任何一年都有百分之一的發生機率——密斯自來水廠的絕大部分將被大水淹沒。我們可以用兩種角度看待這項風險，水環純的角度是：由於百年來從未淹水（從水廠設立的一八七〇年起算，有一百三十七年），可見不會發生這種事；另一個角度則是：有鑒於淹水機率是百分之一，而一百三十七年來還沒淹過水，那表示災難早該降臨，隨時可能發生。賭鬼和進行抽象推演的統計學家會告訴你，每擲一次銅板，出現正面或反面的機率一模一樣。但是我猜，如果輪到自己玩俄羅斯輪盤，就連柯林・馬修這樣的人物也不可能因為只裝了一顆子彈的左輪手槍發射了五次還沒真正開火，就能在槍口之下談笑自若。從數學的角度而言，在一個每百年就可能發生一次水災的地方，一百三十七年之間至少淹水一次的機率是百分之七十五。

水環純更令人費解的地方是，在一九四七年的水災當中，密斯淨水廠確實差點出現不堪設想的水患——大水已淹進了地下室；而在二〇〇〇年，員工甚至關閉了水廠的重要儀器，當時塞文河的最高水位在海平面以上十二點零七公尺，只比泛濫點低四十五公分。水環純認定密斯水廠洪水不侵，導致的結果之一，就是奎卓立的緊急應變規畫員對事態的重要性一無所知。水環純的管理階層從未參與應變規畫演練，而當黃金指揮中心在星期五早上九點四十五分召開會議，沒有任何水公司的人員到場，也沒有人注意他們的缺席。

急速暴漲的河水從科茲沃爾德山區奔流而下，與多處的暴洪（flash flood）匯合。這些暴洪出現在沒預料到的地點，其中許多位於高地，純粹是局部的豪大雨所致。消防單位在上午十一點二十四分接到第一通水災緊急電話，電話是來自奇平卡姆登（Chipping Campden）的一個商家。不到一小時後，他們就得處理第一宗危及生命安全的案件：在艾德索普（Adlestrop）附近，水位上漲把一群人困在車裡。到了此時，幾百通電話湧進緊急救援中心，電話交換機上的燈號閃個不停。正當暑假開始之際，格洛斯特郡的主要和次要道路都因大水而交通中斷。M5和M50公路在午餐時間開始淹水，到了傍晚便雙雙封閉，其他平常用來疏散交通的替代道路也是。從倫敦開往喬汀翰、布里斯托（Bristol）、伍斯特（Worcester）和伯明罕的火車班次統統取消。成千上萬的駕駛人和火車乘客就地困住，動彈不得。

在喬汀翰，切爾特河在中午時分沖破了堤岸。到了下午四點，超過一百條道路被水淹沒。有些居民已經是一個月內第二次淹水了。在奇平卡姆登，福特經銷商的員工在車子開始漂出停車場的時候，決定棄守他們的營業據點。格洛斯特的市中心大部分浸在水裡，有人目擊一名駕駛人行經積水很深的道路，結果直接撞上水淹蓋頂的小貨車車尾。在摩爾頓濕地（Moreton-in-Marsh），人孔蓋像聰明豆的包裝蓋似的，被大量湧出的污水彈飛。

在圖克斯伯里，從科茲沃爾德山區流下來的許多小型河川沖毀了道路和橋梁。這些河川沿著最不受阻礙的路線長驅直入，隨後與暴漲的埃文河及塞文河匯流，包圍了整個城鎮。七月，格洛斯特郡有四千戶民宅淹水，其中一千五百戶就位於圖克斯伯里。災情最嚴重的時候，圖克斯伯里的聯外道路完全中斷。從空照圖來看，圖克斯伯里的中世紀修道院及庭院似乎漂在水色有如奶茶的海上，彷彿亞瑟王的大船試圖停靠在老街上快被淹沒的碼頭旁。

巧的是，環保署在英國西部最主要的淹水警示控制室，就位於圖克斯伯里的工業區。不過這座城鎮沒有使用洪水警報器。當時，環保署陳舊的網站採用簡訊（而非地圖）進行警示通報。居民會接到環保署自動發出的淹水警示訊息，前提是他們有事先提出申請；而只有平均五分之二的風險地區居民登記加入警示名單。況且，照格洛斯特郡淹水風險主管安東尼・貝瑞的說明，二〇〇七年水災的關鍵是從科茲沃爾德山區傾瀉而下的洪水，而環保署並未針對迅猛的小型河川進行警戒。「我們的弱點是那些對暴洪反應快速的小型河道，」他告訴我，「一個能提供兩小時反應時間的水災預警系統，技術上非常困難。目前我們並未針對斯威爾蓋特河或切爾特河進行任何淹水警戒，那是我們未來的目標。主要還是因為速度，當落在雨量監測器上的雨水進入水道系統，幾個鐘頭之內就會抵達城市。我們現在要看的是：兩小時的預警是否勝過毫無預警？」30

直到星期五晚上六點五十三分，環保局才對圖克斯伯里發出淹水警報，「預期住家及商店都即將淹水，請大家立刻行動！」隨後在星期六清晨五點四十五分，環保局再度發出嚴重淹水警報，「請立刻行動！嚴重的洪水即將來臨，對生命與財產都會造成極大的損害。」那個時候，許多居民的房子已經淹水，其他居民則被救援直升機的聲音吵醒。圖克斯伯里出現第一個水災罹難者——十九歲的米契爾・泰勒從酒吧回家的時候抄捷徑穿越修道院，不幸溺斃。路過的人聽到不會游泳的他呼救，試著透過手機和999勤務中心引導直升機找到他的位置，卻徒勞無功。一個星期後，他的遺體才被划義大利氣墊船的搜救人員尋獲。

夜裡，密斯水廠附近的河川水位，以著令專家吃驚的速度暴漲。貝瑞給我看水廠旁邊橋梁一帶的塞文河水位圖表；圖上的數據來自環保署的雨水監測器。紅線代表二〇〇〇年冬天的洪水水情：水位從高基準點開始，兩天之內逐漸上漲，接著連續一星期持平，最後慢慢消退；藍線則顯示二〇〇七年七月發生的狀況，和上一次水災截然不同，大雨之前，塞文河的水位處於相對低點，七月二十一日凌晨一點四十八分，監測器的數據開始垂直竄升，水位在接下來七小時內暴漲四點四公尺。不久後，隨著水位繼續升高，監測器的數據爆表。

水環純是環保署淹水警戒號誌的登記用戶，七月二十日星期五當天，公司人員在位於伯明罕的營運中心密切追蹤水情。但是，河水暴漲之際，該公司和環保署沒有弄清楚彼此的意思，卻都不自知。儘管環保署在星期六清晨五點四十五分發布了嚴重淹水警報，水環純仍然拒絕相信自來水廠會淹水。當天，該公司不斷致電環保署，查詢專家針對河川最高水位的最新預測。環保署善盡告知義務；但是，由於他們的預測低於水環純設在十二點五二公尺的淹水警戒線，該公司不覺得有必要警告任何人水廠有危險，或者水廠淹水會有什麼後果。水環純聲明，該公司在星期六的全天候行動，完全是依據環保署對最高水位的精確預測。環保署則堅稱預測數字是禮貌性情報，真正重要的，是當天稍早發布的嚴重淹水警報。

貝瑞向我出示環保署制定的圖克斯伯里淹水潛勢圖。「遇上百年一見的大水，（自來水

30. 環保署已在二〇一一年建立切爾特河的水災警戒系統。

廠）廠區會有一半被淹沒，」他說，「淹水潛勢圖上畫得清清楚楚。所以，當我們發布嚴重淹水警告，就表示自來水廠的一半廠區會淹水。我們試著教育水環純我們能提供哪些服務，而我們說得很明白，我們不是來替密斯自來水廠提供分毫不差的精確警報。我們發布了嚴重淹水警告，對象也包括他們在內，而我們預期他們將採取行動。二〇〇〇年的水災，水環純瀕臨行動邊緣，在那之後，他們就被要求制定業務不輟計畫（business continuity plan）。」

貝瑞所說的「業務不輟計畫」，是指在密斯無法供水時的替代方案；但是水環純沒有替代方案。直到星期六晚上九點四十一分——嚴重淹水警報幾乎發布了十六個小時之後，該公司才向格洛斯特郡的消防及救援單位通報水廠面臨危險。為時已晚。星期六晚上在環保署控制室值班的尼爾・霍爾，記得消防隊來電話表示，「密斯要淹了。」「他們問，他們有大型抽水機，可以把水排到什麼地方？我說，『除非你有長達四英里的水管，否則積水無處可去。』」

霍爾回想當天晚上跟水環純總部人員的電話交談。「他們慌了，」他說。

「他們在做困獸之鬥，」貝瑞說，「真的，他們根本搞不清楚狀況。」

「如果你把基礎設施蓋在河邊，必然會有風險，」霍爾說。

「但是重點是弄清楚風險程度，」貝瑞補充，「同時制定計畫以備不時之需。不是嗎？」

到了午夜，水環純終於向不可違抗的力量俯首稱臣。他們在凌晨一點四十五分開始有計畫地關閉廠房，以免電子儀器被大水毀損。凌晨兩點十六分，埃文河這一面的廠房被洪水灌入，塞文河這一面的洪水隨即加入。完成關閉措施之後，該公司在清晨六點棄守淹水的水廠。

災變之後，坐鎮黃金指揮中心的格洛斯特郡警局局長提摩西・布萊恩（Timothy Brain）在國會中提出控訴，他表示直到大水湧進自來水廠的七個鐘頭後，局長本人及手下才獲得通報。在即將斷水之前，他們壓根不知道會有斷水之虞。格洛斯特郡議會針對災情進行調查，而負責提供證據給郡議會的水環純高層主管表示，一旦收到嚴重淹水警報，他們至少需要兩天時間來設置保護自來水廠的臨時防洪設施。然而，星期日到星期一之間，當國家電網位於沃罕姆（Walham）的重要變電所面臨類似緊急狀況——變電所一旦損壞，格洛斯特郡的五十萬居民將被迫撤離家園——電力公司初次向消防局求援之後，不到十五個鐘頭，緊急救援中心和軍方便設法搭建一道臨時堤防，擋住洶湧的洪水。就時間而言，倘若水環純及早要求協助，密斯或許就能得救。

「水環純最關鍵的錯誤，就是沒有及時通報黃金指揮中心，請求保護至關緊要的基礎設施，如同英國國家電網為沃罕姆所做的那樣，」喬汀翰選區的國會議員馬丁・霍伍德（Martin Horwood）說，「在沃罕姆，黃金指揮中心延請軍方幫忙，雖然千鈞一髮，但是確實保住了變電所。水環純從來沒把點和點之間銜接起來。」

* * *

平均而言，水環純的顧客每人每天用水量為一百三十八公升。洗衣服、泡澡或淋浴、刷牙和刮鬍子、洗碗、沖馬桶、飲用、煮飯燒菜、洗車，英國人每天好幾十次不假思索地打開水龍頭沖毛巾、洗手或煮開水：點點滴滴聚少成多。當格洛斯特郡多數地區即將停水的消息在星期日傳開來，家家戶戶爭先恐後洗衣服、在浴缸儲水。水庫的容量通常足夠提供居民一天半的用水，但是中午之前，徹奇頓水庫的水大量湧出，流速快到水錶無法記錄流出的水量。到了星期日傍晚，水龍頭開始噗哧作響、微微顫動，然後完全乾涸。在國家通信情報局（GCHQ）位於喬汀翰邊界的新環狀大樓中，電話監聽員、網路幽靈和網路戰士不得不縮減工作，國家通信情報局的五千名人員坐擁最尖端科技，觸角遍及全球，卻沒辦法上廁所。

水環純有一套緊急應變計畫對付停水狀況。整體而言，政府法規要求民營自來水事業必須有能力為二十萬民眾提供七天的用水，每人每天十公升。水環純必須供應三萬五千名用戶七到十二天的用水，該公司很快發現，十公升的水並不夠用。參與災後調查的一位研究人員表示，她曾經在一個靠井水維生的非洲社區進行研究，根據她的調查，若要飲水、煮食和維持基本的衛生，每人每天最少需要二十公升。

該公司開始以工業規模大舉購買瓶裝水，並且在全國上下搜尋水車，用來補充該公司即將告罄的儲量。他們以為大約需要九百輛，然而危機結束之際，總共有一千四百輛可供調派，差不多把全國的水車搜羅一空。剛開始，瓶裝水的發放工作一團混亂，水環純試圖加滿水車的努力也宣告失敗。星期一，格洛斯特郡的隆勒文斯（Longlevens）出現恐慌性的搶購，套利商人在合作社的停車場上開起黑市，一瓶水賣四英鎊。郡議會聯絡美國承包商，想辦法買進專門設計給獵人和登山客、俗稱方便包（wag bag）的拋棄式馬桶。星期二，一名住在比夏克里夫

（Bishop's Cleeve）的六十九歲婦人告訴《格洛斯特回聲報》（*Gloucestershire Echo*），「我們只剩下四分之三桶水，而且得用池塘水沖馬桶。我們只能放棄所有清洗工作。如果有飲用水，那問題就小多了。」

事實證明，在格洛斯特郡鄉村的蜿蜒小路上，該公司平常使用的大型水車毫無用處，而小型水車供不應求。水環純找了啤酒車、牛奶車和水槽車湊出一隊雜牌軍，結果每輛車的管線接頭都不同。星期四清晨，水災過後四天，該公司進行全郡的水車檢查，發現有五分之三的水車不是完全乾了，就是遭到破壞，甚至被偷。有些水車後來出現在eBay上被拍賣。

該公司設法不計成本的亡羊補牢——到了星期五，水環純一天買入六百萬公升的水，相當於全英國平時一天的瓶裝水消費量，而且關鍵是，他們還向軍方求援，後者以切爾滕罕姆賽馬場為基地，接管瓶裝水的組織與發放工作。

這次水患沒有引發嚴重的公衛危機，可以歸結為三個因素：第一是水環純特地調派水車為醫院及其他必須用戶供水，第二是軍方支援，第三則是像查克・帕維這樣自告奮勇替老弱婦孺提水的各地鄉親和志工。這次災變之後接任水環純執行長的東尼・雷（Tony Wray）對國會議員表示，「這次事件的規模，讓我們完全不勝負荷。」

水務監管局（負責管理英格蘭及威爾斯民營自來水事業的半官方機構）接受水環純的說詞，同意豁免該公司的賠償金（依照正常規則，該公司停水十天，必須賠償每位用戶一百一十英鎊），理由是水災乃該公司無法控制的意外事件。東尼・雷拒絕接受採訪，不過，他聲稱就算水環純願意在水災之前斥資興建密斯的備用水廠，水務監管局也會駁斥這項興建計畫，認為這是濫用該公司有限的資本資源。然而，正如英國每一家民營自來水公司，水環純如果沒有每年發給股東如此豐厚的股息，就能有更多經費投資於水利系統的重建與改善。二〇〇七年，水環純由於未能投資兩千五百萬英鎊興建管線，導致用戶蒙受大停水的災難，然後拒絕賠償；就在這一年，該公司付給股東的股息若攤到顧客身上，相當於讓每位顧客節省三十八點六五英鎊。該公司最大的股東——巴克萊銀行（Barclays Bank）分到五百二十萬英鎊；那一年，巴克萊的利潤為七十億八千萬英鎊。

擁護現行自來水事業私有化政策的人士主張，在市場經濟中，企業若要興建或整修設施，就必須有融資的管道，而股息就是企業向股東永久「借錢」所需支付的價錢，正如利息是你向銀行短暫借錢時所需支付的價錢（這是用很簡單的方式來解釋「股權融資」與「債權融資」的區別）。如果水環純是新興的網路公司，或者是把全部賭注押在一項新藥的藥商，那麼這套邏輯或許說得通。但我們即將證明，這套說詞並不適用於壟斷市場的英國自來水公司。

* * *

愛德華・瓦納・謝維爾（Edward Warner Shewell）是密斯水廠興建工程的最大推手，也是保守黨的創始人之一，一生高壽，事業生涯跨越大半個十九世紀。他和妻子艾瑪在他們位於喬汀翰皇家新月（Royal Crescent）的宅邸養育了十六名子女。有許多年的時間，拜保守黨占喬汀翰政務委員會（也就是地方市政府的前身）大多數席位之賜，他竟能在明顯的利益衝突下屹立不搖，身兼政務委員會主席和民營自來水公司的董事長。這件事情特別引人側目的原因是，好幾十年來，喬汀翰跟這家壟斷地方自來水供應的企業，在水源問題上意見分歧，雙方誓不兩立。

謝維爾有好幾名子女在他之前過世。他在商業和政治上的權謀，經常被來自帝國各個角落的緊急噩耗打斷。據說他的弟弟、第八騎兵隊上校佛德烈克，在參與輕騎兵衝鋒戰（Charge of the Light Brigade）的時候，馬鞍上擺著一本敞開的聖經。也許，從謝維爾不遺餘力推動密斯水廠興建工程、卻有三個兒子死在海上（其中兩人溺斃）的事實，他的弟弟想到了聖經的啟示。

十九世紀初的喬汀翰徒為一座溫泉鄉，其水利設施跟當代貧窮世界的低度開發城鎮大同小異，深深倚賴井水和泉水。然而不同的是，現代非洲能吸引富裕世界善意的救援機構和逐利的跨國企業財團；而面對用水問題，後拿破崙時代的喬汀翰只有一套充滿地方色彩的解決方案：由當地創業家和當地政治家攜手打造更乾淨、更健康、更符合社會公義的城鎮。密斯自來水廠的緣起，可以追溯到喬汀翰最早的鎮務委員會，委員會成立於一七八六年，目的是向上流社會收取路燈和道路維修費用。由於街道需要清洗，而清洗得依賴可靠的供水系統，因此，委員會在一八二四年成立了一家私人公司「喬汀翰水務公司」（Cheltenham Waterworks Company）來負責供水的任務。該公司透過出售股權和借貸籌措資金，然後在切爾滕罕姆東部郊區興建水庫，並鋪設通往鎮上的管線網路，開始賣起水來。

結果，室內自來水和新奇的沖水廁所大受歡迎。該公司的用戶越多，需求就越強；而當喬汀翰擁有自來水的戶數比例越高，窮人負擔不起的事實，就越讓鎮上的自由派良心分子感到內疚。公司面臨三方面壓力：首先是鎮上要求降低價格、增加供水，其次是科茲沃爾德的泉水無法應付需求，最後則是股東期待利潤和股息的發放能夠及時而豐厚。一八四七年一月，倫敦的政府官員前來聽取新水庫的籌建計畫，不慎捲入其中的種種衝突。當時，喬汀翰四千七百戶居民當中，擁有自來水的不到半數。醫院和孤兒院有免費的水可以使用，但是窮人沒有公共水源；鎮上幾個比較貧窮的區域，甚至高達十個住戶共用一個汲水泵浦。該公司的利潤為六百七十七英鎊，相當於營業額的百分之十五。此時正巧碰上全國辯論最喧騰的時候（最終促成一八四八年公共衛生法案），政府官員告訴該公司，如果籌建計畫能夠「包含某種讓窮人階級過得更舒服的條款」，推動計畫所需的國會法案就比較可能得到支持。公司則反駁說，如果房東願意付費，窮人就能有自來水。

儘管鎮務委員會跟水公司董事會有許多共同成員，但是雙方長年處於對立狀態，衝突更在一八六〇年代（也是謝維爾兼任兩邊主席的漫長任期中）達到頂點。一八六三年八月十五日，在謝維爾主持的股東大會裡，股東投票決定付給自己鉅額的股息與紅利，等值於公司利潤的百分之九十五；他們停止增加供水的計畫，犧牲用戶的權益。這套方案受到鎮上自由派報紙《喬汀翰觀察家報》（*Cheltenham Examiner*）的大力支持，不過幾星期後，卻被同樣由謝維爾出任主席的鎮務委員會投票否決。其中一位鎮務委員和喬汀翰絕大多數居民一樣，相信只要水公司願意去汲取，科茲沃爾德山區蘊含著豐富的水源。他如同先知般地聲明，「山區裡有足夠的水，足以淹沒兩座喬汀翰鎮。」

當年，從印度寄往英國的信件大約要六個星期才能抵達。應該就是在這次挫敗不久之後，謝維爾收到了女兒的死訊。八月二十七日，他十九歲的女兒露易莎在姆霍（Mhow）兵營因病過世，她的哥哥威廉是那裡的陸軍少校。這個時機點或許純屬巧合，但是這段期間，水公司老闆謝維爾和地方政壇大老謝維爾之間的關係，正巧開始走下坡。公司方的謝維爾似乎下了決定：如果鎮方的謝維爾想要更多水，那就給他更多水。讓喬汀翰上流社會用戶感到噁心的是，水公司似乎計畫在圖克斯伯里上游不遠處、一個叫密斯的地方，運用塞文河——當時一位國會議員形容為「內陸城鎮的排水溝」——補足供應上的缺口。

《觀察家報》怒斥，「該公司竟至尋求以塞文河的污染河水，取代目前供應我們的純淨、清澈的山泉。」隨著鎮民群起抵制這項計畫，他們對謝維爾、以及對鎮務委員由少數市民利用造假的選舉遴選出來的非民主方式，敵意越來越深。鎮民請求公司為顧客裝設兩個水龍頭——一個是污濁的塞文河河水，供顧客清洗與沖廁所；另一個是科茲沃爾德山泉，供顧客飲用。該公司則表示這麼做的成本太過龐大。鎮民試圖買下公司，最終卻宣告失敗。其他鎮務委員投入數千英鎊，打算成立屬於自己的水公司與之匹敵，這件事情因為鎮方的謝維爾參與共謀並且走漏風聲，引起公司方的謝維爾的震怒。

一八六五年十月，謝維爾和反對密斯計畫不遺餘力的鎮務委員會書記官喬治・威廉斯決裂，雙方關係達到了公開衝突的階段。然而，在當年英國西部政壇的愜意世界裡，沒有什麼阻擋得了謝維爾。一八六五年十一月，他再度參選委員會主席，爭取第七度連任，遭遇了反對聲浪。一名委員表示，「我不會說謝維爾先生為了維護個人利益，存心傷害鎮上的公眾利益，但就人性而言，個人利益或多或少左右了生活上的抉擇。」儘管如此，謝維爾仍以十六票對十三票連任成功，席位上的保守黨人大受鼓舞。五年後，密斯自來水廠開始營業。

二○○八年，我向水環純的公共事務處處長彼得・蓋文要求參觀密斯自來水廠，他拒絕了。他的說詞是，水災已經成了歷史；我想，言外之意是認為歷史對企業而言並非什麼好事。一個月後，我到圖克斯伯里待了四天，每天進出下榻的民宿時，都得騎車經過自來水廠。水廠外頭圍著一道臨時攔洪壩，我上次見到這種材料，是二○○六年在阿富汗的坎大哈省（Kandahar），英軍和盟軍用來保護自己的防禦工事：在用布和鐵絲網做成的桶子裡面填滿沙或土。由總部位於里茲的艾斯科公司（Hesco Bastion）製造。

一八八○年，愛德華・謝維爾的么子、陸軍中校亞瑟，在喀布爾的城關外營救受傷戰友時，不幸戰死於坎大哈省。他的父親沒活到噩耗傳來，他死於一八七八年——在鎮務委員會被更民主的市政府取代的兩年後、同一個市政府終於買下水公司的幾個月前。我們可以輕易地把愛德華・謝維爾及他的朋黨描繪成腐敗古板、蔑視窮人、阻礙進步的托利黨政客，但是這麼說並不公平，喬汀翰的地方納稅人早就可以買下水公司，但是他們害怕責任，還沒準備好接受自來水與下水道的全面普及對大家都有好處的道理（因為富人得照比例支付較高價格）。

除此之外，儘管謝維爾工於權謀，但有一點卻是現代同行人物——柯林・馬修和東尼・雷遠遠不能企及的：他是個真正的創業家、冒險家和地方主義者，跟他既服務又剝削的社區休戚與共。即便他試著透過把持地方政壇，成立今日所見的水環純——一間壟斷地區供水的獨占企業——也不能阻擋從其他水源而來的真正競爭風險。他與合夥人靠著賣水給喬汀翰而發了大財，但是他們承擔了興建密斯水廠的風險，而這個風險當時也許尚未兌現。密斯水廠確實在一八七〇年開張，但是僅向圖克斯伯里供水——對於贊助者所需的市場而言，這僅占了幾分之一。喬汀翰直到一八九四年才同意接受塞文河的供水，當時謝維爾早已過世，而水公司也已成了市政府資產。現今，喬汀翰持續使用這項水源。謝維爾的密斯自來水廠在十九世紀以私人企業之姿面市，隨後的一百一十年間成了公營事業；水廠進入二十一世紀後，規模更大、更現代化，卻再度成了私人資產，二十一世紀的英國民營自來水公司，成了非常不同的怪物。

＊　＊　＊

一九八九年的英國自來水事業私有化，跟股東資本主義的浪漫觀念毫無共通之處。在股東資本主義世界，發明家和創業家提出構想、創立事業，然後向大膽的投資人出售股分，藉此籌措資金、拓展事業。但民營化的自來水公司跟刺激的新創企業天差地別，它們是穩固的老公司，以某種形式存在將近兩百年了，而且其中有過半數時間享受著納稅義務人持續挹注的資金。

水公司私有化和柴契爾的自由市場浪漫主義（free-market romanticism）之間，最顯著的對比在於水公司的獨占色彩：數百萬戶顧客沒有選擇供應商的餘地，他們只能接受供水，只能乖乖付費。數百萬筆受制於水公司的月費綿綿不絕，永無止盡：那是投資人的美夢成真。的確，我們透過水務監管局來限制價格，確保水公司挹注資金翻修老舊的供水與排水系統，但是柴契爾政府似乎沒有採取什麼措施，防止股東謀取豐厚報酬。股東果然力求自肥，即便到了她的繼任者年代仍然如此。

若要理解英國自來水事業的運作方式，最簡單的方法，是把它想成某種「購房用以出租」（buy-to-let）的計畫。其中，我們這些顧客付水費，就等於房客付房租。擁有水公司的股東是房東，而水公司員工就像物業管理公司，負責收取房租和維護屋況。政府管理單位（也就是水務監管局）偶爾前來視察，訂定物業管理人所能收取的房租上限，並且指示他們著手整修房屋。不過，如果我們不喜歡這間房子、或者不喜歡物業管理人或房東，又或者如果我們覺得房租太貴，我們別無選擇；我們不能搬去更便宜或更舒適的房子，我們被困住了。

水務監管局聲稱，如今英國的自來水公司比私有化之前更有效率了，它們降低污染、提供更乾淨的飲用水，並且投入數百億英鎊整修全國的供水系統。除了第一條主張之外，其餘都對；第一條或許也沒錯，但那是把私有化的自來水公司跟一九七〇和八〇年代那些資金匱乏、制度僵化、靠中央分配款經營的龐然大物相比，不是拿它們可能達到、或者應該達到的成績為標竿。二〇〇八年一月，牛津大學經濟學家迪特爾・赫爾姆（Dieter Helm）針對英國民營公用事業的監管，發表了一篇令人毛骨悚然的分析，要是國會議員和非經濟學家能讀懂文中密密麻麻的專業術語，這篇文章或許會引發全國震驚。赫爾姆強有力地主張，水務監管局放任一個能大敲顧客竹槓的制度蓬勃發展，同時讓公用事業暴露在前所未有的高破產風險中。

它的運作方式是這樣的。水務監管局制定水公司的收費上限時，考慮的關鍵數字之一，就是監管單位認為把錢投入自來水事業的投資人，要收回多少錢才算合理——也就是投資人的「資本報酬率」。但是水公司可以透過兩種管道取得資金：它可以向股東出售股分、也就是「股權」來募集資金，或者直接借錢（也就是借貸）。重點是，股權要求的預期報酬率高過債權，因為股東照道理更能容忍風險。赫爾姆抓出的問題是，英國自來水公司的私有化過程，把這一行截然不同的兩面混為一談：一面是既有資產（自來水廠、供水網路、蓄水池、抽水幫浦等等），另一面則是日常營運以及對新機器設備的投資。第一面的風險很低，可以輕易透過債權融資。第二面的風險較高，比較適合運用債權與股權的組合籌措資金。但是水務監管局認定的合理的資本報酬率只有一個數字：債權與股權的平均。

換句話說，水務監管局假設水公司採用一定的資本組合（包含昂貴的股權融資與低廉的債權融資），藉此計算顧客應付的水費。然而，要是水公司的債權比例高於水務監管局的預期呢？那麼顧客支付的水費，仍然根據水務監管局的假設計算，股東則能坐收兩者之間的差額。根據赫爾姆所說，這正是實際發生的狀況。「投資人如今盤算著一個非比尋常的公開目標，」他寫著，「……（從顧客到股東）利益轉移的規模非常龐大。」馬汀・沃爾夫（Martin Wolf）

受到赫爾姆的分析啟發，在《金融時報》發表了一篇文章。文章中寫道，「投資人得以買下企業（例如BAA機場管理公司和自來水公司），然後用債權取代股權，享受著印鈔票的特許權。赫爾姆教授估計，每年有高達十億英鎊的金融套利空間，被犧牲的是顧客，尤其是自來水公司的顧客。這是明擺著的醜事。」彷彿局勢還不夠惡劣似的，赫爾姆指出，公用事業這幾年大幅舉債，已經威脅了日常營運的穩定。「公用事業可能不夠健全，無法抵抗負面的外部衝擊，」他大膽地說，「它們有可能破產倒閉。」

水務監管局的企業金融主管艾瑪・柯克倫（Emma Cochrane）在寫給我的電子郵件中表示，管理當局很清楚赫爾姆的論點，但是經過「審慎」評估，決定不予採納。赫爾姆相信，水務監管局本身的角色，致使自來水公司投資人完全不必承擔固定資產的風險，而將風險轉嫁到顧客身上；但這種論點水務監管局無法苟同。柯克倫還質疑，要照赫爾姆的建議把自來水事業風險較低的管線與水庫面，跟風險較高的營運與建設面切分開來，是否真的如此容易。「您聲稱水務監管局放任一個既剝削顧客、又將公用事業暴露於破產風險的制度存在。我不認為這兩種論調可以同時成立。」

密斯的災難似乎為雙方提供了攻擊的彈藥：一方面，水務監管局對水環純股東保護十足，准許該公司不必為斷水事件賠償顧客。另一方面，密斯的故障導致水環純損失一千四百萬英鎊。然而結算下來，無論發生什麼情況，股東似乎是最後的贏家。水災過後，利潤下滑，但是股息上升了，而且水環純沒有流失任何一位顧客，因為顧客根本無處可去。

對於企業是否能夠既貪婪又脆弱，柯克倫抱持懷疑態度，她的質疑表面上似乎相當公允；但是我們從上一章見證了，在路軌公司可悲的五年歷史中，私有化的鐵路基礎建設公司從政府和鐵路用戶身上吸走大筆財富，隨後卻無法清償將近四十億英鎊的債務和股息，最後倒閉收場。

自來水公司並非沒有其他運作模式。首先是英國十九世紀末的市政社會主義（municipal socialism）：有生意頭腦的市政委員把公用事業經營得有聲有色，既有獲利、效率又高，彷彿成功的私人公司，但是所有權歸於全體市民。近一點來看，也可以參考蘇格蘭自來水公司（Scottish Water）的模式——類似早先的英國水務局，但是以商業機構的型態經營，也就是不拿國稅進行補貼，同時循私人公司模式計算收入與支出。服務威爾斯地區的自來水公司藍色威爾斯（Glas Cymru），也在水務監管局的管理之下，該公司沒有股東，資金來源完全靠發行債券、借貸以及顧客付費。藍色威爾斯和法國的做法相同，將自來水服務的實際運作，外包給私人公司執行。

拿蘇格蘭自來水、藍色威爾斯和水環純進行比較，深具啟發意義。二〇〇九到二〇一三年間，水環純發放了將近十億英鎊股息給股東。如果水環純是家非營利的商業機構，那些股息會有一部分拿來支付債務利息，現金的流失會比較低，而盈餘會拿來重新投資於管線、下水道和淨水設施。同一段期間，蘇格蘭自來水公司作為公營的、未拿補助款的非營利組織，則沒有發放任何股息。它的水費大致跟水環純相同，水環純因此誇耀它是全英國最便宜的自來水公司；但在這五年期間，蘇格蘭自來水公司針對每位顧客投資超過八百英鎊，水環純只投資四百七十五英鎊。同時，無論這麼做是好是壞，藍色威爾斯甚至發錢給顧客，當作某種「股息」。

自來水公司的私有化過程，硬把來自國際的大筆資金強加在英國民眾身上。對於強制加入歐盟，英國民眾普遍怨聲載道；相較之下，英國自來水用戶每年乖乖繳交好幾十億英鎊給壟斷市場的供應商，最後只能眼睜睜看著它們把其中一大部分錢轉送海外，對此，英國民眾的平靜似乎非常奇怪。舉例而言，透過一連串在澤西島和開曼群島登記的企業買下股分，盎格魯自來水公司（Anglian Water）的所有權最後落在一家位於海外的財團手中。加拿大退休金計畫投資局（Canada Pension Plan Investment Board，簡稱CPPIB）是財團成員之一，照CPPIB所說，被盎格魯綁定的顧客每次打開水龍頭，就是在替「一千八百萬加拿大人的未來福祉」盡一份棉薄之力。

服務英國東北部的諾森伯蘭自來水公司（Northumbrian Water）隸屬於李嘉誠的長江基建集團（Cheung Kong Infrastructure），下一章將提到，同一家集團也壟斷了倫敦的地下電纜。負責供水給蘇塞克斯和罕布夏的南方自來水公司（Southern Water），屬於一家在澤西島登記的財團所有，這家名為綠砂控股公司（Greensand Holdings）的財團，將多家澳洲退休基金和瑞士UBS銀行的資金集合在一起。約克郡自來水公司（Yorkshire Water）的所有權則分屬於許多專門食利的機構，包括花旗銀行和新加坡政府。美國安隆能源公司（Enron）在二〇〇二年被自己的炒作壓垮時[31]，擁有供水給多塞特（Dorset）、薩默塞特和威爾特郡（Wiltshire）的威塞克斯自來水公司（Wessex Water）。威塞克斯後來被吉隆坡的楊忠禮電力公司（YTL Power）買下，當時喊出了這句口號，「世界級的商品，第三世界的價格」。[32]

支持自來水事業私有化的政治人物認為，私有化最重要的目標之一，是擴大英國的小股東人數，讓平民百姓直接分享為大眾提供必要服務的公司的財務利益。可惜這個目標並未實現。一開始，私有化的企業成了市場術語所說的「公開發行」公司，也就是在股票市場上市，只要有錢，任何人都可以購買它們的股分；但是如今只有玩得起數十億元的大戶，才有辦法靠近這些原本「公開發行」的私人企業。用市場術語來說，盎格魯、諾森布蘭、南方、泰晤士、威塞克斯和約克郡自來水都是「私人公司」，不再在股票市場上交易。小股東的股分都被大型的法人股東收購，這些法人偶爾對彼此出售大量股分，讓公司顧客看得一頭霧水。目前還在倫敦證券交易所掛牌的大型自來水公司，只剩下聯合公用事業公司（United Utilities）、西南自來水（以旗幟集團〔Pennon Group〕掛名）和水環純。後者在二〇一三年成功抵抗了財團的購併計畫，這個財團結合了科威特政府、一個來自加拿大的退休基金，以及在這類財團中非常罕見的英國學界退休基金。

31. 譯註：安隆企業在宣布破產之前，曾是全球最大的能源公司之一。後來由於從事不法勾當並過度操作財務，以至於公司資本被大幅掏空，最終以倒閉收場，成為美國史上最大的企業醜聞案。
32. 口號後來改成「以極具競爭力的價格，提供世界級的商品與服務」。

壟斷倫敦供水市場的泰晤士自來水公司，在二〇〇〇年被德國能源公司萊茵集團（RWE）「私有化」——也就是說，公開上市的私人企業，如今徹底變成私人財產。二〇〇六年，萊茵集團把它賣給由澳洲麥格里（Macquaire）投資銀行主導的財團。在我書寫的此刻，麥格里是公司的絕對大股東——它擁有超過四分之一的泰晤士股分；另外還有十多家法人股東，其中只有持有百分之十三股分的英國電信退休金計畫（British Telecom pension scheme）總部設在英國。假使倫敦居民不滿意泰晤士的服務，打算對公司所有權人示威抗議，或者假使英國記者、政客或管理當局打算跟公司所有權人在他們的地盤上見面，就得踏上一段漫長而昂貴的旅程。英國電信退休金計畫的總部在英國切斯特菲爾德（Chesterfield）；麥格里和持有百分之五點五股分的安保資本（AMP Capital）投資公司，總部都設在澳洲雪梨。到了澳洲之後，你還得拜訪位於布里斯班的昆士蘭投資公司（持有百分之八點七的股分）；以及國家超級（State Super）退休基金（持有百分之二點四），其總部設於新南威爾斯的臥龍崗（Wollongong）。旅程才剛開始呢，你還得前往位於阿布達比的酋長石油投資基金（持有百分之九點九），然後到北京，拜訪中國政府的中投公司（持有百分之八點七）。然後你得飛越太平洋進入加拿大，前往卑詩省的維多利亞（卑詩省投資管理公司，持有百分之八點七）、艾德蒙頓（亞伯達投資管理公司，持有百分之三點二）和多倫多（亞揆拉基礎建設公司持有百分之二點六，歐普信託持有百分之四點三）。最後一段行程得跨越大西洋到達荷蘭，拜訪位於海爾倫（Heerlen）的ABP退休基金（持有百分之四點三），以及位於宰斯特（Zeist）的福利與照顧退休基金（持有百分之二點一）。確實，由泰晤士自來水公司投資人構成的帝國，是個道道地地的日不落帝國。

麥格里等泰晤士的十三大股東，是鑽自來水事業管理條例漏洞、從水龍頭底下吸金的好例子。在可取得的最新報表中，泰晤士自來水公司從顧客手中收到十八億英鎊，其中最後流向泰晤士十三大的比例很低——只有七千五百萬英鎊；若根據二〇〇七年水務監管局的資料，以麥格里財團原始成員當初投入購股的金額計算，報酬率只有百分之三出頭，看似相當微薄。但請仔細看看報表，紀錄上，股東股息的數字要高出許多——有兩億三千一百萬英鎊，占營收的百分之十二點九。如何解釋其中差異？祕密就藏在泰晤士十三大收購這家公用事業時，中間經手的一連串公司，當那兩億三千一百萬英鎊流出水管和下水道，啟程前往加拿大和阿拉伯半島，中途有好幾個停靠站——例如泰晤士水務開曼金融有限公司（Thames Water Utilities Cayman Finance Limited）——一路上流掉了一億五千六百萬英鎊。這是「企業集團內部公司之間的利息」，跟泰晤士十三大一開始為了收購泰晤士而舉借的資金有關。簡單地說，泰晤士自來水公司的買家，當初是借了錢來買它的，相較於它們預期日後把公司轉手賣掉（這是遲早的事）賺得的利差，直接從股息撈的錢簡直微不足道。

請回想我稍早用「購房出租」做的類比。假設你收到一大筆遺產，在倫敦買了一棟公寓當作投資，然後出租。如果你劈頭用現金付清房價，就資本主義的標準來看，你的投資不算高明。你花的錢，每年也許可以替你賺進幾個百分點的報酬——而這筆報酬還得課稅。然而要是公寓的房價上漲呢？要是你用五十萬買入，五年後用六十萬賣掉呢？嗯，賺了百分之二十——還不賴。不過，還有另一種方法，假如你可以借到高達房價百分之九十五的貸款，那麼你一開始只需要付兩萬五千英鎊，然後拿租金支付貸款利息，五年後收回十二萬五千英鎊——也就是百分之四百的投資報酬率。如果貸款利息還能抵稅，那就更好了。

這就是私人股權財團（例如以麥格里為首的泰晤士十三大）的手法：掏出小額頭期款，借錢收購民營化的基礎設施，只拿相對較低的股息直接入袋，運用剩餘股息清償貸款，期望幾年後出售水公司／港口／機場／公路時，能夠坐收鉅額的利潤。當以麥格里為首的財團在二〇〇六年擊敗競爭對手買下泰晤士自來水公司時（當時財團的組成略有不同），它總共付了七十九億英鎊；那時候，水務監管局認為該公司的標的資產價值五十九億英鎊。根據水務監管局的早期估算，財團為了完成交易而舉借的貸款，一大部分（四十四億）會列入自來水公司的帳上——對於營運規模龐大的企業而言，這樣的負債水準還算合理。但是有一大筆債務（十二億英鎊）掛在一連串控股公司的帳上，日後透過股息償還。所以，為了收購泰晤士，麥格里舉借了水務監管局估算出的公司價值的百分之九十五，最後總共付了公司價值的百分之一百三十四。

換句話說，泰晤士十三大相信水公司的價值遠超過水務監管局的計算。財團期望的超額價值——用來支付龐大貸款利息、提高公司日後轉售價格的超額價值——要從何而來？麥格里的管理也許具有超高效率，但是私有化過了一個世代之後，它已不可能透過裁員、賣土地或者大刀闊斧轉變營運方式，彌補當中的差異。而且，就算麥格里遲遲不投入水務監管局要求的水管與下水道替換工程，拖延也有其極限。整套計畫的唯一空間，就是要求泰晤士的顧客為了供水系統及其更新，付出遠超過麥格里資本成本（也就是貸款利息）的價格。這顯然是麥格里的信念，或至少是它說服其他投資人相信的信念；而水務監管局似乎不以為意。水務監管局的態度是，只要公司營運不陷入危機，它不在乎顧客得付多少水費。但這忽略了一項事實：決定水費的最大關鍵因素，就是水務監管局本身針對自來水公司能跟顧客收取多少水費，以及必須投資多少的規定。麥格里財團的出價，就是一群老謀深算的投資人在告訴原本應該保護英國公民福祉的機構：監管局搞砸了，而他們打算占顧客便宜。

這會把泰晤士自來水公司的一千四百萬用戶置於什麼境地？付出高於他們應該付的水費，而其中一大筆錢最後會流向遙遠的地方，不知去向，他們既無法掌控，也別無選擇，只能默默接受。而且，姑且無論水費公平與否，付費的義務以及無從選擇付費對象的事實，使得英國的水費實際上等同於稅收。我舉雙手贊成英國與中國之間的貿易、雙向投資，以及人才與觀念的交流。我對中國人毫無敵意。英國政府在十九世紀為了支持英國鴉片販子而對中國開戰，我能體諒任何殘存的憤怒，儘管我對這件事情毫無深刻記憶。不過，沒有人能用民主來形容今日的中國，那是個威權獨裁的國家，沒有言論自由，用遠超過英國此刻能接受的嚴厲手段，壓迫鼓吹社會正義的民運人士。統治高層自稱是共產主義者，但是他們藉由支持某種型態的資本主義，大量累積個人財富。當倫敦市民打開水龍頭往茶壺注水，無異於上演喬治・歐威爾的《動物農莊》最後一幕：後革命時代的豬隻和農人坐在一起，共享盛宴。一個從我孩提時代便打著愛國主義的旗幟、宣揚自由與民主、表達反共立場的英國政黨，如今為了生存而設立的制度，強迫我每年對全世界最大的共產國家納稅。

當然，從泰晤士十三大的角度來看，我上面描述的計畫有個可能的漏洞。那也是購房出租計畫的漏洞。無論房子或自來水公司，如果你購買的資產價格最後沒有上漲怎麼辦？要是不升反降怎麼辦？要是利率上升，你還不起貸款，你跟其他面對相同狀況的人一樣不得不脫手，導致價格進一步下滑怎麼辦？欸，那對最終的持有人而言，真是個壞消息，但並非是所有人的壞消息。

請再仔細看看泰晤士十三大的身分。除了身兼小型機構投資人與兩大主權基金代理人的麥格里以外，其他各家多半有個共同點：它們是國家為公務員設立的退休基金（或者從中衍生出來的基金），專門替現在及未來的退休族進行投資。昆士蘭投資公司原先是昆士蘭省政府員工的退休基金；國家超級的宗旨是照顧新南威爾斯的公務員；ＡＢＰ和福利與照顧退休基金，則服務荷蘭的公務員、教師、社會工作者以及醫生和護士；卑詩省的亞伯達和多倫多的歐普信託，分別代表當地的公務員進行投資；英國電信曾經是政府機構；就連從來不是公營組織的安保資本，原本設立的初衷都帶有共產色彩——在一九九八年把非營利的雪梨人壽保險，從會員制大舉改為股東制。

深入研究泰晤士自來水公司，你會發現這並非一個「奸詐的外國資本家剝削綁死了倫敦居民」那麼簡單、甚至帶有沙文主義色彩的故事；這是一個關於狡猾中間人的故事。一邊是支付高漲的私人水資源稅的泰晤士自來水公司的數百萬用戶；另一邊則是到了老年得靠退休金過活的數百萬荷蘭、加拿大、澳洲和英國退休族，以及無力左右政府處置國家財富的數百萬中國人和阿聯酋人。在中間的是由基金經理人組成的國際兄弟會，這個兄弟會告訴泰晤士自來水公司的顧客，由泰晤士十三大來當他們的收稅人，對他們來說是一筆多麼划算的生意；然後對全世界的退休族說，投資泰晤士自來水公司的報酬非常驚人，驚人到這些私人的基金經理需要收取優渥的手續費、選擇權、薪水和紅利以茲回饋。不可能兩種說詞都是真的。如果泰晤士十三大輸得精光（好比說水務監管局強硬起來，他們最後必須以低於買價的金額把泰晤士水公司賣給下一個買家），基金經理人也不可能吐回這些年累積的額外津貼，包括金字塔尖端的薪水、海濱度假屋、炫富的跑車和葡萄酒酒窖。

二〇一二年，歐普信託（安大略公務員退休基金）的新任首長史蒂芬・葛雷格（Stephen Griggs）質疑，為什麼該基金的私募市場部門人員（負責泰晤士水公司收購事宜的團隊），薪資水準並未比照加拿大其他退休基金經理人，而是比照高盛之流的華爾街人員。沒多久，他遭到開除。

* * *

一天，我到伍斯特拜訪麥爾坎・麥克莫瑞。他是水環純的退休幹部，歷經該公司的公營與民營時期。作為資深工會領袖，他曾在一九八〇年代極力反對公司民營化。他在公開會議中慷慨陳詞，足跡遍布這個地區的各個角落。民營化之後，水環純在員工身上撒下大量股分，自來水事業之外的工會組織人老愛抱怨，跟自來水產業的工會工人碰面時，他們談論的都是股價。

當我踏上麥克莫瑞的家門口時，伍斯特正籠罩在炙熱的陽光下。我經過他的雙車庫，以及大門外金光閃閃的福斯轎車。他開門讓我進去，整個人看起來精幹健壯。

「好房子，」我說。

他微微一笑，笑容略帶憂傷。「我很感恩，我退休的時候，最終年薪退休金計畫（final salary pension schemes）還沒廢除，」他說。

我們坐在他長長窄窄的花園，花園的盡頭沒入遠方樹林。他今年六十四歲，在二〇〇〇年、五十多歲時退休。一九七三年，他擔任地區經理，在密斯水廠駐紮三個月。當時，公營的水環純曾試圖靠改變排班模式來節省開支，而加入了TGWU（運輸與一般職工工會）的排班工人則運用病假策略破壞這項計畫。麥克莫瑞回憶，在加緊腳步推動私有化的那幾年，公司的投資急劇萎縮。他很確定柴契爾政府刻意切斷自來水事業的資金來源，以便提高出售國營事業的正當性。私有化之後，一萬一千名老員工當中超過半數丟掉了工作。他記得私有化時，民眾心態的轉變讓他大為震撼。「以往在用水尖峰時期，我們可以上地方電台呼籲民眾省水、不要澆花或洗車，大家通常都很配合。但是私有化之後，一切突然都變了。民眾知道我們的唯一目標就是獲利。人們的態度可以轉變得如此快速，真令我吃驚。」

我問麥克莫瑞，他是否知道有哪些原本大力反對私有化的工會領袖，到頭來收了公司的股票選擇權。

「嗯，我確實知道，」他說，「不過，告訴你誰沒收還比較容易。」

麥克莫瑞的妻子帶著兩個小孫子回來，兩名金髮小男孩穿著鮮豔的紅色連衣褲，上頭貼滿學校運動會的貼紙。他們跑到樹叢邊玩。陽光照耀著夫妻倆安裝的小噴泉，流水在花園正中央的灌木叢中汩汩淌著。

「對於這件事，我絲毫不覺良心不安，」麥克莫瑞說，「我曾經發起運動反對民營化，但是我們輸掉了那場戰役。民營化的趨勢沛然難禦。既然不打算離開自來水事業，那麼我想，我不如買下一些股分，繼續盡我最大的力量為民眾服務。」

第四章
電力戰爭

Chapter 4

電力事業私有化

這赤裸地揭露了民生服務事業私有化的真實面——被賣掉的不是基礎建設，而是付帳單的市民；被轉為私有的不是電力，而是稅收。實際上，法國和中國政府買下的，是透過電費帳單向英國電力客戶課稅的權利，並且用英國的錢和土地，替未經檢驗的法國核能技術蓋一個全球展覽館。而且，由於電費帳單上的隱形稅並未考慮用戶的所得，因此越窮的人實際上付的稅率越高。

當維持英國燈火通明和機器運轉所仰賴的電力不再屬於英國，這件事情是否無關緊要？畢竟，燈還會亮，手機也還能充電。當英格蘭東部、西北部和中部地區的老牌電力供應商；金斯諾思（Kingsnorth）、鐵橋（Ironbridge）和萊特克里夫（Ratcliffe-on-Soar）的燃煤發電廠；漢姆斯霍爾（Hams Hall）的渦輪引擎工廠；以及葛倫島（Isle of Grain）、基林霍姆（Killingholme）、恩菲爾德（Enfield）和戈騰姆（Cottam）的石油和天然氣廠全都納入了德國杜塞道夫（Dΰsseldrof）的意昂集團（E. ON）旗下，這件事情是否無關緊要？是否只有多愁善感的小英格蘭主義者（Little Englander），才會在乎泰恩賽德（Tyneside）和約克郡原本的電力局，以及位於牛津郡迪德科特（Didcot）、漢普郡佛利（Fawley）、埃塞克斯郡蒂爾伯里（Tilbury）、肯特郡小布魯克（Littlebrook）、諾福克郡大雅茅斯（Great Yarmouth）、貝特福德郡小巴福德（Little Barford）和諾丁罕郡斯代索普（Staythorpe）的電廠，全都屬於位在德國埃森（Essen）的萊茵集團（RWE）所有（而且只有最後一個電廠是德國公司自己蓋的）？如果很難接受北威爾斯、默西塞德（Merseyside）和南蘇格蘭原本的公營電力供應商以及其他幾座大型電廠，全都被西班牙畢爾包（Bilbao）的伊維爾羅拉（Iberdrola）收編，是否就表示對外族抱有某種原始敵意——民族主義、沙文主義，甚至種族偏見？本地的電機工程師挖開倫敦路面時，是在替東亞首富、香港的李嘉誠工作；在英國東北部，是替華倫・巴菲特工作；在伯明罕、卡迪夫（Cardiff）和普利茅斯，是替賓州電力公司工作；在愛丁堡、格拉斯哥和利物浦，是替伊維爾羅拉工作；在曼徹斯特，則是替澳洲聯邦銀行（Commonwealth Bank）及摩根大通

（J.P. Morgan）投資基金組成的財團工作。如果你無法認同這些事實，是否就成了自由主義的敵人？

你以為最在乎的人，莫過於上述種種事態的始作俑者；畢竟事情後來的發展，並未如他們當初公開出售英國國有電力事業時所做的承諾、以及所抱持的初衷。這不是一件無足輕重的小事。當政治家、管理當局和企業決定英國未來的電力生活時，他們決定的是如何在不對全球氣候造成嚴重影響、或者在讓我們陷入赤貧的情況下，讓電燈繼續照明、齒輪繼續運轉。但是基於柴契爾夫人的保守黨在上個世代採取的行動（這個政黨的民族主義政策，承諾讓英國獨立於歐洲之外），這些決策已非英國可以自主。柴契爾允諾減少政府對產業的干涉，但是英國能源供應的未來，如今取決於總部設在巴黎的幾家企業，包括通稱ＥＤＦ的法國電力公司（ElectricitÅ de France）以及核電廠製造商阿海琺（Areva），而這兩家公司的絕大部分股權掌握在法國政府手中。

一九九〇年，柴契爾夫人在辭職下台那一天，前往國會捍衛自己的政績。她用愛國的語氣慷慨陳詞，說明藉由讓數百萬老百姓買下國營事業股分，私有化政策是如何「將權力還諸於民」，而本國與歐洲的公開市場競爭，又將如何讓英國企業掙脫枷鎖，從而領導世界；時至今日，電力事業私有化的結果反倒剝奪了人民的權力，其發展已昭然若揭，英國小股東人微言輕，對那些主掌英國發電與輸電事業的巨大的非英國業主，根本起不了任何作用。雖然面對眼花撩亂的收費表，個人用戶和小企業可以從一家寡占供應商跳到另一家，但這並不能保護他們免於大幅度的、不可預期的價格波動。至於外國政府，柴契爾對上的是同樣野心勃勃、同樣愛國的國家領導人，不過，他們沒那麼自大和天真。與柴契爾夫人不同，他們並未假設如果本國提供了公平的競爭環境，其他國家也會投桃報李、禮尚往來。競爭的問題就在於總有人贏、有人輸。電力產業進行了一場廝殺。比賽結束，英國輸了。從技術和資本的角度來看，英國電力事業不再是產業的核心重鎮，而是另一個核心的外圍。

英國出售老牌電力公司，最意想不到的結果是讓法國電力公司對這個產業蠶食鯨吞（這也跟柴契爾政府的意圖直接牴觸）。從一九九八年收購倫敦電力公司（London Electricity）開始，法國實際上利用柴契爾政府的開放市場架構，以及政府切分電力事業以便出售的決策，將其鄰國如此千辛萬苦推動私有化的產業重新收歸國有——我是說，收歸法國國有。身為英國能源市場的六巨頭之一，法國電力公司如今擁有眾多英國電廠，包括供應全國六分之一電力的幾座核電廠。他們此刻正準備更換新的核子反應爐。

這是市場派空想家的一次挫敗。法國電力公司和意昂或萊茵集團不同，它是一個巨大的國營怪獸，幾乎獨占法國的電力生產與供應，由技術專家和法國總工會（ConfÅdÅration gÅnÅrale dutravail，簡稱CGT）共同經營。它企圖讓法國染指外國市場，而它的頂頭上司「法國國有資產監管署」（L'Agence des participation de l'Etat）並不諱言這一點。時任法蘭索瓦・費雍（FranÞois Fillon）內閣經濟部部長的克莉絲汀・拉加德（Christine Lagarde），在二〇一〇年國有資產監管署年度報告的前言中誇口說，政府將史無前例地積極培養「有能力與全球競爭對手一較高下的強者」。照柴契爾人馬的說法，法國電力公司是有如長毛象的公營事業，最後將無可避免遭到英國這類民營化國家中那些有強烈企圖心與行動力的企業所獵殺，終至滅絕。經濟學法則也是這麼說的。可惜結果恰恰相反。長毛象繁極一時，而英國無論行動力敏捷與否，都未能製造新的參賽者。

如果法國電力公司在英國的勢力讓新自由主義分子感到難堪，那麼，這件事情是否有益於他們的對手——傳統左翼遺留下來的溫和派社會主義分子？代表電力工人的英國公共服務業總工會（Unison）似乎很滿意。該工會的戰略組織領袖格瑞・湯姆森（Greg Thomson）告訴我，法國電力公司越過海峽之後，違反當時盛行的管理觀念，為工人恢復了最終年薪退休金計畫。英國公共服務業總工會也透過法國電力公司的工會組織「歐洲工人理事會」（European Works Council），獲得法國總工會席次，並且掌握了足夠實權，得以要求法國電力公司的管理階層，讓原本未加入工會的桑德蘭（Sunderland）客服中心員工進入工會。「當倫敦電力公司轉為民營，我們立定方針，致力促使公司回歸國有。我很高興地認為我們達到目標了，」湯姆森說，「雖然歸錯了國家，但是就別吹毛求疵了。」

但是法國電力公司的海外事業，讓英國公共服務業總工會的法國同儕大為不解。他們不明白英國為何如此輕易放棄本國的電力產業。湯姆森的一位同事告訴我，當法國電力公司在二〇一〇年為了籌資收購英國核電廠，而將倫敦東英格利亞（East Anglia）及英國東南部一帶的電纜及變電站網絡賣給李嘉誠時，英國公共服務業工會並未進行抵制，法國總工會為此「怒不可遏」。「當這筆交易拍板定案，他們為了我們沒有出力制止，簡直快氣炸了，於是投票通過提出強烈譴責。」湯姆森記得很早以前，有一次前往巴黎參加歐洲工人理事會會議，法國總工會的一個傢伙在午餐時對他說，「只有一個國家會傻到賣掉它的電力事業，那就是英國。」

* * *

我們怎會走到這步田地？一九八一年，通貨膨脹率和失業率雙雙衝破百分之十，剛剛勝選上台的保守黨政府被迫對礦工工會的要求讓步，不得不縮減公共支出。此舉引發全國譁然，柴契爾的首相生涯，似乎註定要匆匆進入一個不光彩的結局。這時，一位來自伯明罕大學、名叫史帝芬・李特查爾德（Stephen Littlechild）的三十八歲經濟學家開始研究方法，希望落實保守黨激進分子經常提到的一個深奧概念：私有化（privatisation）。私有化並非柴契爾的專利，西班牙經濟學家哲瑪・貝爾（GermÈ Bel）追蹤到這個字的起源是德文的Reprivatisierung，一九三六年，《經濟學人》（*Economist*）的柏林特派員撰寫納粹經濟政策時，首次將這個詞翻譯成英文。一九四三年，在《經濟學季刊》（*Quarterly Journal of Economics*）一篇針對希特勒政策的分析文章中，「私有化」這個詞首次出現在學術文獻上。作者席尼・馬林（Sidney Merlin）寫道，納粹黨「藉由『私有化』，協助黨內最高成員及其合謀者累積私人財產與工業帝國，因而讓政治與經濟實權越來越集中在一小群人手上。無論從哪一方面來看，這群人都可稱做國家社會主義菁英分子。」

柴契爾夫人在一九七九年上台，一群熱心的自由市場派人士跟著她雞犬升天。那群人似乎從未聽聞納粹開創的先例，但是他們肯定知道皮諾契特（Pinochet）後來在智利推動的私有化政策。在貝爾的研究被發現以前，一般認為是彼得・杜拉克（Peter Drucker）在一九六〇年代撰寫管理理論文章時，創造了「再私有化」（reprivatisation）這個詞。奈吉爾・勞森[33]將「再」這個字的去除，歸功於他的保守黨同僚大衛・郝威爾（David Howell），郝威爾是保守黨的密室智囊團成員之一，一九六〇到七〇年代之間，他們研究各種經濟模式，協助愛德華・希思和哈洛德・威爾遜[34]對抗工會（郝威爾是柴契爾的第一任能源部長，在我書寫的此時，他成了吉爾福德郝威爾勛爵，同時也是外交部部長。直到二〇一二年，他和他的女婿喬治・奧斯本仍在卡麥隆底下擔任公職）。

一九七九年的保守黨宣言，幾乎看不到「私有化」這個字，或者偶爾被稱做「非國有化」（denationalisation）。一九六八年，當黨內智庫把國營事業描述成「我們脖子上的沉重負擔」，並且提議拋售部分公營單位，柴契爾持懷疑態度——她一直在研究推動電廠私有化的可能性，卻找不到「可以接受的答案」。她說，「你沒辦法讓兩家敵對的企業試著在彼此競爭的情況下出售電力。」李特查爾德的看法不同。一九七九年勝選後的紛紛擾擾中，像他這樣的理論家看到一個罕見的機會，可以在真實的、活生生的、由五千萬人口構成的工業社會實

33. 譯註：Nigel Lawson，前任英國財相。
34. 譯註：Edward Heath 及 Harold Wilson，兩人皆曾擔任英國首相。

驗他們的構想。一九八一年十月，他在激進的自由市場派智庫「經濟事務研究所」（Institute of Economic Affairs）的內部刊物發表一篇文章，名為〈去國有化的十個步驟〉（*Ten Steps to Denationalisation*），這篇文章並列在〈經濟衰退為何有益於英國〉（*Why Recession Benefits Britain*）以及〈死囚押送車和教室〉（*The Tumbril and the classroom*）之類的文章題目中。對大多數政客和商人來說，李特查爾德的提案似乎無異於革命夢想家的瘋言瘋語。當主流的右派人士還在謹慎討論出售部分鋼鐵工業時，李特查爾德直接跳進了沒有幾個人想像得到的未來：鐵路事業及郵局的私有化。「郵局需要的，」他寫道，「是一個懂得運用想像力拆賣資產的人。」

以當時的標準而言，他最極端的構想是關於電力事業。當時，在英國負責發電與輸電的機構，是一個有著嚴肅的艾德禮[35]時代稱謂、讓人想起牛皮紙公文袋、模板印刷以及走廊上消毒水氣味的國營組織——中央發電局（Central Electricity Generating Board，簡稱CEGB）。李特查爾德提出建議：把國家電網從中央發電局的發電部門分割出來、將地區電力局轉為民營，並且強迫中央發電局出售或出租它的燃煤和核能電廠。事實證明，這些概念並非夢想，而是用可行計畫包裝的預言，一切都在十年之間付諸實行。

隨著英國在一九八〇年代加快國營事業私有化的步伐（一九八四年的電信事業、一九八六的天然氣事業、一九八七年的機場航站、一九八九年的自來水事業，直到一九九〇年代的電力與鐵道事業），一般都認為英國變得越來越像美國；而大家普遍相信，在美國，所有東西，當然也包括電力，都是由相互競爭的私人企業供應的。英國自由市場派人士的自傳，絕不能不提到美國的啟示：在大西洋的另一端，雷根主政的美國似乎呈現出一個由自由市場的效率與繁榮構成的良性循環，生機盎然。

可惜對大多數美國人來說，事實並非如此。另一個問題是，支持私有化的英國極端分子，例如李特查爾德，認為美國走得還不夠遠。在柴契爾自由市場主義的狂熱支持者心目中，中央發電局是可怕的新蘇維埃式組織；而他們甚至激進到認為美國的電力事業體系，跟中央發電局沒什麼不同。

在十九世紀及二十世紀初的歐洲，只有最早期的新科技服務網是資本家所籌建的，包括自來水、天然氣、電力、鐵路、電報和電話通信等很快讓社會養成依賴的服務。這些服務網慢慢被收歸國有，由中央及地方政府完成並經營。美國走的是一條不同的路，美國讓私人企業繼續經營重要的公共服務事業，例如電力；也允許私人企業壟斷地方市場。但是為了換取免於競爭的保護，企業同意接受利潤規範，其最高利潤只能占公司和股東的已投入資本（例如用來興建電廠）以及未來投資（用來維持經營）的一定比例。這種作法稱為「報酬率管制」（rate of return regulation）：在社會不可或缺的公共服務領域上，設定了資本家的投資報酬上限。

這套辦法並不完善。有關企業該投資多少以及顧客該支付多少的爭議時有所聞。不過，

35. 譯註：Attlee，英國工黨政治家，曾任英國首相，在位期間，曾大力推動英國主要工業及公有事業的國有化。

它讓美國社會擁有一個整體而言還算健全的公用事業體系，為美國在二十世紀的轉型提供了動能。一九八〇年代，李特查爾德展望未來，看到了當時沒幾個英國人預料得到的國營事業大拋售，他認定英國的市場能比美國更自由開放。他有個權勢很大的盟友、柴契爾的經濟顧問亞倫・華特斯，當政府推動第一樁大型私有化案件、也就是英國電信出售案時，李特查爾德受到委託，負責提出一套管理私人企業的新法規，讓國家在這個利潤導向的新世界中有所依歸。

當他在一九八三年將計算公式公諸於世時，這套辦法聽起來相當溫和。沒有幾個人知道或關心公式背後的意義，更別提公式的精神出現多大的偏差；比起私有化行動本身的艱鉅，這似乎只是枝節末葉。三十年後的現今，英國民營電力事業成了寡占市場的少數外商的囊中物，李特查爾德的公式——被稱為「RPI（零售物價指數）－X」——並非唯一因素，但卻是關鍵因素：李特查爾德以為，美國制度的問題在於並未提供誘因獎勵電力公司（或電信、自來水或天然氣公司）提高效率，比如裁撤冗員、使用較便宜的原料，或者縮減研究調查這類奢侈項目等；相反的，美國的制度鼓勵企業投資於高科技和花俏的實驗，因為當投資金額越高，管理當局允許他們保留的利潤就越高。對李特查爾德這種沉迷於效率的理論家來說，美國制度在在讓他想起經營中央發電局的官僚、工程師、工會和政客的可怕組合。

李特查爾德為英國提出的解決方案是設定價格上限，取代美國的利潤上限。民營企業每年的價格上漲率，最多只能等於通貨膨脹率（以RPI來衡量）減去管理當局每五年調整一次的X因子。按實際價值計算，電價照理會逐年下降，聽起來是顧客賺到了；但是大多數人沒看到的是，民營電力公司有龐大的成本刪減空間，裁員只是其中一種手段。羅伯・戴維斯（Robert Davis）在為了慶祝諾丁罕郡的戈騰姆電廠建廠四十周年而發行的刊物《川特女王》（*The Queen of the Trent*）中，引述一名員工的話：

在中央發電局時代，人們是如此浪費，彷彿錢多到可以拿來燒。倉庫總是塞得滿滿的，什麼東西都有備用庫存。官僚作風是問題的一部分。如果你登記取出倉庫中的物品，就算發現拿錯了零件，也不能退回。系統不允許。除了直接丟進垃圾桶，你別無他法。

在「RPI-X」公式下，管理階層有強烈誘因根除這種陋習。但是他們不需要將利潤用降低價格的模式回饋給消費者，或者拿來投資新廠房或研究調查。只要電價不超過X因子的規範，管理階層可以將刪減成本得來的利潤存到帳上，或者轉交給股東，順便給自己大幅度加薪。

李特查爾德後來成了民營電力事業第一任的監察人，他覺得這是一樁好事，很高興看到民營電力公司在初期賺進豐厚利潤，認為這會吸引搶著來分一杯羹的新競爭者進入市場。他們將興建新的電廠，搶走既有業者的部分利潤，用更低的價格挖走顧客。最沒有效率的電力公司將破產倒閉，最有效率的則會日漸壯大，電價會越來越便宜。當舊電廠變得不堪使用，他們會投資興建新的電廠，因為汰舊換新有利可圖：市場將進行整頓，生產出顧客願意付費購買的電量。他想像著，一開始，市場尚未進入完全競爭的時代，身為監察員的他將扮演堪稱競爭總長的代理人（surrogate）角色，偶爾出手強迫業者減價，讓民營業者隨時保持戰戰兢兢。他想，到了最後，管制的必要性便會慢慢消失。李特查爾德——這個毫無企業實務經驗的學院派，沒有考慮清楚的是，民營企業之所以彼此競爭，並非因為它們喜歡競爭，它們痛恨競爭，只有迫不得已的時候才會這麼做。因此，它們沒有在價格、商品或營收上跟競爭對手較量，而是想辦法消滅競爭對手，藉由購併來接收對方的地盤，或者達成非書面協議，幾家大公司組成寡占的卡特爾（cartel），彼此瓜分市場。

* * *

電力並非黃銅、咖啡或自來水這類一般大宗商品。它是現代生活中唯一既不可或缺又無法有效儲存的大宗商品。在任何一刻，電力系統必須分毫不差地生產並輸送社會所需的電量，少一瓦特都不行。要達到這一點，唯一有效的方法就是投入大量人力、物力，花數十年時間去規畫、興建和維護一個由發電廠和電纜構成的網路，並且預留剩餘產能，以備電力系統故障或需求激增時所需。

英國在二十世紀中期，完成的正是這樣一個網路。然而等到私有化的時代——即便在政府把它分割成好幾塊，並且以發電、輸電和售電業者之間的商業合約取代中央規畫之前——它已成了一個錯綜複雜的大怪獸。地方的電力供應商、也就是十二個區域性的英國電力局，在一九九〇年分別轉成十二家民營企業。如今，它們可能按照市場價格向三大民營發電業者批發電力。這三大民營發電業者包括：一九九一年從中央發電局手上接管大型燃煤發電廠的國家電力公司（National Power）和電能公司（Powergen），以及擁有最新核能電廠的英國能源公司（British Energy），後者在一九九六年掛牌上市。國家電網則居中銜接，負責將各個電廠的電力輸送到各地區去；國家電網原本屬於十二家地方電力公司共有，一九九六年後分割出來，成了獨立自主的企業。

但是，民營業者把備用產能的成本以及各種發電廠的不同狀況納入考量，提出一套複雜無比的批發電價訂價系統，唯有樂得把電價訂得越高越好的人（也就是電力公司的經營者），才摸得清楚。綜觀一九九〇年代，原油、天然氣和煤炭成本下滑，強勢管理階層也靠著裁員大幅降低了電廠的經營成本；然而電力的批發價格卻維持不變。大型民營業者鑽制度漏洞，找到操縱市場、哄抬價格的方法。好比宣布某座電廠暫時無法發電，然後等到電價應聲上漲，電廠便神奇地恢復運轉。在李特查爾德的一份早期報告中，艾德・瓦里斯（Ed Wallis）主掌的電能公司便被指控要弄這種手腕。瓦里斯原本在中央發電局擔任公職，在一九八四到一九八五年的礦工罷工期間，就是他想辦法將煤炭運到各個發電廠，維持營運。但是無論以上這種做法多麼不道德，電能公司並未觸犯任何一條法律；它只不過找到規則上的漏洞，抓緊機會詐騙顧客。

還有許多戰術可用。在分割電力產業以推動私有化時，電能公司分到兩座小型的燃煤發電廠：伯明罕郊外的漢姆斯霍爾電廠，以及鄰近龐蒂弗拉特（Pontefract）的渡船橋電廠

（Ferrybridge B）。原本，這兩座電廠只在地方配電網路無法應付國家電網的電壓而進行維修時，才會拿來應急使用。電能公司接手後，立刻宣布基於商業考量，準備關閉這兩座電廠。此舉迫使國家電網更新該地區的變電廠，以確保地方民眾和企業沒有斷電之虞。但是，設備更新期間，國家電網的線路不通，一時之間，渡船橋和漢姆斯霍爾電廠成了約克郡和沃里克郡（Warwickshire）的供電命脈。無論多貴，供應商都必須跟這兩座電廠買電。當時，英國其他地方的類似電廠，每兆瓦小時的收費水準在二十到三十英鎊之間；電能公司把渡船橋和漢姆斯霍爾的電價漲到一百二十英鎊。根據李特查爾德的手下統計，電能公司靠著濫用市場支配地位，超收了八千八百萬英鎊的利潤——當然是從顧客電費帳單中榨出來的。

一九九〇年代中期，瓦里斯因享有四十六萬英鎊的年薪及豐厚的股票選擇權，被媒體譏為「官僚轉肥貓」（bureacrat–turned–fat–cat）的代表人物，然而，他的事業和社會聲望似乎並未因為企業的惡劣行徑而受到損傷。二〇一四年以前，他身兼自然環境研究委員會（Natural Environment Research Council）主席，負責發放政府經費給科學家，供他們進行氣候變遷的研究。

RPI–X不僅獎賞管理層和股東刪減成本，也獎賞他們偷斤減兩。自來水和鐵道事業私有化之際，莫不亟需大量投資；但電力事業就不同了，半世紀以來，政府不吝投資，修建了一套過度設計且需悉心維護的電力系統，足以生產超過全國所需的電量。民營電力公司盡收其利，私有化初期，他們大幅削減投資金額，除了員工之外，沒有任何人能夠察覺刪減投資造成的影響。從投資過剩轉變為投資不足，但是後果要到日後才會逐漸明朗。

RPI-X也讓企業坐享僥倖（而非管理得當）得來的意外之財。電力和食物一樣，是民眾無論景氣好壞都得依賴的民生必需品。因此，電力公司在一九九〇年代初期的經濟衰退期中，成績相對突出。它們的管理費用比專家的預估少了一半。電力公司發給股東豐厚的股息，還能剩下足以淹腳目的現金。李特查爾德原本可以介入市場，要求降低電價，但是他退縮了，擔心驚擾了沉浸在RPI-X淨土的經理人。當他終於提出行動，股票市場發現他下達的降價措施溫和得可笑，電力企業的股價因而一飛衝天。一九九四年十二月，房地產集團特拉法加房屋（Trafalgar House）意圖收購民營的北方電力（Northern Electric），它提議的收購價格是每股十一英鎊：那是公務員和政府顧問幾年前釋股時的四倍價格。北方電力的現金堆積如山，它有能力發給股東每股五英鎊的紅利，成功阻止了購併行動。經濟學家迪特爾・赫爾姆在他所著的《能源、國家與市場》（*Energy, the State and the Market*）書中寫道，「實際上，北方電力透露出，即便免費為國內用戶供電一年，它仍有足夠資金維持營運。」

在RPI-X法則之下，民營電力公司的負債極低而利潤龐大，引來大西洋彼岸的掠食者虎視眈眈。當一九九五年，政府掌握的黃金股（golden share）到期時，美國企業猛然來襲。正當加州做了錯誤決策，打算仿效英國模式開放電力系統的市場競爭時，來自俄亥俄州、內布拉斯加州、德州、喬治亞州、科羅拉多州、路易西安那州和維吉尼亞州的企業斥資百億英鎊，買下英國電力公司。美國人湧入的時機，正巧遇上工黨從保守黨手上搶下主政權，戈登・布朗下令對電力公司徵收十五億英鎊的暴利稅，以示對其超額利潤的嚴懲。美國人可以輕易借錢來付稅，因為他們新收購的企業帳面上的負債很低。但是對於被擴張的激情一時沖昏頭的美國企業主管來說（安隆正是基於這種激情而垮台），暴利稅是一個徵兆，顯示他們錯估了投資英國電力事業的風險。

他們想辦法玩英國前輩曾經耍過的把戲。舉例而言，一九九九年，加州的愛迪生能源公司（Edison Mission Energy）買下電能的兩座大型燃煤發電廠。二〇〇〇年，該公司宣布關閉位於柴郡的費德勒燃煤發電廠的一個發電機組，理由是營運成本太高。事實上，電廠的營運是可以獲利的，但是藉由減少五百萬兆瓦的市場電量供應，愛迪生公司成功提高電價。這意味著愛迪生和其他電廠業主能有更高的獲利，只是其代價由顧客承擔。在繼李特查爾德之後擔任監察人的卡勒姆・麥卡錫（Callum McCarthy）施壓之下，愛迪生公司最終恢復該發電機組的運作。對美國人來說，災禍即將降臨。暴利稅顯示工黨將採取更嚴密的管制措施，而在美國人瘋狂收購英國電力公司不久之後，電力的批發價格大跌，引發一股退場風潮。情急之下，美國人急著把英國電力資產這塊燙手山芋丟給任何願意接手的人。

美國人是否從英國潰逃，麥卡錫並不感興趣，他只在乎價格，並且宣稱電價的驟跌，要算他一份功勞：他歸功於他個人中意、並且得到政府背書的電力批發交易制度——新電力交易規則（New Electricity Trading Arrangements），簡稱Neta。Neta的宗旨在於讓電力市場變得更公平、公開，藉此壓低電力價格。李特查爾德也得到滿足，他可以指出某些美國企業（尤其是休士頓的TXU）在英國一敗塗地，證明了「民營電力系統是資本家印鈔票的特許權」這種觀念並不正確。事實上，電價下滑跟Neta無關，倒是跟李特查爾德在一九九〇年代末期大力支持的「向天然氣急進」（dash for gas）政策有很大的關係。當時，天然氣發電廠的興建與經營成本，都比燃煤或核能電廠更低廉。天然氣發電廠如雨後春筍般興起，以至於到了世紀之交，英國電力市場出現供過於求的現象。

新的發電廠因電力過剩導致電價下滑，沒有競爭力的業者因而面臨倒閉，聽起來，李特查爾德籌謀的一切終將應驗；然而結果與他想像的大相逕庭，只因為美國企業在英國冒險卻無功而返，並不代表英國就能得利。首先，電力過剩是政治和產業上的一大災難。新一波的天然氣發電廠搶走燃煤及核能電廠的市占率，衝擊之大，足以把後者逼到破產邊緣，然而，一旦燃煤及核能電廠真的倒閉，天然氣發電廠又沒有足夠產能來取代它們，成千上萬名忠於工黨的礦工及工程師生計受到威脅。事情不僅僅止於此，布萊爾政府出面減緩從燃煤轉向天然氣的速度，而二〇〇二年，政府迫於無奈，為擁有核能發電廠的民營企業——英國能源公司，提出紓困。

然而，還有一個更深層、更不易察覺的問題。Neta是一個讓人眼花撩亂的複雜制度，毫無證據顯示有哪一位民選的政治人物，曾經真正弄懂Neta的規則（或者弄懂它錯綜複雜的前身——「電力池」制度）。有些專家相信行政機關裡的公務人員也沒搞清楚。他們哪裡有能力理解呢？晦澀難解的Neta規則，只有企業的律師和會計師才能弄明白。然而，若要理解Neta的運作方式，有一條重要線索：儘管麥卡錫口口聲聲表示Neta是讓電力公司乖乖就範的手段，而電力公司也全都大力支持Neta，其原因在Neta（也是我們至今仍然奉行的電力交易規則）推出時便很清楚，Neta甚至比電力池制度還不透明。雖然Neta的推行恰巧遇上批發電價驟跌，顧客的電費帳單卻未見什麼變化。

的確，「向天然氣急進」政策壓縮了發電業者的利潤，但是主要的受益者卻不是用電人，而是輸配電和售電業者。剩餘的利潤空間，只是從一群電力公司轉到另一群電力公司手中。照情勢發展，下一個階段，必然就是發電業者和輸配電業者的合併，稱作「垂直整合」。這種能夠讓業者壟斷價格、濫用市場支配地位的勾結，正是李特查爾德亟欲避免的。在Neta制度下，企業跟自己大批「購買」、然後再轉賣給顧客的電力，其真正成本根本無從得知。

只有一小群企業有足夠的財力、勢力與經驗，能夠善加利用英國急速發展的寡占形勢。一九九八年，美國公司開始從英國撤退，歐陸企業翩然降臨，搶占它們留下的空間。中央發電局解散才剛過七年，海峽對岸的第一次投標，便是出自法國電力公司——法國版的中央發電局。

* * *

我在多里奇（Dorridge）的飯店跟史蒂芬・李特查爾德碰面，此地離伯明罕不遠。他仍然在公用事業規範這個艱澀的領域忙個不停，仍然附屬於伯明罕與劍橋大學。他已年近七十，臉上皮膚被太陽曬得微微泛紅，頭髮和鬍子都發白了。他有一股淘氣的精力、一種更像研究生而不像教授的熱情，說話說到一半常會捏起嗓子咯咯笑。他曾說他墓誌銘要用「RPI–X」取代RIP（願靈魂安息）。

他告訴我，私有化的重點就在於達到公開透明。「在國有產業中……成本是一本糊塗帳，沒有人搞得清楚。政府光顧著給錢，或者有時候沒給……反正所有東西的價格都已內定。」

他把電力事業私有化之後發生的問題，歸咎於兩組人馬。首先是政府分析師：他們誤把老牌國營電力事業的投資評定為「高風險」，因而低估新業主能夠借到多麼便宜的資金。其次是政客：他們從未賦予他足夠權力，好讓他阻止發電業者與售電業者進行反競爭的合併。

轉入民營當下便已完成垂直整合的蘇格蘭電力公司（Scottish Power），運用朗甘尼特（Longannet）和科肯希（Cockenzie）兩大燃煤電廠發電並售電。一九九五年，蘇格蘭電力公司在標下以前的默西塞德暨北威爾斯電力局（後更名為Manweb）後，成為第一家購併了民營售電業者的民營發電業者。李特查爾德說，他曾試圖說服當時的能源部長提姆・艾嘉爾（Tim Eggar）出面干預。然而艾嘉爾表示，與其擔心購併案賦予蘇格蘭電力凌駕顧客之上的權力，他寧可讓Manweb「受點兒教訓」。兩家公司如今都屬於西班牙的伊維爾羅拉所有。

李特查爾德這位自由市場的強力擁護者，因為民營的蘇格蘭公司購併了一家民營的電力局而感到煩心，卻對法國國營企業在一九九八年十一月收購倫敦民營電力公司這件事情不以為意，似乎有點奇怪。法國電力公司繼初次進攻之後，緊接著在二〇〇〇年買下戈騰姆；二〇〇二年，再將英國東南和西南部地區的老電力局收入它的資產組合；二〇〇八年併購英國能源公司之後，英國現行的核能電廠幾乎盡被它納入囊中。法國電力公司預計從二〇二三年開始汰換日益老舊的核電廠，以法國設計的「歐洲壓水式反應爐」（European Pressurised Reactor，簡稱EPR）取而代之。由於中央發電局已遭廢除，英國不再擁有設計並興建核能電廠的能力。

「當原本在英國製造的東西不再由英國製造，人們自然會悔恨、心痛，」李特查爾德說，「但是會發生這種事情，是因為別的地方提供了更好的服務。」

假如法國人可以將中央發電局及各地的老電力局重新收歸國有，而英國人卻無法在法國如法炮製，豈不證明推動電力事業私有化是個錯誤？

「雖然這讓有些工作移到海外，但人們的生活的確改善了。」他回答，「因為我們專注於我們擁有優勢的其他產業、其他領域，例如金融服務。亞當・斯密和其他人支持自由貿易的理由，並未以其他國家也接受自由貿易為先決條件。你似乎認為我們不該讓外國企業進入本國市場，除非對方允許我國企業到他們的國家競爭；我則認為開放讓所有人進入我國市場競爭，對我們有利——至少對顧客有利。」

法國電力公司進軍英國，破壞了電力事業私有化的初衷；李特查爾德似乎不願意接受這項現實。然而出乎意料之外的是，就在我起身告辭以前，他突然神色哀傷地看著我說，是的，在他監察人的任期只剩一個月的時候，事態的發展確實讓他感到後悔。「我想，監察人是無力阻止的……我並不希望一家來自海外、至今仍屬國有、非常龐大、免於競爭威脅、行動的根源不是為了滿足顧客需求，而是……呃……依計畫行事的企業，破壞了一項重大的改革。」

並非沒有人試圖阻止法國電力公司進軍英國。但是在一九九八年，工黨仍受限於它承接自保守黨的框架。十年之前，柴契爾夫人在她惡名昭彰的布魯日演說（Bruges speech）中，警告那群傲慢的歐洲共同市場官員，「在英國，我們尚未成功撤出中央集權的疆界，卻見集權之勢在全歐洲捲土重來。」同年，她在另一場被人遺忘的演說上對商界人士吹噓，表示她的政府已迫使歐洲撤除阻礙跨國境商業的屏障。藉由支持商品與服務的歐洲單一市場，她說，保守黨採取了行動，「確保資金可以在歐洲共同體內自由流通」。她沒看見兩者有什麼牴觸——所謂的柴契爾繼承人也仍然沒看見。但是支持單一市場，便等同於默許讓布魯塞爾（歐盟）的單一監管機構，作為歐洲自由競爭的最後仲裁者。從那時起，歐盟競爭理事會（EU Competition Directorate）對英國的影響，勝過其他任何一個歐盟機構。而法國已證明自己非常善於遊說。布魯塞爾同意讓法國保護法國電力公司的本土市場、允許法國電力公司以優惠的政府利率借款，同時讓它擴展進入英國的公開競賽場。

如果工業貿易署要在布魯塞爾交涉、反對法國電力公司購併倫敦電力公司，就必須有一位能在歐盟官員之間周旋、兼具自信與機智的談判專家。這樁交易在一九九八年十一月三十日消息曝光時，主掌工業貿易部的彼得・曼德森（Peter Mandelson）正好是這樣的一個人。當時他才剛剛上任，急於證明自己深諳政治的黑暗藝術。他宣稱要以保守黨前輩邁克・夏舜霆（Michael Heseltine）為榜樣，後者曾誓言與英國產業站在同一陣線，「每天照三餐斡旋調停」。但是曼德森從未有機會阻礙這樁交易案。法國電力公司出手的幾星期後，他噙著眼淚聆聽東尼・布萊爾在電話上要求他辭職下台。曼德森為了買下諾丁山的一座豪宅，跟財政部主計長傑佛里・羅賓遜（Geoffrey Robinson）借了三十七萬三千英鎊；有關這筆未申報借款的細節一一浮出檯面。這是完全站不住腳的利益衝突，使曼德森辭去職務。他先跟出身羅斯柴爾德（Rothschild）銀行家族的一位「老朋友」去科孚島（Corfu）小住一陣子，然後進入韜光養晦期：住在一間小公寓、用一輛飛雅特奔騰（Fiat Punto）取代部長級黑頭車、星期五晚上到哈特爾浦（Hartlepool）的樂購（Tesco）賣場購物。

若非因為豪宅夢而被迫下台，曼德森是否會在布魯塞爾精心斡旋，阻擋法國電力公司併吞倫敦電力？我們永遠無法得知。他是國有派元老赫伯特・莫里森（Herbert Morrison）的外孫，頗以此自豪。因此，他跟私有派元老大衛・郝威爾（David Howell）的女婿喬治・奧斯本便因家族淵源而成了某種對頭。曼德森在他的回憶錄中宣稱，他買那棟宅子「是要自住，不是用來社交的」。然而一旦搬到諾丁山，並且跟羅斯柴爾德家族過從甚密，他便踏入了奧斯本的世界。

曼德森針對一九九八年垮台事件的自述中，藏了一段痛苦的描述，半是懺悔、半是自我申辯。那段話堪稱新工黨的心聲——一個野心勃勃卻又敏感細膩的社會主義分子，靈魂積壓了極大的痛苦，因為他無法過著避險基金經理人所過的生活：那些人多麼令人著迷，他們的儀容多麼整潔、衣著多麼入時，而且每年冬天都去滑雪。「肯定有一絲絲的豪奢生活，不知道什麼時候鑽進了我的靈魂，」曼德森寫道。

我看到別人享有的生活，我也想要。不是五光十色或極盡奢華的部分，只要舒適和摩登就好。我毫無炫富的欲望，社交生活可有可無，工作永遠是我的第一要務。但因為我沒有錢，所以我在乎錢。我想要有自己的存款，想要有能力為自己和別人花錢。我從沒渴望發大財，然而，最後卻因為貪心不足而跌了一跤。

曼德森走後，繼任者史蒂芬・拜爾斯（Stephen Byers）逐漸步上軌道，這項任務最後由一班文官及當時的能源部次長約翰・巴托（John Battle）接下棒子。巴托來自里茲，是一名天主教徒，平時為了維護社會正義不遺餘力。在那一刻之前，他的生活不外乎研究燕卜遜（William Empson）的詩、接受神職訓練、推動教會扶貧行動（Church Action on Poverty）、為民眾爭取最低薪資，並且指揮在野的工黨起草房屋計畫——凡此種種都未明確將他指向政府的能源組合。如今，他已不再是國會議員，回到北方過著行善的生活。我在里茲的瓦廳咖啡館跟他會面。他回想起一九九七年那天，他初次以部長身分踏進工業貿易部大樓時，受到一群由公務員組成的歡迎委員會接待。

「他們問我想要哪一間辦公室，還問我需要什麼東西。我記得我要了一張白板，卻被告知我不需要白板。我要了一個書架，他們說，『部長，如果您有想讀的書，現在底下有文官了，您只管吩咐下去，他們會給您送來摘要。』我當時並不明白，『您還需要什麼？』這句話是個暗號，意思是『您的酒櫃裡想放什麼酒？』」他請文官針對新能源市場以及能源貧困（fuel poverty）議題擬一份報告。「我被告知，能源貧困並非本部認可的觀念，那是社會安全部的事。」

巴托心裡很明白，法國人的購併行動並不公平，但是他以為那是李特查爾德樂見的事。原本可以告訴他實情的幕僚人員似乎沒有把這件事情放在心上。當時的工業貿易部常務次長麥克・施加樂（Michael Scholar）透過電子郵件告訴我，法國電力公司購併案「並未在部裡掀起風暴」。

巴托如今後悔自己沒有對李特查爾德及其他監察人提出質疑。「監察人一心一意倚重價格機制，開放新競爭者進入市場。就理論而言，聽起來不錯，但在真實的全球經濟中，我們不能購買法國的發電廠，他們卻能買我們的。我們把產業架構交給監察人全權設計，卻沒有管好他們。我們應該修改職權範圍的。我們過於謹慎、過於焦慮，不敢挑戰市場。憑什麼讓我們丟掉國營事業，只為了交給另一個國家的國營事業？他們可以買我們的，我們卻不可以買他們的。法國人說他們願意開放市場，但是從未兌現。」

工業貿易局要求布魯塞爾將法國電力公司的標案交由英國自己的競爭監督機構裁決，但已故的歐盟競爭委員會主委卡雷爾・范米特（Karel van Miert）拒絕了，不久後，他便發布一份長達八頁的判決書。他無視法國電力公司在法國市場的獨占地位，反而將焦點放在跨海峽的海底電纜；法國電力公司原本就透過這條電纜向英國出售少量電力。他總結道，如此微不足道的市場占有率，根本毫無威脅，遑論宰制市場。這好比一支法國足球隊想成為英格蘭超級足球聯賽的第二十一支隊伍，請求歐洲足協評斷是否公平；足協審慎評估既有的二十支英國對伍的優勝劣敗後，宣布法國人在英國踢球並沒有占什麼便宜，完全忽略了當英國球隊作客法國時，法國人卻用木板封住了球門的事實。經濟學家赫爾姆寫道：

> 工業貿易局……不假思索地假設英國模式足以作為全歐洲的典範，其優越性可以從成果得到證實……未能阻擋法國電力公司對倫敦電力公司的兼併，以及其後的蠶食行動，這顯示英國不僅完全不懂如何影響歐盟委員會，也不懂如何操縱制度。當萊茵集團、魯爾天然氣[36]和法國電力公司積極投入布魯塞爾的政治運作，工業貿易局仍仰賴一般原理原則。其團隊被人有計畫地輕易擊潰。

我安排跟羅賓漢組織（L'Association des Robins de Bois）——一群正義使者在法國電力公司總部建立起的祕密組織——的幾位地下工作人員碰面。法國電力公司的總部位於弗朗什孔泰（Franche-ComtÅ）的蒙貝利亞爾（MontbÅliard），十九世紀時，標緻（Peugeot）家族就是從這裡以製造並販售咖啡磨豆機和腳踏車起家。當我在火車站外頭等待我的聯絡人，貨運列車從我面前哐啷哐啷駛過，上頭似乎載著數不盡的標緻新車。在這裡，法國國家機器運作順暢：

36. Ruhrgas，目前屬於意昂集團。

中央規畫的核子反應爐網路，向標緻和阿爾斯通等聞名全球的弗朗什孔泰企業，以及中央規畫的、串連全國的高速列車網路，供應便宜又低碳的電力。「歡迎蒞臨能源的國度：貝爾福蒙貝利亞爾」，高鐵車站上的一張海報這麼寫著。

然而，標緻在本土和國外市場都陷入了苦戰；法國的五十八座核子反應爐全都建於一九七一到一九九一年之間，使用壽命即將結束，還不確定如何汰換；而去年剛蓋好的新貝爾福蒙貝利亞爾高鐵車站，在距離貝爾福和蒙貝利亞爾幾英里遠的荒郊野外放乘客下車。至於低廉的電費，如果你身為法國人，會知道法國電力公司在法國的電費比在英國便宜（確實如此），但是假使你負擔不起，那麼也於事無補。

我的羅賓漢聯絡人代號是「P」，在法國電力公司工作了十五年，接著進入法國總工會工作十五年；不過在法國制度下，他仍然領法國電力公司的薪水。他一邊吃午餐，一邊介紹組織。那是由電力工程師和協調專員組成的：當法國電力公司管理階層因顧客欠費而下令斷電時，羅賓漢組織便出手相助。有時候，倘若他們無計可施，法國電力公司的羅賓漢工程師會返回顧客住處，暗中非法地重新接電。五年前，法國電力公司的電氣技師發現，與法國電力公司業務範圍有關的幾個政府官員竟然可以免費用電，他們立刻切斷這幾名官員的供電線路。「羅賓漢就這樣誕生了，」P這麼說。

組織竭盡所能保護它的成員以及貧窮的法國電力公司顧客——確保重新接電和負責斷電的工程師不是同一個人，也確保電錶會繼續運作，讓電錶度數持續上升（至少稍微上升）。若有可能，他們會打電話請社工人員幫助顧客，或者編出各種藉口不去斷電。

「我們希望工程師有權力拒絕切斷顧客的供電線路，」P說，「以前比較好找藉口不去，因為總是有那麼多事情要做。現在，一個工程師一天要斷十家的電，你沒辦法一概拒絕。」行動非常危險，他解釋道，「你得知道怎麼做。如果你在試圖恢復電力時出了差錯，那就死定了。假使造成短路，你很可能連腦袋都炸掉。你需要特殊的手套、面罩和護目鏡。」

相對於法國電力公司及其他電力公司在英國採取的手段——更換欠費顧客的電錶，使得用戶必須預付費用才能用電——法國電力公司在本國市場偶爾會安裝所謂的「涓滴電錶」（trickle meter），限定赤貧用戶每天用電量不超過一千瓦。「一千瓦實在太少了，」P說，「根本沒辦法生活。晚上開燈、開電視和洗碗機，差不多就用光了。」

P形容羅賓漢組織的活動是「合法的抵抗行動」，效法法國電力公司的起源：納粹占領期間，抵抗組織全國委員會（National Council of the Resistance）祕密籌畫創立法國電力公司，為戰後的法國做準備。我在法國總工會的巴黎總部、一座有開闊天井的現代紅磚建築，發現相同的敘述：法國的電力供應，是被外力占領的祖國的一部分。「對我們而言，」法國總工會在二〇〇三年以前的共黨領袖丹尼斯・科恩（Dennis Cohen）告訴我，「能源和文化一樣，絕非私有財。」

真令人費解。從英吉利海峽的這一端來看，事情似乎很明顯：儘管法國電力公司曾釋出部分股權，管理階層也享有某種程度的商業自由，但是法國電力公司仍然呈現國營企業的風貌，屬於法國政府所有，受法國政府控制與支持，容易被法國政治（同等於被法國選民）所左右。它兼併了英國電力系統的一大塊，但是不必對英國的選民同胞負責。然而，一般法國百姓也不覺得法國電力公司受制於他們。我想盡辦法採訪該公司理論上的擁有人、也就是代表法國政府的國有資產監管署，卻遭到斷然拒絕。我的最後一招，就是直闖國有資產監管署位於貝爾西的政府大樓。這棟大樓的樓面由米色石材和染色玻璃構成，宛若峭壁，令人望之生畏。我被攆出門外。

「那是一家有趣的企業，」《回聲報》（*Les Echos*）的能源記者狄博・馬德林（Thibaut Madelin）跟我談起法國電力公司，「它無疑是國營企業，你可以說它受到政府控制，工會也扮演了重要角色，但是我認為法國電力公司內部掌握了真正的權力。我跑能源新聞已經跑四年了，我發現沒有人動得了它。行政單位和監察人想多多少少控制法國電力公司，但是他們辦不到。很難界定權力究竟從哪裡來。」

* * *

一個春天早晨，我從倫敦搭火車北上，途經劍橋郡和林肯郡，最終抵達諾丁漢郡。黑刺李花點綴鐵道兩旁，有如點點繁星。太陽從烏雲之間乍現，油菜花田發出耀眼的金光。即將進入川特河畔的紐沃克時，鐵路開始跟國家電網的六座高壓電塔線路交錯；電纜在電塔之間交織，俯視羊群和灌木圍籬，有如眾神匯聚聖地。我們在雪伍德森林和川特河之間穿行，地平線上出現一叢叢頭頂冒煙的冷卻塔，顯示我們即將抵達英國的電力重鎮。

從我小時候，沿著艾爾河與川特河河谷呈弧形排列的五座燃煤發電廠就在那兒了。坐在倫敦到蘇格蘭的疾馳特快車中，我往窗外望去，圓墩墩的冷卻塔融入景致中，與平疇綠野跟舒適的深色紅磚小屋一樣自然。這幾座發電廠多半是中央發電局在一九六〇年代、盛行中央規畫的時期蓋的，採用地方上的煤礦為燃料。這五座電廠——分別是西伯頓（West Burton）、戈騰姆、德拉克斯（Drax）、艾格伯洛（Eggborough）和渡船橋，至今仍在運作。當這幾座電廠的渦輪全速運轉，可以供應全英國冬季一天所需的五分之一電量。

在戈騰姆電廠，噪音喧天的鍋爐室放置了四台高一百六十四呎的鍋爐；電廠的機械維修經理史蒂文・羅林森招呼我爬上一道金屬階梯，打開一扇很小的艙門。我們像小蟲子似地蜷縮在煤火的爐柵下，火星以及頭顱大小的火紅煤渣四處飛散，落入成堆的灰燼中。我抬起頭，親眼目睹了地獄：巨大的火舌盤繞、迸裂，噴吹進來的煤粉是它源源不絕的能量。燃煤是靠裝了鋼球的龐大滾筒碾碎的，磨得比滑石粉還細。這就是在綠色充電燈號以及洗衣機的轟鳴聲背後的狂大怒嚎。

一九九一年，戈騰姆燃煤發電廠（同一個場址上還有一間天然氣發電廠，屬於意昂集團所有）轉入民營，二〇〇〇年被法國電力公司買下。我問電廠裡占了最大多數的中年工程師，替法國人工作有什麼感想？他們回答我，他們效忠的第一對象是電廠本身。但是除此之外，替法國電力公司工作，讓他們想起剛入行時替英國公營事業工作的時候。「工作方式跟我們多年前熟知的中央發電局沒什麼兩樣──程序非常嚴謹，這是好事，」鍋爐工程師大衛・歐文說。他帶我進入因為進行清理而暫時關閉的鍋爐內部。燙手的灰渣已被除塵器清理乾淨了，但是壁面仍然沾滿了褐色粉末。頭頂上，腸子般糾結的管線和蒸氣水凝器化成令人暈眩的爐胸，下方有一排井然有序的管線，在最底部層層分開，從給煤器輸送煤粉。

「我不介意落入外國人手中，但我認為英國應該保留技術據點，」歐文說，「從負責設計的工程師到維修人員，站在國家的角度來看，我們全盤皆輸。」

廠裡有一組巨大的機器（機器本身的規模足以媲美一座大型工廠），專門用來去除燃煤廢氣中會導致環境污染的硫化物。負責照顧這組機器的博伊德・強生說，從中央發電局手中接下戈騰姆電廠的電能公司，似乎不怎麼關心未來：它從未認真地投資污染防治措施。法國電力公司就不同了。「身為工程師，我們最關心設備上的投資，」他說，「就像回到中央發電局時代，但是做起事來更乾淨俐落些。」當然，法國人心裡有不同的優先順序，但是「說到底，法國人肯投資。好吧，你可以說，到了未來、等核能電廠都蓋好以後，他們會對整個產業的走向占了絕大的發言權。不過話說回來，我們還有政府監察人呢。」

負責將煤炭碾成粉末的克里斯・懷爾德，帶我參觀將原煤送進電廠的輸送帶溝槽。我詢問原煤的產地。諾丁漢郡的最後一座深層煤礦索爾斯比（Thoresby）距離電廠二十英里。「原煤來源很雜，」他說，「我想，有部分是從肯塔基來的。」懷爾德是中央發電局被拆分出售前的最後一批學徒。「但是這無所謂，」他說，「老闆要是半夜兩點打電話說機器零件故障了，我不會想，『他穿的是法國電力公司的制服。』」

戈騰姆的工作人員比中央發電局時代少了數百人，運作上並未出現重大問題。「如果裁員是在中央發電局時期發生的，事情還會成功嗎？」懷爾德問，「你如何衡量裁撤漢姆斯霍爾工廠、柏頓學徒工廠或者中央發電局工程師計畫的利弊得失？這讓你不禁納悶，如果能保留私有化的、更精簡的中央發電局，情況是否會更好？」

* * *

李特查爾德的PRI-X算式、二十多年來對股東資本主義的推崇，以及「高階主管追求個人財富是受到社會認可的」觀念的風行，長年累積之下，導致英國所仰賴的電力系統變得老舊衰敗。五分之一的英國現役電廠將在二〇二〇年代以前除役，而政府打算藉由新的核能、風力和天然氣發電廠組合，加上少數幾座燃煤電廠，重整國家電網，填補供電上的缺口。

不過，上述種種，粗估需要一千一百億英鎊的經費。二〇一二年一名政府官員表示，這筆經費恐怕只是個開端。

新的國際法規要求各國減少使用化石燃料，以善盡世界公民之責；這樣的要求不啻是雪上加霜，我們的核能電廠已破舊不堪，我們的燃煤與燃油電廠是製造溫室氣體的工廠。由於我們在北海的天然氣儲量已經快燒光了，我們越來越倚賴從卡達經荷莫茲海峽（Strait of Hormuz）運來的液化天然氣；而伊朗誓言，一旦遭到外國勢力挑釁，他們將封鎖這條通道。陸上風力發電廠不受鄉間保守黨的歡迎；而海上風力發電廠造價高昂，並且離電網太遠；況且，風力發電需要其他備案，因為風不會一直吹個不停。

英國未來電力供應的三大來源是天然氣、風力和核能，燃煤占的比重照理會越來越低。有人主張，要取代導致氣候變遷的燃煤發電，最簡單的方法就是增加天然氣發電廠及海上風力發電廠的網路。最先進的天然氣發電廠可以快速興建完成；機器可以在半小時內開機，不用的時候也可以隨時停機；電廠只需要一百名工作人員即可運作。支持天然氣發電的人士表示，天然氣比燃煤更潔淨、更環保，而且，它讓英國有時間大量增建風力發電廠，而不至於危及供電的穩定。由天然氣和風力發電組成的電力系統將是一套過度系統，有如油電混合動力車——本身非常環保，但是內附碳燃料引擎，免得你受困路中。然而，儘管新的壓裂（fracking）技術讓英國得以更方便地買到更便宜的天然氣，但是供給的穩定性仍然令人擔心。因此，永遠處於開機狀態、持續穩定供應基準電量、每瓦電力碳排放量是天然氣電力七分之一的新核能電廠，仍然是政府倚賴的重心。

由工黨提出，並由接任者繼承的原始構想，是批准四座新的核能電廠，每座電廠各有一對反應爐，藉此紓解民間電力產業對核能的渴望。其中兩對反應爐將由法國電力公司分別在薩默塞特郡的欣克利角（Hinkley Point）電廠，以及沙福克郡（Suffolk）的賽茲威爾（Sizewell）電廠興建；另外兩對則由德國的意昂及萊茵集團，分別在安格爾西島（Anglesey）的威爾法（Wylfa）電廠，以及格洛斯特郡的奧爾德伯里（Oldbury）電廠興建。至少四組（甚至是全部的八組）將會採用同一種模型：也就是法國阿海珐公司設計的高效率且極度安全的歐洲壓水式反應爐（EPR）。建造八座同樣的反應爐能降低成本：它們可以有效地大量生產。核能電廠的遊說者主張，由於核能電廠運作時不會產生太多溫室氣體，跟風力發電廠一樣，因此，它們也該如同風力發電廠，得到某種程度的補助。照他們的說法，如果我們要求法國人和德國人花大錢興建核電廠，就必需保證他們的投資能在核電廠營運的幾十年內得到回收。欣克利角核電廠將在二〇二三年上線，幾年之內，將近四分之一的英國尖峰時間用電量，將由安全、乾淨又可靠的新核能電廠供應。

這些說法有什麼謬誤？事實證明，幾乎全都錯了。二〇一一年三月，福島的核子反應爐在日本大地震之後三度熔毀，德國政府因此全面廢核，導致萊茵及意昂集團放棄他們在英國的核能投資。由德國人手中接下威爾法及奧爾德伯里計畫的日本日立公司（Hitachi），如今提議在原址上與美國奇異公司（General Electric）聯手興建兩組進階沸水反應爐（Advanced Boiling Water Reactor，簡稱ABWR）。法國人在一九七〇及八〇年代，藉由興建六十組幾乎一模一樣的反應爐而達到規模經濟。英國的八組反應爐，原本聽起來就像手工製作而非生產線商品；現在四組採用一種模型，另外四組採用另一種模型，聽起來簡直就像在做實驗。

而這第一批核子反應爐確實充滿了實驗性質。福島核災以前，日本總共有四座不算特別可靠的現役ABWR，EPR則從未真正上線過。目前，中國正在興建兩座EPR，芬蘭興建一座，諾曼第的弗萊蒙城（Flamanville）也有一座。芬蘭和法國EPR的造價，至少會比原本的預算高兩倍。弗萊蒙的工期落後了五年，芬蘭電廠則落後九年。中國的反應爐預計在二〇一五及二〇一六年上線，比原定計畫遲了一年。[37]

法國本身對EPR的熱情似乎冷卻了下來，歐蘭德希望把核電占法國供電的比例，從百分之七十五降到百分之五十。法國電力公司的前任執行長法蘭索瓦・魯斯利（François Roussely）曾警告說，EPR的結構太過複雜，需要重新設計。他說電廠應該提供顧客一種更小、更簡單的反應爐，叫做ATMEA。前一年，法國電力公司的新任執行長亨利・普羅里奧[38]曾嘲笑阿海琺意圖將EPR推向海外市場。「你知道有幾家公司的目錄上只有一項產品嗎？」他冷笑著說，「福特和他的T型車算是一家。但那是一百年前了，而且他確實懂得製造與銷售。」法國如今想在英國興建EPR，一般認為，這段話是普羅里奧在政治鬥爭激烈的法國產業世界玩的一次權力遊戲；然而，正是這個世界——一個不受英國選民控制的世界——在英國民眾身上套上了枷鎖。

＊　＊　＊

英國預定的EPR投資，不免令人憂心忡忡地聯想到路軌公司災難性滅亡的前兆。這家民營企業不得不在二〇〇一年重新收歸國有。正如第二章見到的，在路軌公司的個案中，政府也同樣允許全國所仰賴的民營網路投資於未受驗證的技術，不顧歐洲方面顯示技術尚未成熟的警訊。但在李特查爾德和勞森展望的自由市場烏托邦中，這應該不成問題，他們認為國家計畫委員不懂人民的需求，民眾知道自己要什麼，而企業家投資人力、物力供應市場所需，彼此競爭。如果供應的商品或服務不受青睞、毫無用處或過於昂貴，輸的是企業家，不是顧客。這種觀點沒有將民眾的行銷敏感度納入考量，不過，這是一種合理的原理原則，適用於餐館、汽車或家具；又或者銀行能面對真正的競爭，未嘗不是一件好事。然而，若將這種觀點套用到英國電力產業上，會出現兩個可怕的問題。

第一個問題是，核能電廠並非餐館。如果我在鬧市開了一家咖啡館，結果倒店了，我的生計會出現問題，但是鎮民不會找不到地方喝咖啡。然而，如果國家電網公司預定在二〇二〇年以前供應一千三百萬千瓦的核電，一旦跳票，國家將陷入危機。這無異於一個老笑話：如果你欠銀行一百英鎊，你就有麻煩了；如果你欠他們一百萬英鎊，那麼銀行就有麻煩了。如果冉貝納・李維計畫在耶誕節以前遷入新居，屆時房子尚未就緒，李維就有麻煩了；如果冉貝納・李維的新核子反應爐在二〇二三年以前尚未就緒，全英國就有麻煩了。完工九成的風力發電廠可以有九成的運作能力；而完工九成的核能電廠，則是無用又累贅的廢物——一個價值一百六十億英鎊的廢物，如欣克利的案例。

企業在英國興建新核子反應爐、卻因成本超支而中途終止行動的機率，低於另一種可能

37. 編註：因為同樣採用EPR與AREVA的法國核電廠在二〇一五年爆出壓力容器可能有脆裂問題，因此中國又將投產期推至二〇一七年。

38. Henri Proglio於二〇一四年十月下台，由冉貝納・李維（Jean-Bernard Lévy）接任。

性：一旦動工，電廠必將不計成本堅持完成新核子反應爐的興建工程。這就是第二個問題。所費不貲又尾大不掉的核子反應爐並不合算。全球暖化是核電被列入考慮的唯一原因，若要籌建完成，唯有靠政府補助。而英國政府提供給法國電力公司及其小合夥人（阿海琺和兩家中國國營企業）興建欣克利的補助，龐大得驚人：以九十二點五英鎊／每小時一千瓩的保障價格收購欣克利角生產的電力，未來三十五年依通貨膨脹率調漲。這大約是目前英國平均批發電價的兩倍。他們給法國電力公司九年時間完成興建計畫，慷慨得難以想像（日本的ＡＢＷＲ只花四年就蓋好了）。財政部還給法國電力公司及其合夥人擔保，協助他們舉債興建電廠。倫敦券商利本資本（Liberum Capital）的分析師彼得・阿瑟頓和孫沐路指出，欣克利光要步上軌道，就會是全世界最昂貴的發電廠；等到它開始發電，若要免除補助，天然氣的價格漲幅必須高達百分之一百三十左右。「英國政府在進行一場豪賭，認定未來化石燃料將極其昂貴，」阿瑟頓和孫寫道，「如果賭錯了，那麼當（電廠）開始服役，從經濟角度來看，這張合約將顯得愚蠢至極。英國政府竟然認為無妨下這樣的賭注，我們著實震驚。」

補助金不會來自國稅。它將和風力發電廠的補助一樣，來自英國用戶的電費帳單。這赤裸裸地揭露了民生服務事業私有化的真實面——被賣掉的不是基礎建設，而是付帳單的市民；被轉為私有的不是電力，而是稅收。實際上，法國和中國政府買下的，是透過電費帳單向英國客戶課稅的權利，並且用英國的錢和土地，替未經檢驗的法國核能技術蓋一座全球展覽館。而且，由於電費帳單上的隱形稅並未考慮用戶的所得，因此越窮的人實際上付的稅率越高。

這並不表示法國人民就是這樁交易的贏家（不過至少歐蘭德承認，法國的電費帳單是某種形式的稅收，應該依據所得調整）。英方、法方和中方的合夥關係緊繃，有鑑於所有選項都很昂貴而且充滿政治色彩，英國政府仍然可能認定EPR風險過高，轉而選擇天然氣與風力混合動力選項——多蓋幾家天然氣發電廠彌補缺口，持續補助海上風力發電廠以設法安撫綠色遊說人士，並且投資於更深奧難解的未來科技：例如潮汐能、乾淨煤、釷燃料、連接北海風力電廠與地中海太陽能電廠的歐洲超級電網，以及引進冰島綠色電力的電纜。無論如何，這些選擇都會讓法國人民因為法國電力公司花大錢收購英國能源公司，以及其老舊的現役核能電廠而被套牢。

如李特查爾德與勞森這樣的自由市場主義者也許會說，若交由市場機制決定，市場絕不會蓋核能電廠；它永遠會選擇最划算的方案。但這是狡辯。就電力事業而言，市場絕不可能順其自然發展。燃煤也許是最便宜的方案，但是污染太嚴重；天然氣也許是最便宜的方案，但是國家越仰賴天然氣，就需要越高的緊急備用儲量——而市場是不會為此買單的。關於英國電力事業（與天然氣）私有化，赫爾姆最驚人的觀點是，這些產業既不是順理成章的國有產業，也不是順理成章的私有產業。「太奇怪了，」他寫道，「這些產業除了被視為政治產業之外，難道還能有其他看法？」

電力事業的私有化行動並未成功壓制電價。最新數據顯示，英國的電價大約落在歐洲的平均值之間——高於法國而低於德國[39]。英國的產業與管理也是一大失敗。若要衡量兩黨政客有多麼愚蠢、多麼辜負人民，最簡單的方法就是看看這項事實：一套可靠卻經營不善的英國電力系統沒有完成改革，反而被摧毀了，到頭來，系統的一大部分被舊體制的外國版本所併吞。而且也沒有做到透明化：為了籌措投資經費，一個誇口不加稅、或者將低薪家庭排除在納稅等級之外的政府，竟然允許外國電力公司收取對窮人衝擊特別大的統一費率稅。

* * *

在英國，法國電力公司是法國政府的化身；而在法國，它既是也不是法國政府的顯現——藉由拓展海外市場，它避開了照理擁有這家公司的人民的耳目。如何說明這個道理呢？「法國電力公司是全球最大的電力公司，但它仍是純種的法國企業，」丹尼斯・科恩點出其中矛盾，「儘管它是純粹的法國企業，但公司的策略卻是要試著離開法國。」

單就法國電力公司大舉收購英國電力事業這件事情而言，最重要的關鍵不在於它是法國企業，而在於當它如此果決地跨越英吉利海峽，它成了某種既不完全屬於法國，也不完全屬於英國的東西。它成了把國家管轄範圍當作便宜行事手段的跨國企業，一如有錢人把國家管轄範圍視為逃稅的便宜行事手段。在法國，它躲在政府的盾牌後頭，把自己塑造成法國國家利益的擁護者；而在英國，它則把自己塑造成全球自由市場和公平競爭的支持者，巧妙利用兩國政府、選民和媒體分頭行事的事實：兩雙監督的眼睛連接兩顆分開的腦袋，讓法國電力公司得以如此偽善地存活著。

法國電力公司仍然是法國的中央發電局，不過其技術能力優於英國的前中央發電局。一九九〇年代的電力事業經理工會領袖東尼・庫伯告訴我，當二〇〇八年法國電力公司接管英國原有的核能電廠時，「許多人說，『老天爺啊，至少現在有人懂得怎麼操作這些鬼東西了。』」但是，觸角一旦伸入在海外收稅的事務，法國電力公司便成了某種混合體——法國中央發電局與法國版安隆企業雜交下的產物。一位長期關注法國能源產業的觀察家說，在安隆的鼎盛時期，她曾陪同一群法國電力公司高階主管到安隆交易所參觀。當他們注視著這家美國同行在螢幕上交易著幾百萬瓩的電力時，幾位高官眼中閃爍的羨慕與忌妒，讓她大吃一驚。

只因為法國電力公司在法國受到羅賓漢滋擾，而它又在雪伍德森林旁的戈騰姆電廠樹立了標準，不代表它就成了諾丁罕的警長。然而，電力市場的寡占行為，讓人聯想起羅賓漢傳奇的故事背景中，那種屬於中世紀社會的不公不義：在一個以國王為國家最大利益象徵者的地方，而此象徵人物卻式微，只對自己而不對任何人負責，並開始忙著跟窮人課稅。彷彿國界只屬於付稅的升斗小民，不能限制偉大的人物，以及他們經營的偉大跨國企業。

然而，燈火從未熄滅。至少那是幾年以前一位國會議員在國會提出證據時，對迪特爾・赫爾姆所說的。該名國會議員說，前一年冬天，用戶被警告有斷電的可能，但是並未發生。赫爾姆以罕見的熱情為他糾正錯誤。他說，如果你把問題定義為斷電與否，你就完全誤解了新的電

39. 德國的高電價是政治決策下的結果——德國政府決定針對風力與太陽能電廠的龐大投資提供補助，並且提前關閉尚可運作的核能電廠。

力市場的運作方式。對民營電力公司而言，最理想的狀況是只供應剛剛好的電量，燈火永遠處於即將熄滅的邊緣，但是從未熄滅。這樣一來，他們可以隨心所欲地制定電價，用戶非得付費不可。「人們以為供電沒有保障，燈火有可能熄滅——但那不是重點，」他說，「重點是燈火剛剛熄滅之前發生的事。」

這場了不起的電力實驗，至今已過了二十多年。儘管它是一場私有化行動——或稱課稅行動——但更可以被視為一次隔離行動，靠著複雜度、商業祕密和純粹的地理距離，在電力公司大股東和他們服務的顧客之間，設下一道難以穿越的屏障。更換供應商並不難，然而在那道屏障後頭，市民和小企業根本無從得知，無論是換了最便宜的或最貴的供應商，他們都被狠狠地敲詐。英國的佃農消費者帶著該上繳的稅，來到堂皇的電力莊園的柵門外，納悶現在是誰住在那間大房子裡，不知主人是否在家，還是去了他們散布全球的其他莊園裡。難怪丹尼斯・科恩——一名老共產黨員、巴黎公社社員及法國革命時代激進共和黨員的子孫——痛恨他的東家在海外的所作所為。「我非常驚訝，英國工會會員竟沒有大肆抗議，」他指的是民營化及外國收購，「若是按照我們的文化，我們絕對抵死不從，奮戰到底。」

第五章
傷痕累累

Chapter 5

醫療服務私有化

以往，國民健保確實是個不折不扣的醫療保健體系，如今，它是被推向競爭消費主義的醫療保健體系。……以往，疾病與痛苦得到幫助便已足夠；如今，健保病人受到專門引發不滿的廣告手法煽動，開始想像其他病人得到更好或更壞的服務，置身於更漂亮或更醜的醫院，接受不見得更有效，但是更快速、更時髦、更五花八門的療法。醫療照護與生活型態選擇之間的界線變得模糊不清。

位於維岡（Wigan）近郊的萊廷頓醫院（Wrightington Hospital），原本是座建於十八世紀的華宅。一九二〇年，蘭開夏郡委員會在宅邸最後一位主人、也是位沉迷於打獵的敗家子過世之後，買下這份產業，醫院便斷斷續續成長起來。這家醫院標榜自己是「卓越的骨科中心」；時至今日，國民健保服務（National Health Service，簡稱NHS）旗下的醫院也必須想辦法自我推銷。二〇一一年，這家醫院瀕臨倒閉，所幸化險為夷。這是一間乾淨、衛生的醫院，外觀有點陳舊，沒有餘裕像私人醫院那樣撥出百分之幾的經費打點門面，不過，裡頭倒有一間專門紀念約翰・查恩利（John Charnley）的博物館。將近半世紀以前，查恩利發明了可靠的人工髖關節置換術，為國民健保樹立了標竿，人們將永遠以這套標竿評斷國民健保的成敗。

如今，萊廷頓醫院仍然提供髖關節、膝關節、肘關節和肩關節的治療，處理一般醫院無法應付的、棘手的關節毛病。這裡的外科醫生喜歡熱情地拍拍彼此，走廊上洋溢著一股青春隨興的男性氣息。走廊的尾端，病歷放在皺巴巴的文件夾裡，亂七八糟地疊成好幾落。資深外科醫師兼醫院臨床主任馬丁・波特（Martyn Porter）坐在辦公室裡，等著被通知進開刀房上刀。他用熱切、疲憊而又詼諧的眼神盯著我。「政客的問題是沒辦法說出心裡話，」他斷言，「要是他們說，『我們要推動國民健保民營化，』隔天就會被踢出去。」

波特準備開刀的病人，是一名來自威勒爾（Wirral）的六十歲婦人，她的一條腿從膝蓋到髖部之間裝了複雜的假體，這次因為骨折，波特從位於密德薩斯（Middlesex）史坦摩爾（Stanmore）的皇家國民骨科醫院（Royal National Orthopaedic Hospital）的車間，另外為她訂製了一套特殊裝備。他們的想法是把裝備從膝蓋和股骨之間塞進去，基本上換掉腳踝以上的整條腿。「今天早上我們要動的手術，會讓我們虧掉五千英鎊，私人醫院才不肯做。」他說，「我們怎麼辦？有些手術的愛必達（EBITDA）[40]大約百分之八。如果能達到百分之十二，那就真的能賺錢了。」通常你會預期外科醫生滿口醫學術語，但我沒料到從波特口中聽到「愛必達」這個詞。那是一個會計名詞，意思是「息前稅前折舊攤銷前淨利」。

「去年，我們大約有一千四百個髖關節置換病例，」他說，「令人擔憂的是，醫院因此損失了一百萬英鎊。我們得到一個結論：病人手術後住院休養的時間通常是六天。假如縮減到五天就能損益平衡。如果是四天，我們能賺一百萬英鎊。」

我覺得自己彷彿穿越時空，進入了未來。二〇一〇年大選，保守黨及自民黨聯盟拿下了執政權。聯合政府開出支票，「我們將停止從白廳（Whitehall）推動由上而下的國民健保改革。」掌權幾星期後，新任的衛生部部長安德魯・蘭斯利（Andrew Lansley）便從白廳強行宣布他對英國國民健保服務的改革方案。我和波特談話時，蘭斯利上任幾乎不到一年，照理說，國民健保還沒被徹底撼動。然而，這位服務於國民健保醫院、即將對一名健保病人進行重大手術的大醫生，卻訴說著替她開刀究竟會讓醫院虧掉多少錢，毫不費力地聊著利潤和損失，彷彿在蘭斯利的世界裡生活了好幾年。難道國民健保趁我睡著的時候早已私有化了嗎？

---

40. 編註：Earnings Before Interests, Taxation, Depreciation and Amortization，即息前稅前折舊攤銷前淨利，也就是將息前稅前淨利加上折舊與攤銷。

當一九四八年國民健保創立時，設立了三條核心原則。第一是普及性：只要有需要，任何人都能得到醫療照護。第二是完整性，涵蓋從牙齒到癌症等各式各樣的醫療服務。第三是免費使用；無論經營這項制度需要耗費多少成本、無論個人對這些成本提供了多高或多低的貢獻、無論他們的醫療費用多麼昂貴或者看診的次數多麼頻繁，病人永遠不會收到帳單。儘管歷經數十次改革整頓，這些原則始終不變。另外還有一件事情從未改變：若要整頓國民健保，隨時都是好時機。除此之外，許多事情都出現了變化。

如同一九四八年，國家稅收至今仍是國民健保的主要經費來源。國民健保制度上路後的頭三十年，白廳及地方公務人員根據醫院和社區醫生（GP）服務的人口數，將年度預算分配給他們。經費從國庫向下流動，但並未在不同的健保單位之間平行流通。每一個單位得到一筆整體預算，用來支付薪水和購買器械與材料，並根據一項全盤計畫跟其他單位合作，有時合作愉快、有時則否。設立的目標在於公平，力求將醫療資源平均分配到全國各地。在壟斷性的醫療體系中，競爭沒有存在的空間；相反的，規畫者避免服務項目重複，似乎是一件很合理的事。它既封建又民主，既創新又守舊，既笨重又廉價。對於絕大多數沒買私人保險的民眾來說，如果你生病了，你知道自己一定能得到照顧；但是如果你得到的是漫不經心的照顧，你也沒有其他地方可去。

要用淺顯易懂的語言描述現今國民健保的經費流向，原本已經夠難了，更何況政府朝令夕改。二〇一〇年，當改革方案本身遭到改革，在英格蘭（蘇格蘭、威爾斯和北愛爾蘭另闢了不同的醫療道路），國民健保的各個環節已經開始根據新宣布的改革方案來改變或者廢除自己。二〇一二年，面對反對蘭斯利改革方案的聲浪，聯合政府的因應之道是開除蘭斯利，但是保留改革方案。再回頭時，國民健保已是百年身。上一段相對穩定的時期，是在蘭斯利上任之前不久，當時，經費的流動大致是這樣的：衛生部每隔一陣子（也許一年一次，也許兩、三年一次）向財政部喊話，申明自己應該從整體稅收分到多少錢，然後被告知實際上能拿到多少。大部分經費來自國家稅收——所得稅、加值稅、公司稅、煙酒關稅——但也有一部分直接來自國民保險；這是制度設計者意圖在稅收與福利國家之間建立的微弱連結。蘭斯利上任之前的最後一次分配中，衛生部隔年的預算是一千零十五億英鎊，略高於前一年，其中一大部分約八百九十億，被一百五十個分散在全國各地的地方代理機構瓜分。這些代理機構稱為基礎醫療信託（Primary Care Trust），簡稱ＰＣＴ。ＰＣＴ的角色是醫療服務的「委託人」（commissioner），代替地方居民向醫院、社區醫師及心理醫療專業人員訂購醫療服務，並給予合宜的報酬。

ＰＣＴ可以運用國民健保經費委託私人機構提供醫療服務，它們也沒被限定只能購買當地的醫療服務。二〇〇〇年之後幾年間，在工黨執政之下，國民健保病人有權選擇到私人或遙遠的醫院進行治療，這表示ＰＣＴ有義務委託這些醫院提供服務。即便在蘭斯利推動改革以前，萊廷頓這類健保醫院的財務穩定與否，就已經得仰賴向ＰＣＴ販賣服務所賺得的收入。競爭早已存在。

各個ＰＣＴ從政府得到的經費額度各有不同。衛生部委託一群公務員及學者組織了資源分配諮詢委員會（Advisory Committee on Resource Allocation，簡稱ＡＣＲＡ），他們根據人口規模及密度、老年人口比例、平均壽命以及健康狀況與平均值的差異，設計了一道公式，計算出各地區的醫療需求。舉例而言，在默西塞德郡較貧窮的區域，男性的平均壽命是六十七歲，大約到了四十四歲，男性就可能因為傷殘而失去生活能力。在西倫敦的富裕地區，相應的數字則是八十九和七十四。因此，相較於人口數，不同ＰＣＴ分配到的經費額度，差異相當可觀。二○一一年，南格洛斯特郡每人的經費是一千兩百九十八英鎊，倫敦的伊斯靈頓（Islangton）則是每人兩千兩百六十八英鎊。

ＰＣＴ成立於二○○二年，短短十一年後即被廢除。後蘭斯利時代，國民健保經費的流通方式有所不同。經費仍然來自國家稅收，但是原本分給ＰＣＴ的預算，如今交由一個新的組織——英格蘭國民健保（NHS England）——發給由社區醫生組成的各個醫療委託小組（Clinical Commissioning Groups）。在英格蘭地區，社區醫師團隊如今掌握了數百億公共經費，負責替健保病人委託從重大手術到簡單診療等絕大多數的醫療服務。由於缺乏管理長才，大多數醫生付錢給私人包商替他們管理經費，或者聘用前ＰＣＴ人員執行他們以前做的工作。

同時間，一連串改革使得「委託」成了「購買」的婉轉說詞。ＰＣＴ委託的服務，並非每一項都貼了價格標籤。但是漸漸的，幾乎所有程序（甚至像照顧精神病患這些看似模糊而複雜的工作）都成了量化的、標了價格的單位——稱做醫療資源群組（healthcare resource group），各有各的代碼。無論健保醫院或私人醫院，英格蘭各地的任何一家醫院，若是在二〇一〇年執行一般髖部骨折治療（HA11C），會從委託單位收到八千九百二十八英鎊的基本費用；醫院若遵照「最佳實務做法」，則可收到九千三百七十三英鎊。產科的一般分娩（NZ01B）可以有一千三百二十四英鎊入袋；裝設人工心臟（EA43Z）則賺進三萬三千五百三十一英鎊。總額會根據當地的「市場因素」進行調整，把不同區域的人力與資產成本差異納入考量。就這樣，代碼和價格根據一般醫院採用的行動與材料一一制定，外加「最佳實務做法」紅利：好比說，如果醫院及時替中風病人進行腦部掃描，並且擁有達到一定水準的急性中風病房，那麼除了四千零九十五英鎊的基本費用之外，還會收到額外的四百七十五英鎊。如果醫院的實際成本少於這個數字（例如醫院設法讓病人提早出院）其中差額歸醫院所有。於是出現了「國民健保體制內的營利醫院」的概念。

新制度讓這種「仿民營化」的「模擬商業」走得更深。無論病人選擇在哪裡接受治療，也無論是否是國民健保體制的醫院，公家經費都是「跟著病人走」的。糖尿病這類慢性病患者，得到的不是治療，而是用於治療的經費。所有健保醫院都得變成「信託基金會」（foundation trust），轉成半商業化的營運模式，可以借錢、跟私人企業聯手成立合資公司、與其他醫院合併——然後破產倒閉。它們跟社區醫師團隊簽訂的合約具有法律效力。如今，它們不僅跟其他健保醫院及私人醫院競爭，甚至得跟社區醫師團隊本身競爭；社區醫師有可能在地方上開設診所，提供門診服務或進行小手術。如今，除了國民健保服務管理局（NHS Commissioning

Board）之外，另有兩個半官方機構監督這個新的競爭市場：醫療品質委員會（Care Quality Commission）確保新市場上的參與者不會傷害病人；而監督員（Monitor）的眾多職責之一，則是確保當某一家醫院破產倒閉，會有另一家醫院來收拾殘局。

二〇一一年，政府宣布價值數十億英鎊的國民健保服務項目——包括兒童輪椅，以及針對輕度憂鬱、焦慮及行為異常（例如強迫症）患者的談心療法，都將開放私營機構競標。身兼醫生及《每日電訊報》部落客的麥斯・彭伯頓（Max Pemberton）表示，這是「他們替國民健保簽署死刑令的一天」。如今，國民健保必須跟民營機構競爭，例如林肯郡（Lincolnshire）的核磁共振掃描、柴郡（Cheshire）的青光眼治療、斯托克城（Stoke-on-Trent）的尿失禁治療，以及西肯特（West Kent）的心理諮商。擔心巴斯特勞（Bassetlaw）的乙狀結腸鏡檢查缺乏競爭？英格蘭國民健保的網站向你保證：競爭即將登場，敬請期待。

在針對醫療服務未來前景的辯論當中，保守黨從抽象層面讚揚國民健保，誓言維護健保「免費使用、根據需求而不是付費能力來照顧每一個人」的精神。但是，人類有可能一邊讚揚某件事情，一邊立法扼殺它的生存；即便沒有大肆宣傳改變帶來的毀滅力量，但同樣能在日積月累之下完成毀滅。從沒有人宣告羅馬帝國殞落，但當統治者引進敵對的野蠻人戍守邊境（此舉無疑是基於效率），便已決定了帝國的命運。

* * *

科林・利斯（Colin Leys）和史都華・佩雷爾（Stewart Player）在他們的著作《密反國民健保》（*The Plot Against the NHS*）中主張，由於鼓吹開放醫療市場競爭的人士，無法說服民眾以及柴契爾政府下的醫療機構改採歐式的全民保險制度，他們索性放棄說服大眾，轉而致力於滲透白廳的決策中心和智庫。結果就是讓政府與利斯和佩雷爾稱為「市場派」的陣營——民營企業、議案說客、持市場主義的智庫人士——公開讚揚國民健保，同時採取漸進措施，讓國民健保一步步名存實亡。如同一位著名的市場派人士在書中指出的，「國民健保」這名稱成了風箏標誌[41]

然而，從一九九七年梅傑政權結束到保守黨與自民黨在二〇一〇年結盟，中間有一段漫長的缺口。那十三年間，是由創立國民健保，並且誓言捍衛國民健保、廢止蘭斯利醫改政策的工黨執政。那麼，像馬丁・波特這樣的外科醫生，為什麼二〇一一年就如此熟悉由商業競爭和財務底線構成的世界？如同利斯和佩雷爾所示，遠在聯合政府掌權以前，布萊爾及布朗政府便開始以民營機構取代國民健保的公營元素，並且用大量增加預算來掩飾效果。如果要說保守黨與他們的自民黨盟友聯手把國民健保大卸八塊，那也是工黨率先鬆了螺絲。

一九九〇年，在柴契爾政權行將就木的幾個月間，肯尼斯・克拉克[42]第一次將市場競爭引進國民健保體制。不顧醫界反對，「內部市場」匆匆上路。這次的改革是打了折扣的，沒有

---

41. 譯註：kitemark，英國標準協會針對產品與服務品質核發的認證標誌。
42. 譯註：Kenneth Clarke，一九八八至一九九〇年間的衛生部部長。

達到批評者所害怕或支持者所期望的效果。工黨執政七年後，布萊爾麾下的第一任衛生部長法蘭克・道布森（Frank Dobson）為這項改革念了訃聞。然而，到了世紀之交，艾倫・苗易彬（Alan Milburn）接替道布森的位子，工黨引進了一個新的、更激進的內部市場。

是工黨提出信託基金會制度，允許醫院經理借錢，導致公營醫院出現破產的可能；也是工黨引進「監督員」這個商業醫療監督機構的雛型；工黨也推出「自選自訂」（Choose and Book）服務，讓病人在需要看專科醫生時，得以從包含國民健保及私人診所的選單中進行選擇；工黨還以減少手術（例如髖關節手術）等候時間的名義，捧著數百萬英鎊給私人公司經營的專科診所，替健保病人治療；工黨也引進私人公司，針對新的委託制度給國民健保地區經理提供諮詢建議；同樣的，也是工黨開始替每一個服務項目制定全國性的定價標準。

越仔細分析過去二十五年的歷程，越能清楚看見一套獨立於政黨政治之外的、把國民健保推向商業化的一貫方針：在政黨輪替的口水戰表面下，一連串目標明確的概念不斷聚積能量，從未改變方向。

這些概念的主要來源是美國經濟學家艾倫・安索夫（Alain Enthoven）。安索夫在五角大廈度過大半個一九六〇年代，是國防部長勞勃・麥納瑪拉（Robert McNamara）麾下的「神童」（whizz kids）之一。麥納瑪拉是個下死功夫的政策專家，堅信沒有統計分析無法破解的謎團。而安索夫是這個政策專家底下最肯下死功夫的專家，他會不斷精算數字，評估將軍想要的武器是否划算。一九七三年，安索夫搖身一變，成了醫療經濟理論專家，他認為整體而言，美國的醫療制度一場糊塗（他用「災難」來形容針對私人醫療保險提供的稅務優惠），不過，他覺得其中一個部分——以加州為根據地的凱薩醫療機構（Kaiser Permanente），是值得效法的典範。他心目中的理想模式稱作「管理式競爭」（managed competition）。一九八五年，他替納菲爾德基金會（Nuffield Trust）寫了一篇論文，建議國民健保採納這種模式。

安索夫本人似乎也被柴契爾政權末期採納建議的速度嚇了一跳。在一九八九年《英國醫學期刊》（*British Medical Journal*）的專訪中，他說到保守黨的提案，「我很驚訝提案欠缺細節……我以為我丟出去的，是一個有待發展的大方向。」這篇專訪，如今讀來令人不寒而慄。安索夫當年開立的處方，不是被新工黨採用，就是被一個世代之後與工黨敵對的陣營採納。「我建議地區衛生部門改變角色，它們不該是壟斷市場的供應商，而是應該代表它們服務的民眾，成為購買者，有權選擇到哪裡、跟誰購買服務，」這個建議實現了。「另一個非常強大的概念是：錢跟著人走，」這個建議也建議實現了。「並根據診斷關聯群（Diagnosis Related Group）給付醫院，如同我們的聯邦醫療保險（Medicare）計畫，」此建議也實現了。「自治的國民健保基金會」，當然也實現了。

至於一九八五年迄今的發展，似乎無論哪一個政黨上台或下台，安索夫的概念都已跟推動者的生涯發展、財務抱負以及人脈關係密不可分。對推動者而言，推廣市場概念是件有利可圖的事。根據二〇〇六年《財會世紀》（*Accountancy Age*）的報導，國民健保花在顧問身上的費用，比全英國的製造業加起來還多；二〇〇七年到二〇〇八年的數字是三億八百五十萬英鎊。

負責推動國民健保市場化的工黨內閣閣員，離開政壇後的生涯發展讀來非常刺眼：艾倫・苗易彬成了橋點資本（Bridgepoint Capital，這家創投公司是多家英國私立醫療機構的幕後金主）以及百事公司（洋芋片和汽水製造商）的顧問。派翠夏・休維特（Patricia Hewitt）是苗易彬之後的衛生部長繼任人之一，她在擁有三十七間私立醫院的盛峰（Cinven，歐洲私募基金）擔任顧問，一年工作十八天，就能換來六萬英鎊的酬勞。旋轉門[43]已成了一條模糊的界線。布萊爾在衛生議題上的特別顧問塞文・史蒂文生（Simon Stevens），曾經到美國最大的私人醫療企業之一的聯合健康集團（UnitedHealth）擔任高階主管，現在則重返公職，成了英格蘭國民健保的首長。馬克・布利特尼爾（Mark Britnell）畢生服務於國民健保，他一路往上爬，最後成了衛生部最有權力的人物之一，二〇〇九年跳槽到KPMG，成了該公司醫療產業顧問的全球主席。

最後提到的這項跳槽行動，確實給了我們機會洞悉白廳和唐寧街的實際運作狀況。二〇一〇年，安百深（Apax Partners）私募股權投資公司在紐約舉行研討會，探討在惡劣的金融環境之下，私人企業如何善用醫療體系的弱點而獲利。在安百深發放的手冊中，有布利特尼爾受訪的一段話。「未來，」布利特尼爾說，「國民健保將成為國家的保險供應商，而不是醫療供應商……國民健保將遭受無情攻擊，未來幾年是從中獲利的最佳時機。」後來，為了回應他的評論造成的打擊，布利特尼爾在《保健服務期刊》（*Health Service Journal*）的一篇文章中說道，他卸下公職那一年，國民健保救了他一命，他將永遠支持國民健保，而原先那篇文章引述的話，「並未真實反應當時的談話內容。」但他並未否認說了那段話，他補充，「競爭就算沒有民營化也可能存在。」

不過，前一周，布利特尼爾為同一家雜誌寫的文章，超越了他那段「無情攻擊」的評論。他提出一個看似尋常卻有爭議的論點，他說，「綜觀全球，國家的人口數已較往日大增，」但讓人不解的是，這是他以一八七〇年作為與當前公共支出水準相比的基準年。當時英國的嬰兒死亡率為百分之十六、勞動階層的男性剛剛取得投票權、而導致三千五百名倫敦居民喪命的霍亂大流行也才剛結束四年。

國民健保的批評者經常援引安索夫最鍾愛的凱薩醫療機構，作為高效率整合性醫療機構的典範。然而，從英國人的角度來看，凱薩在美國醫療組織中特別突出，並非因為它比國民健保更好或更壞，而是因為兩者有些許相似之處。凱薩規模龐大：它主要針對加州會員提供醫療服務，而這群會員的數量相當於澳洲的總人口數；它的醫生是領薪水的，而它的醫院為非營利機構；它跟國民健保一樣，為病人提供從醫院、檢驗所到家庭醫生等完整的服務，甚至擁有自己的藥局。而形成它高效率的原因之一，是因為它限制了選項選擇——這些都與從前的國民健保一模一樣。大多數凱薩會員的醫療保險計畫，允許會員或他們的雇主繳交較低的保費，前提是會員只能在凱薩的體系內看病。

凱薩有許多可取之處。它的「整合式醫療服務」模型（單一醫療機構為民眾提供就診前、

43. 譯註：「旋轉門」是指政界人士在公部門與私部門之間轉換角色、跨界穿梭的現象。

就診後以及就診期間的一條龍服務；而住院治療被視為失敗），是國民健保長期以來的努力目標。至於把病歷資料從紙本轉入電腦，它似乎做得比國民健保更好。二〇〇三年，《英國醫學期刊》針對六十五歲以上病人的住院天數做了一項調查研究。他們發現以髖關節置換手術而言，英國退休族平均住院十二天半，而凱薩的病人只需四天半就能回家。凱薩並未將主治醫生綁在它的三十五家醫院裡；處理慢性疾病的專科醫師同樣可能散落在它的四百五十五個醫療中心，與家庭醫生比鄰工作。

向凱薩取經是一回事（馬丁・波特曾隨口提到，二〇〇三年之後，國民健保病人的住院天數已大幅下降），套用它的模式又是另一回事。經費是國民健保引進凱薩模式的最大障礙。英國並非唯一一個研究凱薩的國家，二〇一一年，丹麥的一家智庫「洛克伍基金會」（Rockwool Foundation）也做了調查，安・福利克（Anne FrÖlich）領軍的小組發現，凱薩在許多方面勝過丹麥的醫療服務，包括加強組織內各環節的合作、要求病人為自己的健康負責，以及避免不必要的入院。一切都很棒，只除了丹麥人每花一克朗在醫療服務上，凱薩就要花一塊半，而根據經濟合作暨發展組織（OECD）的最新數據，丹麥平均每人的醫療費用，超過英國百分之二十五。所以若以洛克伍的研究為準，那麼英國的醫療支出必須提高百分之八十七，才能複製凱薩的模式。這種事情，今生今世絕無可能發生在保守黨或工黨主政的星球上。

蘭斯利醫改計畫最奇怪的一點是以降低成本為目標；然而，儘管工黨執政之下的國民健保支出日增，這個組織仍然是個便宜貨。最常拿來跟國民健保相比的美國及法國體系，都比國民健保昂貴，它們自己的國家也覺得越來越負擔不起；更何況，這兩個系統都存在英國人無法接受的成分。凱薩很成功，而且比傳統的美國醫療服務便宜，但它反映出的是美國模式，儘管這個模式因為歐巴馬總統推出的平價醫療法案（Affordable Care Act，簡稱ACA）[44]而出現改變，但它仍然是獨一無二的。六十五歲以上的人口，多半有資格申請聯邦醫療保險（有點像是專門提供給老年人的鍍金版美式國民健保），但是除此之外，要是沒有保險，你就難以得到任何醫療機構的服務——包括凱薩。如果你既沒有保險也不富有，又在美國生了重病，那你大概只有兩種選擇：一是去醫院的急診室，他們有義務替你治療；二是試著申請醫療補助（Medicaid），這是各州政府為了幫助窮人及弱勢團體而提供的計畫。但是，儘管醫療補助的申請是經過財產審查的，醫院還是會向你收取全額費用，並且要用你的資產抵債。換句話說，在美國發生重大車禍又沒有保險，跟擁有房產是無法相容的兩件事。

平價醫療法案雖然稱不上革命，但仍帶領美國在平權的路上跨出一大步。新法案要求各州針對申請醫療補助的家庭，採取較寬鬆的財產審查。門檻取決於家庭人數。未來，在許多州，年薪達到三萬兩千五百美元的四口之家，仍然有資格申請。目前，美國許多地方的門檻是年薪低於一萬兩千美元，對於這些地方而言，門檻將大幅放鬆，數百萬名因雇主過於苛刻而沒買保險的低薪勞動階級，將首次有機會得到合宜的醫療服務。但是共和黨主政的南部與中西部幾

44. 編註：ACA也被稱為歐巴馬醫改（Obamacare），規定所有國民除非宗教信仰因素外，都須購買醫療保險，若沒購買則須付罰金，同時醫改也將三千萬名沒有醫療保險的公民納入醫保中。

州，都在最高法院的核准下拒絕實施這項制度，其中包括貧窮人口比例位居前五名的四州——密西西比、路易斯安那、阿拉巴馬和德克薩斯州。

這個制度對中產階級美國人來說也同樣激進。政府仍然不強迫人民購買醫療保險，但是沒買保險的人，如今將受到高額的稅務懲罰。相對的，對於年薪在九萬四千美元以下的中產家庭，政府將針對多種醫療保險計畫提供鉅額優惠，並且廢除無情的「帶病投保」條款，禁止保險公司拒絕原本就生病的人投保。而具有一定規模的企業，必須開始替所有員工購買醫療保險。支持者相信這項法案的利益高於成本，增加的成本將因為減少輕傷傷患湧入急診室，並且大幅分散風險，而得到補償。

但是，到頭來仍有高達三千萬人口沒有醫療保險——也就是那些居住在不支持平權政策地區的低薪人口、非法移民，以及打賭自己不需要看醫生、寧可付稅務罰款也不願意付保費的人。而且，在美國，就算你有保險、可以到全世界最精良的醫療機構看病，但光支付每個月的保費，不代表你可以免費接受醫療服務。無論在實施平價醫療法案之前或之後，美國的醫療保險有兩個標準特色：一是「自付額」（copay），也就是你自付的門診和藥物費用；二是「免賠額」（deductible），也就是保險公司開始給付之前，病人必須自己負擔的額度，這類似汽車保險中的起賠額（excess），保費越低，自付及免賠的額度就越高。

舉例而言，在新的優惠制度之下，住在舊金山、年薪四萬美元、帶著一個小孩的四十歲婦女，如果購買凱薩的白金九〇保險計畫（Platinum 90），每個月的保費是三百四十五美元。保費雖然比平價醫療法案上路之前低很多，但是仍然很貴，不過沒有免賠額。每年，她在初診之後，每次看醫生都必須付二十美元，上急診室一次要付一百五十美元，每次買藥的費用在美金五元到十五元之間，住院一天則是兩百五十美元，直到付滿一年八千美元的上限。天平的另一端是每月保費一百二十三美元的黃銅保險計畫，要是從不生病，這個計畫非常划算；但是如果母親或孩子當中有人病倒了，最前面花費九千美元的免賠額她必須自行負擔，之後才開始計算自付額——自付額占每項服務包括從化療到X光檢查的實際成本的五分之二——直到付滿一萬兩千七百美元為止，保險公司才開始全額負擔。

一項由哈佛主導的研究發現，在二〇〇七年美國的破產申請案件中，百分之六十二是因為無力償還醫療費用；其比例在六年之內成長了百分之五十。受到影響的，大多是教育程度良好的中產階級屋主。令人震驚的是，其中四分之三是在有保險的情況下，被醫療費用壓垮他們的財務狀況，而在這之中，因為照顧生病的孩子導致父母破產的案件非常多，其中最常見的疾病是多發性硬化症之類的腦神經症狀，每個家庭平均負擔三萬四千美元，另外還有糖尿病（兩萬六千美元）以及中風（兩萬三千美元）。律師瑞安・薩格登（Ryan Sugden）在他的著作《貧病交加》（*Sick and Still Broke*）中指出，平價醫療法案雖然設了自付額的上限，有助紓緩民眾壓力，卻未徹底取消自付額，況且，它對那些在自己或孩子生病期間辭掉工作的人，也沒什麼幫助。「雖然平價醫療法案將降低破產案件的整體數量，並且可能消除醫療破產案件中最有道德爭議的因素，但是在一個以市場原則為基礎的制度中，總會有（而且肯定會有）因自己的錯誤選擇而導致財務危機的消費者，」他寫道，「這個社會若要『贏』，並且享受消費者導向制度的種種利益，那麼有些人勢必得『輸』。」

經濟合作暨發展組織與世界衛生組織的最新數據顯示，在美國，平均每人的醫療花費是英國的二點四倍，然而英國人的平均壽命卻比美國人略長。英國男性的預期壽命是七十八歲，比美國高出兩歲；女性的預期壽命則是八十二歲對八十一歲。

美國的醫療制度非常獨特，國民健保也是。大多數富裕國家的制度介於兩者之間，採取強制保險，由公營、營利和非營利機構的組合來提供醫療服務。舉例而言，法國的醫療支出略高於英國，法國女性的平均壽命也略勝一籌（不過法國男性沒有）。法國的工作年齡人口與他們的雇主（如果受聘於人的話）共同挹注社會安全福利基金，涵蓋未來的醫療費用、退休金、殘障補助和子女撫養費。在稱為全民健康保險（Couverture Maladie Universelle，簡稱CMU）的制度下，法國最貧窮的人口看病完全免費。另外，有三十種需要長期抗戰的疾病，任何人都可以接受免費治療，包括癌症、HIV、糖尿病、帕金森氏症，甚至痲瘋病。除了這些情況之外，雖然「保健計畫」（Assurance Maladie）能保障富裕階級免於破產，但他們所需支付的醫療自付額跟美國差不多重。在英國，只有牙醫和處方藥才有自付額，而在法國，病人每次看醫生都得付錢，無論住院、坐救護車或接受任何診療，他們都須負擔一定比例，稱為「自費項目」（ticket modÅrateur）。舉例來說，每次看家庭醫生，病人必須先墊付二十三歐元，其中十五元一毛將獲得退款。人工髖關節是免費的，但要置入人工關節，你必須支付手術費、檢驗費、專科醫師費及住院費的百分之二十。

法國投入龐大經費，讓人人享有免費的最新癌症藥物及醫療設備，此舉備受好評。然而，該國對重大疾病毫無節制的花費，成果並未如國民健保批評者所宣稱的那樣大幅領先英國。菲利浦・歐提爾（Philippe Autier）在里昂的國際癌症研究所（International Agency for Research on Cancer）主持的一項研究顯示，一九八九到二〇〇六年之間死於乳癌的人數，英格蘭及威爾斯下降了百分之三十五，法國則下降了百分之十一。儘管法國仍然做得比英國好一點，但是兩國的乳癌死亡率幾乎出現黃金交叉。

有些英國人把法國制度視為理想：在他們的想像中，每個法國人都能選擇自己喜歡的醫生，費用由國家照單全收。這種理想就算曾經存在，如今也大不相同了。法國的社會安全福利基金長期處於赤字。在保健計畫體制中，病人如果要看專科醫生，必須透過家庭醫生轉診，如同英國的情況。而且，法國醫生可分為兩類：只有第一類協議（secteur 1）醫生照保健計畫的規定收取費用，第二類協議醫生則可自訂價格，但是保健計畫的退費比例維持不變。越來越多民眾購買私人醫療保險，以便支付其中差額。

全世界富裕國家的種種醫療保健體系，都因日益老化的人口、越來越多的富貴病（如肥胖症和糖尿病），以及更新、更貴的疾病治療方法而陷入掙扎。但是「醫療保健體系」這個名詞，不能精確代表國民健保的現況。以往，國民健保確實是個不折不扣的醫療保健體系，如今，它是被推向競爭消費主義的醫療保健體系。這個首先照顧民眾健康、其次照顧自己的體系，如今試著在體制內納入競爭。但是，業務單位（即便是醫療業務）之間的競爭很容易理解，奇怪的是病人之間的競爭。以往，疾病與痛苦得到幫助便已足夠。如今，健保病人受到專門引發不滿的廣告手法煽動，開始想像其他病人得到更好或更壞的服務，置身於更漂亮或更醜的醫院，接受不見得更有效，但是更快速、更時髦、更五花八門的療法。醫療照護與生活型態選擇之間的界線變得模糊不清，讓國民健保的敵人得到另一個藉口指控它失敗。

* * *

一九八二年二月，一個昏暗的星期天下午，吉兒・查恩利坐在曼斯菲爾德（Mansfield）一家醫院外的汽車駕駛座上。在風雨中，她看見丈夫急急忙忙朝她飛奔而來，手上拎著一個塑膠桶，桶裡裝著一塊腰腿肉，那是從剛剛過世的女人身上割下來的。「他臉上掛著勝利的笑容，手上提著裝了一塊髖部組織的桶子，一路跑過來，」不久前她告訴我。「他把它放進汽車行李箱。我記得自己這麼說，『天啊，千萬別發生意外。要是他們打開後座檢查行李箱……』」

約翰・查恩利——當時已經是約翰爵士了——忍住立刻解剖標本的衝動，用福馬林保存好，直到隔天才動手。從某個角度來看，這塊髖關節既屬於過世病人所有，也屬於查恩利所有。它是在一九六三年植入的，是全世界最早的全髖關節置換手術的成功案例之一。當時由查恩利操刀，使用他自己設計的人工髖關節。「在接連超過七十起案例之後，這確實是個了不起的巔峰，」他在日記中這麼寫道，指得是早年動刀的病人過世之後對他們所做的檢查。他設計的髖關節雛型在病人身體裡運作順暢將近二十年後，如今（起碼照他的描述）依然處於完美狀態，他心裡非常痛快。

第一代的健保外科醫生是名符其實的「前線」醫生。一九四〇年，二十九歲的查恩利以軍醫身分隨著一隊臨時湊成的小型船艦，協助英軍從敦克爾克（Dunkirk）撤退。「他沒想到能活著回來，」他的遺孀說，「他搭乘的船隻被砲彈擊中。我記得他告訴我，就在這一刻，他開始相信老天留他一命自有用意。」

國民健保在一九四八年成立，剛好碰上英國與傳染病陷入苦戰的黃金時期。戰後的英國，骨外科醫生在充作鄉間療養院的醫院，靠著治療結核菌和小兒痲痺引發的骨骼與關節問題揚名立萬。但是這些傳染病的發生率越來越低。骨科醫生為了替自己尋找出路，開始集中精神研究關節炎。

直到今天，髖關節不良的人，選項還很有限。人類的基本動作，包括行走、站立、坐下，都有賴股骨頭（大腿骨頂端的球狀骨頭）與骨盆腔中被稱為髖臼的杯狀關節窩接合滑順。這塊關節能照演化結果正常運作，是因為髖臼和球頭外面包覆一層分泌天然潤滑液的平滑軟骨。發炎、斷裂和腫脹會讓髖關節像生鏽的鉸鍊般卡住、摩擦，導致不良於行以及疼痛。到了一九五〇年代，切掉病人退化的大腿骨頂端，以金屬或陶瓷的人工球頭取代，已成了相當普遍的做法。另一些外科醫生則把焦點放在髖臼上：他們用不鏽鋼、鉻合金或玻璃做成杯狀襯墊，套入受損的髖臼中。不過，同時置換球頭與髖臼的可靠方法仍然付之闕如。一九三〇年代，曾有人嘗試以金屬置換這兩個部位，但是從未獲得真正的成功。

查恩利以狂熱的衝勁槓上問題。這個出身貝里文理學校的大男孩魅力十足、精力充沛，說起話來頭頭是道；不過一遇到阻撓，往往暴跳如雷。他極度沉迷於骨骼的生長，以至於請同事切掉他的一段脛骨然後重新接合，只為了看看會發生什麼狀況（他後來出現感染，必須進行另一次更重大的手術）。他從小被灌輸技術專家治國的愛國精神（technocratic patriotism），對英國汽車工業忠貞不二，並且看到汽車與人體工程之間的共通點。吉兒・查恩利記得他開著他的奧斯頓馬丁（Aston Martin）（「汽車中的猛獸，工藝精湛的汽車」）一路奔馳，來倫敦看她。他告訴她，他正在改造自然，並且用英國汽車公司（British Motor Corporations）新Mini車的滾珠軸承示範他的理論。

他們在一九五七年結婚，吉兒搬進他在曼徹斯特的醫院宿舍，宿舍房間的壁紙花色是骨骼圖樣。吉兒對公共食堂以及食堂裡那群古板的王老五醫生避之惟恐不及，因此試著在小廚房開伙。「我走進廚房，打開第一個櫥櫃，」她說，「不誇張，一大堆舊骨頭以及雜七雜八的螺絲釘和零件，衝著我傾瀉而下。」

是人骨嗎？

「老天爺啊，沒錯。」

當查恩利發現一個在股骨頂端裝了法國製造、丙烯酸材質球頭的病人，只要一動關節便會嘎吱作響後，他頓時明白，唯有想辦法讓球頭牢固而不鬆脫，並且找到能模仿天然髖關節低摩擦、無聲響的滑順材料，全髖關節置換手術才可能成功。

他的第一次試驗，是將小於一般假體的不鏽鋼球頭接在匕首形狀的金屬柄上，插入股骨柔軟的髓腔中，然後用骨水泥固定位置，猶如在磁磚周圍抹灰泥。髖臼的部分則使用鐵氟龍杯。他替大約三百名病患置入實驗性的髖關節，結果徹底失敗。幾年後，從髖臼脫落的鐵氟龍碎屑在關節周圍累積大量的黏稠物質，金屬柄也從骨頭上鬆脫，痛楚感又回來了。這些費了好大力氣替每一位病人置入的鐵氟龍髖關節，都得一一取出、替換。每一個案例都由他親力親為。替他立傳的傳記作家威廉・沃（William Waugh）引述一名同事的話，他說見到查恩利投入每一次手術，就像「看著僧侶往自己頭上灑骨灰」。為了進一步自我懲罰，查恩利在自己大腿植入一塊鐵氟龍長達九個月的時間，只為了觀察這項材質的效果。

一九六二年五月，一名業務員來到萊廷頓醫院，試著推銷一種已被蘭開夏（Lancashire）的紡織廠採用的德國新塑料——聚乙烯。檢驗證實，這種材質比鐵氟龍耐磨好幾倍。不過，查恩利只有在他那傷痕累累的腿上植入一塊聚乙烯，並且觀察好幾個月以後，才願意冒險置入病人身上。最後他成功了，這項手術被全世界採納。

如今，每年有好幾百萬民眾因髖關節置換手術，免於疼痛與行動不良。這項手術有九成五的成功率。它沒有腦神經外科手術、車禍傷患搶救或癌症新藥那種救人一命的魅力，但它卻更不同凡響：這項激進而複雜的手術，涉及了鋸骨頭、深度侵入皮膚與肌肉、小心翼翼避免感染、用人工替代物取代重要的身體部位等，它徹底扭轉受益人的生活，卻成了一項普通的手術。

製造人工髖關節，包括膝關節、肘關節和肩關節，已成了價值數十億英鎊的全球產業。然而，全髖關節置換手術的先驅，並非經費充裕、充滿商業競爭的美國醫學界，而是蘭開夏一間簡樸的老結核病醫院、一間公營的健保醫院。替查恩利工作的年輕技工哈利・克雷文（Harry Craven）在當地的廢料場翻撿雜七雜八的零件，拼湊出第一台能大量生產聚乙烯髖臼杯的機器。在三人合著的《大西洋兩岸全髖關節置換史》（*A Transatlantic History of Total Hip Replacement*）中，茱莉・安德森（Julie Anderson）、法蘭西斯・聶瑞（Francis Neary）和約翰・皮克斯東（John Pickstone）主張，國民健保底下的外科醫生領國家薪水，不必靠私人病患吃飯，因此，有創新能力的醫生得以在生活有保障的前提下勇於實驗。一九六〇到七〇年代，英國的外科醫生兼發明家前仆後繼投入設計髖關節，查恩利只不過是其中最成功的一員。

在國民健保體制內誕生的普通髖關節置換手術——就像醫療程序中的小型房車（第一輛莫里斯小型車也在國民健保上路的兩個月後問世）——成了畫分醫療服務生命階段的里程碑。戰後那一代的病人善於吃苦，他們習慣配給與排隊的生活，只要疼痛獲得紓解便心懷感激。老一代病人退位，繼之而起的，是一個安於被貼上「消費者」標籤、沒那麼好打發的世代。查恩利形容他的第一批病人光因短命的鐵氟龍人工關節幫他們解除了痛苦，就「感激涕零」；然而到了晚年，他卻氣呼呼地咒罵崇尚消費主義的英國「鄉巴佬」病人，「愚蠢無知到了極點。」

人們的壽命變長，老年生活也跟著變長。這項手術的需求快速成長，超過醫生和醫療設施的負荷量。一九八二年，等著做髖關節置換手術的病人當中，有五分之一的病人等候時間長達一年以上。國民健保的支持者說得很對，他們指出，比起歐洲同儕，英國的醫療體系經費短缺，沒有足夠資金來滿足病人的需求；然而，髖關節置換手術冗長的等候名單（比其他手術的等候名單都長得多），卻成了柴契爾人馬在一九七〇、八〇到九〇年代期間，做為國民健保效率不彰的證據。當新工黨上台、砸錢解決問題以後，等候時間大幅下滑；不過，絕大部分的額外案件，卻落入了私人醫院手中。髖關節置換術——這個起源於福利國家制度、提高病人生活品質的手術，如今成了私人醫療機構挖國民健保牆角的主要入口之一。

一旦開始研究髖關節問題，就會突然發現有許多人走路一瘸一拐。放眼望去，似乎到處都是鋁製的手杖。有一天，在利物浦到伯格罕德（Birkenhead）的火車上，我跟兩位四十多歲的女士聊天，她們得撐著手杖才有辦法上車。其中一人正等著做髖關節手術。她必須等兩位專科醫師取得協調，因此等候時間拖得比平常久。她得先去看內分泌科解決另一個問題，才能請骨外科醫生動髖關節手術。我問她是否聽過朗科恩（RunCorn）開了一家新的醫療中心，專門進行人工關節手術，她的雙眼亮了起來，「大家都叫我去那裡，」她說。我很遺憾地告訴她，朗科恩那家醫療中心剛剛結束營運，距離開幕僅五年時間。

這家位於朗科恩的診所，全名是柴郡暨默西塞德郡國民健保治療中心。這家醫療中心所費不貲的慘敗教訓，是後柴契爾時代的典型情節。如今，政府把私部門奉為最高理想，以至於光允許民營企業參與競爭還嫌不夠；新工黨認為他們必須付錢給私人公司，請他們跟公營的對手競爭。朗科恩診所是「獨立醫療中心」（independent sector treatment centres，簡稱ISTCs）風潮中的一家：這股風潮是一位名叫肯・安德森（Ken Anderson）的德州企業主管一手策畫的。衛生部在二〇〇三年延攬他來撒錢給私人機構，以便縮短國民健保的候診名單。

一家叫做健康國際（Interhealth Canada）的公司，拿到經營朗科恩獨立醫療中心的五年合約，二〇〇六年開始生效。它蓋了一間最先進的人工關節置換中心，無論設計或儀器都達到最高標準，不過它不必自己付錢：整個三千兩百萬英鎊的成本，全由納稅人買單。這樣還不足以哄健康國際這隻企業老虎開心，負責把健保病人送來這裡治療的柴郡與默西塞德郡ＰＣＴ，還得付給它們比國民健保定價高出百分之二十五的手術費用。然而，要是手術出了差錯，健康國際不必負責到底。它們也不用負擔訓練醫生的責任。最棒的是，它們有最低案件保障數量，無論實際上開了多少台刀，都能收到最低的費用保障額度。在這五年期間，該公司開開心心笑納白白到手的八百萬英鎊。

當五年合約到期，ＰＣＴ覺得自己受夠了，因此告訴健康國際不會重簽合約。二〇一一年，該中心的一百六十五名員工遭到裁撤，這家獨立醫療中心結束營運，大樓重歸國民健保所有，成了蚊子館。在我訪問健康國際老闆佛瑞德・利托（Fred Little）時，這棟大樓還前途未卜。利托認為它最後可能成了一間基層診所——「就像把豪華飯店拿來當車庫用，」他說得忿忿不平，並且指控國民健保是蘇維埃的遺物。照ＰＣＴ發言人的說法，健康國際在二〇〇九年有延長合約的機會，前提是得接受國民健保的手術費率。健康國際拒絕了。

阿毘・曼伽尼醫生是在伯格罕德執業的社區醫生，以往經常將病人轉送朗科恩中心。中心離他服務的診所十五英里遠，不過他們會替病人安排交通工具。中心開幕以前並未諮詢當地社區醫生的意見，這讓曼伽尼不滿；同樣令他不滿的是，正當病人開始習慣這樣的安排，中心突然說關門就關門。「獨立醫療中心的服務好極了，」我在二〇一一年拜訪他的時候，他對我這麼說，「病人只需要去兩次。第一次去看門診，做各項檢查，然後約好手術時間，下一次就入院進行手術。為什麼國民健保醫院無法提供相同水準的高品質服務？」[45]

出生於印度的曼伽尼，已經在伯格罕德執業二十年了。他的基地是一家時髦的新醫療中心，明亮、鮮豔又乾淨。他野心勃勃、能言善道，神態上帶著慣性的忙碌與不耐煩。對於地方醫界的政治，他有長期的觀察。對社區醫生來說，病人的選項已是老掉牙的議題了。他迫切期待往前邁進。光能夠選擇醫院並不足夠，還要能選擇主治醫生。同樣的，有權力委託一定數量的髖關節手術也不足夠。曼伽尼希望能夠委託「全套的醫療照護」：請醫院為病人做檢查、讓病人住院動手術、確保病人的住家做好必要調整，並且在手術之後定期追蹤——也就是凱薩那一套。他也希望有更多檢查項目從醫院下放到地區診所。「在西方民主社會，做個內視鏡檢查竟然要等六到八個星期，實在讓人難為情，」他說，「我認為國民健保是個了不起的制度，但是它不能依然故我……這個國家大多數地區沒有合宜的選項，市場被聯合壟斷。結果，醫生認為對的事情，病人只能乖乖接受。我並不鼓吹全面轉成民營產業，但我認為，如果有其他多樣

45. 朗科恩中心在二〇一三年重新開幕，由沃靈頓與霍頓兩家醫院的信託基金會經營，在國民健保體制之內，提供跟獨立醫療中心相同的服務。

化的運作模式，能刺激出更高的效能、更多的競爭，讓病人有更好的選擇，未嘗不是一件好事。」

事實上，威勒爾地區並沒有被壟斷的跡象。我在國民健保網站輸入曼伽尼醫生所在的郵遞區號、與「髖關節置換術」這個關鍵字，在工黨的改革之下，如今方圓五英里內，病人有五家醫院可以選擇，五十英里的範圍內則有五十九家。依距離遠近，十九英里外的萊廷頓是排名二十一的醫院。最近的是威勒爾的一家國民健保醫院——三英里外的阿羅帕克（Arrowe Park）；默西河的對岸有皇家利物浦大學附設醫院（Royal Liverpool University Hospital）；再往外走一點，是距離最近的私立醫院——史派爾默瑞菲爾德（Spire Murrayfield）。網站上還告訴你，從申請轉診到接受治療的等候時間，阿羅帕克是十一周、皇家利物浦是七周，如果選擇去史派爾，只需要五周。另一方面，萬一出了什麼問題，史派爾並沒有提供全系列的緊急醫療服務，而且，它們不太願意收困難的病例。如果我的髖關節疼得半死，我恐怕不會希望自己做選擇。為什麼要靠自己呢？跟大多數病人一樣，我又不是醫生。曼伽尼醫生承認，「病人經常說，『我該上哪兒去，你說了算。』」

曼伽尼醫師是新制的信徒。在我跟他見面之後，權力轉變的方向正如他所願。PCT如今已吹了熄燈號。威勒爾半島上的醫療服務，如今由負責監督當地三個社區醫療集團的威勒爾醫療委託小組調配。曼伽尼是小組的首席醫療長，他和小組主席——另一位名叫菲爾·簡寧的社區醫生——掌握了四億四千五百萬英鎊的預算。小組即將開始運作之前，董事會同意給這兩位社區醫生調薪百分之五，薪水達到十一萬兩千英鎊。幾個月後，安德魯・蘭斯利的繼任人傑瑞米・杭特（Jeremy Hunt），告訴英國國民健保的一般員工，他們就連百分之一的加薪幅度也無力負擔。

見過曼伽尼之後，我搭上火車，前往威勒爾西海岸的霍伊萊克（Hoylake）。在大海的邊緣，廣闊的沙灘綿延直到天際。我隱隱約約看見一排風力渦輪機搔刮著空氣，彷彿它們癢個不停。我在一家咖啡廳裡，跟利物浦大學醫學院的教務主任約翰・史密斯（John Smith）會面。他是個害羞而氣質高貴的男人，留著一頭及肩的白髮。「從許多方面來看，我不確定『選擇』代表著什麼意義，」他說，「大多數病人或許希望選擇自己的主治醫師，但是他們也希望就近治療，因此，選項實際上根本不像表面上那樣豐富。一旦有了選擇，就會開始出現排名表、短期目標，減損醫療保健的整體格局。他們一方面想說，『讓我們擁有市場經濟，』另一方面又想說，『讓我們來好好計畫。』實際而論，這兩種模式無論哪一種都能做得不錯，但是兩者無法並存。一旦擁有選擇的自由，市場便決定了結果。就算社區醫生掌握了預算，但要是許多病人要求進行非常昂貴的治療，你讓社區醫生如何處理？」

無論訪問的對象是誰，無論他們對國民健保的最新變動有什麼看法，話鋒最後總會轉到健保制度殘酷的矛盾之處：它越成功延長國民壽命，整個制度越岌岌可危。「健保制度剛上路時，平均退休年齡是六十五，平均預期壽命是六十七，」史密斯說，「儘管我很不願意這麼說，但是退休金議題貫穿了整個政策負擔問題的核心。除非人民突然間生產力大增，否則要維持我們的生活水準，大家都得延後退休。為了照顧那些逐漸失去自主生活能力卻被維持生命的人，總得有人買單。」

敬重國民健保制度，並不代表不分青紅皂白地愛它。在這個體制內，恐怕有少數人曾經遭受漠視或更糟的待遇。無論公營或民營，市場的壟斷者往往變得自滿，拒絕好的改變；或許，國內的綜合醫院被過度偶像化了。二〇〇五年到二〇〇九年之間，在一家小型的國民健保綜合醫院斯塔福醫院（Stafford Hospital）裡，許多病人因為受到疏忽怠慢而枉死。羅伯・法蘭西斯（Robert Francis）受政府之託調查這起駭人聽聞的事件；他最後一份報告的開場白，描述了一個「專心應付制度而不在乎病人的文化」。病人接連好幾個星期沒人幫忙梳洗、又餓又渴，大小便弄髒了床單也沒人管，病還沒好就被趕出院回家。如此糟糕的情況或許很罕見，但正如法蘭西斯明確指出的，無論國民健保體系的失靈，或者是如中斯塔福郡（Mid-Staffs）發生的侵犯人類尊嚴的罪惡，導致這場災難的一個重大原因，是醫院管理階層決定不顧一切代價遵從工黨新推行的競爭架構——而保守黨及其自民黨盟友也信奉這樣的架構。

從公營獨占事業推動商業化與私有化的經驗，讓人懷疑國民健保的商業民營化，最後能否出現歡喜結局。競爭壓力既有可能促成更多選擇，也可能減少選擇。你可以給病人選項，但是究竟有哪些選項，卻掌握在別人手上。合併與整合是企業常做的事，如今，信託基金會旗下的醫院也開始做同樣的事。舉例而言，在倫敦東區，六家醫院——巴特（Barts）、皇家倫敦（Royal London）、威普十字（Whipps Cross）、麥爾安德（Mile End）、紐漢（Newham）和倫敦胸科（London Chest）——合併創立了巴特醫療（Barts Health）。它是全英國最大的國民健保基金會，二〇一三年的營收高達十二億五千萬英鎊。這其中，倫敦胸科醫院早就計畫關閉，不過，其他五間醫院相隔僅幾英里之遙，似乎不可能繼續提供目前的一切服務項目。信託基金會通常由好幾家醫院組成，而苗易彬與蘭斯利醫改政策可能導致的隱性後果之一，就是讓實力雄厚、財務良好、野心勃勃的信託基金會，變得跟財務狀況薄弱的基金會一樣，有強烈動機關閉旗下的醫院之一，以便維持良好的財務狀況，轉往其他領域成長。

國民健保出現越多營利機構，就會有越多公共經費以股息的形式流出醫療體系。而政府卻甘冒風險。當政府推動自來水事業私有化時，實際上把為了翻修維多利亞時代水利基礎設施所增加的稅收，分給了各個自來水公司。當它將電力事業私有化時，則是把為了籌建風力發電廠和新核能電廠所增加的稅收發包出去。而為了推動國民健保民營化，並且承諾負擔成本，它並未在醫療市場替自己留下餘裕，以便面對競爭對手開始鼓勵病人要求更昂貴治療的情況。

＊　＊　＊

一天，我登門拜訪一位名叫愛德華·阿金斯的退休銀行經理，他住在薩里州（Surrey）的東莫爾斯（East Molesey）。從漢普頓宮（Hampton Court）車站徒步到阿金斯夫妻所住的現代紅磚屋大約二十分鐘的路程，足以讓我體會健康的髖關節與膝蓋的好處。阿金斯前來應門，他的體格高大、壯碩，滿頭濃密的頭髮，目測年齡大約六十五歲。而實際上他已經高齡八十了。

有機會的話，他仍然打打網球。照他所說，他這一生似乎非常順遂，中規中矩，在戰後英國南部這個舒服的角落，嚴守體面的中產生活分際。他出生於樸茲茅斯，服過兵役，退伍後在勞合銀行找到一份工作，接受培訓。他結了婚，生了孩子，養了房屋貸款，一步步爬升，退休時拿到以最終年薪三分之二計算的指數型養老金。他的退休生活一開始很愜意。他打羽毛球、高爾夫球和網球，然後，七十歲出頭時，他的右邊膝蓋和鼠蹊部開始感到疼痛。醫生從他的膝蓋取出一顆囊腫，但說他的膝蓋沒什麼毛病；問題或許出在髖關節？二〇〇五年，由於鼠蹊部的疼痛越來越劇烈，擁有私人保險的阿金斯跑去看了專科醫生安德魯・考伯（Andrew Cobb）。

考伯是一名自行開業、也接國民健保工作的著名骨科醫生，他建議他置入一種新推出的人工髖關節，叫做ＡＳＲ，這是由嬌生集團（Johnson & Johnson）旗下的美國子公司帝富（DePuy）所製造的。除了更昂貴之外，ＡＳＲ髖關節跟查恩利開發的全髖關節置換術，有兩方面的不同。第一，ＡＳＲ的球頭和髖臼表面，都是用鈷鉻合金做的——所謂的「金屬對金屬」人工髖關節。第二，相對於切掉股骨頂端、將刀柄插入骨髓以固定球頭位置的作法，ＡＳＲ的球頭是一個附了短柄的空心半球（像個蘑菇），專門設計來覆蓋股骨頂端的球頭，而不是完全取代它。因此，他們強調髖關節不是整個替換掉，只是「表面置換」（resurfaced）。

比起全關節置換術，表面置換代表了較低的骨頭損失。在傳統的髖關節置換術中，就連最成功的案例也很少撐過十年。如果進行表面置換，日後再換掉整個髖關節時，會比原本就做了全髖關節置換術的病人更簡單、更安全。換句話說，對年輕人和充滿活力的人來說，表面置換術是最理想的了；這些人通常還很健康，很可能至少磨壞一個人工髖關節。帝富強力行銷ＡＳＲ髖關節，把它稱做「新潮的髖關節」。原本用以滿足「消除疼痛」、「恢復行動力」等基本需求的裝置，似乎跨進了生活型態行銷術的世界。

就阿金斯記憶所及，考伯賣力地推銷ＡＳＲ，告訴他這種人工關節「剛剛問世」，只要六個星期，他就能再度去打高爾夫球，甚至是網球。「他說，除非我動了這項手術，否則沒辦法好好打球。」但是對他來說，最後的臨門一腳是帝富的一段行銷短片，片中顯示好幾個真實案例，似乎因為ＡＳＲ髖關節而活得有聲有色。「一個高爾夫球手從二十五碼外推桿進洞。影片結尾有一個傢伙——顯然是西岸救生艇隊的艇長，在波濤洶湧的大海上，操作一艘貨真價實的救生艇。」

阿金斯不知情的是，考伯也參與設計了他所推銷的這種髖關節。他被這段影片說動了，於是報名接受手術。他即將成為被稱為「骨外科史上最大災難」的受害者之一。從回家的那一刻起，他就覺得不太對勁。「我只知道在某個角度，我的髖關節就會拚命喀拉喀拉作響。根本沒治好過。」他的髖關節發炎了，開始疼痛。如果他做點費力的事——例如出門騎腳踏車，事後髖關節就會腫起來，疼得厲害。他不斷上考伯的門診，後者則努力消除他的疑慮。阿金斯已經為這項手術付了兩千英鎊（這是這項定價一萬四千英鎊的手術，保險公司只負擔部分）；但是每次去看考伯，他還得多付兩百英鎊的門診費。最後，在家庭醫師建議之下，他到考伯所在的健保醫院且不需預約的門診，伏擊這位外科醫生。考伯答應用國民健保的錢，替他把ＡＳＲ換成一般的、查恩利式的人工髖關節。這時，阿金斯已在痛苦中生活了四年，「四年來，我和太太生活在陰影之下。我不能坐、不能站，每天吃兩次五百毫克的消炎藥。手術之後，我根本沒做過什麼運動。」

二〇〇五年當時，ＡＳＲ並非關節表面置換術的唯一選擇，但是阿金斯並不知情。髖關節表面置換術界的約翰・查恩利，是伯明罕地區一位名叫戴瑞克・邁克明（Derek McMinn）的外科醫師。歷經六年試驗之後，他在一九九七年推出了髖關節表面置換裝置——伯明罕髖關節（Burmingham hip）。這項裝置如今由位於沃里克郡（Warwick）的跨國英商史奈輝（Smith & Nephew）公司生產製造，受到全球採用，問題相對較少。帝富髖關節是專門設計來跟伯明罕髖關節搶市場的——而後者的效果好得很。帝富原本可以是一項革新，結果卻恰恰相反。

二〇〇五年、也是阿金斯置入ＡＳＲ髖關節的那一年，邁克明在赫爾辛基的一場研討會中，預言式地攻擊這項敵對商品。他提出警告，帝富在金屬髖臼窩邊緣挖的凹槽，將使得關節邊緣在病人動作時承受更大壓力，導致金屬碎屑剝落，進入軟組織中。這項指控大可被斥為競爭對手裝腔作勢，但是此時，澳洲開始爆出這類髖關節出現問題的聳動新聞。

法國管理當局在二〇〇八年捨棄ＡＳＲ。美國政府雖然從未給予核准，但是根據規則，美國外科醫生仍然有權使用。在英國，軟弱無力的醫療衛生監管局（MHRA）則並未發揮作用。《英國醫學期刊》調查指出，ＡＳＲ的早期採用者——在英國東北部執業的外科醫生東尼・納格爾（Tony Nargol），是最早質疑產品安全性的醫生之一。二〇〇七年，他開始從病人身上聽到負面反應。當他切開病人身體以便研究狀況，很震驚地發現病人髖關節周圍的肌肉組織受到破壞，有些病例連骨頭也毀了。

正如邁克明的警告，鈷鉻合金碎屑從ＡＳＲ剝落，在某些病人身上造成嚴重反應。倘若微量的鈷、鉻分子滲入病人的血液和腦脊髓液中，後果更不堪設想。不利於ＡＳＲ的證據開始排山倒海而來。然而直到二〇一〇年八月，帝富才終於承認失敗，下令全面召回商品。到了此時，該公司已在全球賣出數萬個ＡＳＲ裝置。當律師開始網羅客戶提出訴訟，這場災難的規模已顯而易見。有些為了換來另一個二十年的跳舞、跑步或網球生活而登記接受ＡＳＲ手術的病人，如今很可能永久殘廢。三月，握有更多ＡＳＲ資料的外科醫生研究指出，這項髖關節的第二代商品（用來置換整個髖關節），有一半的個案很可能在短短六年之後便失靈。而全英國大約有一萬名病患置入ＡＳＲ髖關節。「最倒楣的是那些五十歲出頭的病人，他們為了延長工作壽命而動手術，」阿金斯說，「現在，他們根本別想繼續工作。」

「我從未試圖隱瞞我是參與設計ＡＳＲ的六名外科醫生之一，」考伯在他給我的電子郵件中說，「當然，我的病人多半知道這一點。我不記得阿金斯先生第一次手術之前我跟他確切地說了些什麼，但是我通常會跟病人討論採用ＡＳＲ的可行性、我認為ＡＳＲ勝過伯明罕髖關節的地方，以及可以在網路上找到的更多資訊。至於什麼以救生艇艇長為主角的廣告，我一無所知。」

ＡＳＲ髖關節的慘痛失敗，引來幾個令人不安的議題：為什麼英國管理當局沒有要求帝富針對這項裝置進行更嚴謹的測試？其他金屬對金屬式的人工髖關節是否也存在危險？這些議題也模糊了一個更深的問題：為什麼醫療置入器要用媲美iPhone的行銷手法推銷？例如，在史奈輝公司rediscoveryyourgo.com網站上的伯明罕髖關節行銷影片中，裝了人工髖關節的強壯身影，隨著激情的電吉他配樂而滑雪、打美式足球和攀岩。

對於國民健保現行改革的最新辯解是，當病人受到公醫無能、粗魯、疏忽、敷衍、漫不經心的對待時，反擊的唯一方法，就是到別的地方看病，藉此向那些冒犯他們的人發出訊息——這也是前任布萊爾內閣顧問、現任國王基金會（King's Fund）董事的朱利安・勒格蘭德（Julian Le Grand）等人所持的論調。也就是「有選擇權」的理想典範。但是英國管理當局面對ASR髖關節時的軟弱，以及帝富推銷員能夠在其他經過檢驗的替代商品存在之下，如此輕易說服英國外科醫生採用ASR，在在說明主掌英國醫療體系的那群人，並不清楚「選擇」和「行銷」的區別。

一九九三年，三名外科醫生在《英國醫學期刊》的社論專欄中指出，導致髖關節置換手術出現漫長等候名單的一項重大因素，是醫院把骨外科預算揮霍在昂貴的新式人工關節上，而這些裝置的高額成本，在醫學角度上根本站不住腳。最新醫療器材的成本，有一大部分來自行銷宣傳費用——就像同可口可樂一樣；如果不花大錢行銷，你根本不會想到去買它。文章的結尾語帶譏刺——「人工關節產業向來是自由經濟剩餘價值的避風港」——這句話至今仍然成立。

在蘇格蘭，國民健保比較接近安索夫式改革之前的模式，而蘇格蘭審計局（Audit Scotland）的一份近期報告中指出，在洛錫安（Lothian），植入人工髖關節的平均成本是八百五十八英鎊；而在鄰近的福斯谷（Forth Valley），國民健保的關節手術病人要付兩倍的價錢。在美國，查恩利式的基本人工關節，如今要價一萬美元（約當六千一百英鎊），而另一種人工髖關節的價格自一九九一年迄今上漲了百分之兩百四十二，但是，通貨膨脹率只有百分之六十。《大西洋兩岸全髖關節置換史》的作者指出，儘管英國採用某些較便宜的人工髖關節是美國製造的，卻從未在美國出售。作者說，許多外科醫生和消費者都想要最好的，「但是當『最好的』技術成了一項老技術，『最好』的定義也許變成了『最新』，而最新的技術，到頭來可能是一場昂貴的失敗。」

安奈林・貝文[46]在國民健保剛上路的時候向醫界發文寫道，「醫生與病人的關係，無法和金錢因素分割開來（即便我們認為這跟醫療無關），其中包括了收取費用、還有為了付費而傷腦筋等。而這原本是許多醫生最厭惡的層面。」

我問馬丁・波特，如果身為商業經理人的波特，無法阻止身為外科醫生的波特執行競爭對手不願意做的賠錢手術，萊廷頓醫院這樣的地方如何生存下去？「我進入醫界，是因為我想替受傷的人治療，」他說，「總得有人替他們療傷吧，我們幹嘛不做呢？再說，在這一行，你永遠有進步的空間；到了我這個年紀，不覺得厭倦是很重要的。我才剛暖身好罷了。無論如何，

46. 譯註：Aneurin Bevan，英國工黨政治家，前任衛生部部長。

財務是最重要的議題。我們從簡單有趣的手術中賺很多錢，然後在其他地方虧錢。只要我們贏得卓越骨科中心的名聲，院方就沒有意見。」

電話鈴響了。病人已準備妥當。對於蘭斯利的醫改政策，波特還有話要說。「我想，這些政策是有理念的，然而重點是理念能否實現，能否不被腐化。我可以看見一個非常理想化的模式，但是老天爺啊，對於想靠這套制度敲竹槓的人來說，這個模式多麼脆弱。」

如今高齡八十多歲的吉兒・查恩利，是兩個人工膝關節的受益者。她說手術延長了她的生命。她的肩膀不太舒服，如果願意，她也可以置入人工肩關節，不過她選擇不動手術。她畫了一條底線，一方面是因為她接受了物理療法，另一方面是因為她知道醫學有其極限。「我們都會變老，」她說，「身上的零件都會壞掉。」

只有做得更多、或者隨便做點什麼的時候才有錢賺。若是少做一點，或者什麼都不做，那就沒辦法賺錢。不過，擁有更少或甚至一無所有，是每個人最終的命運，甚至是遠在生命終了之前便讓人渴望的命運。國民健保無法避免面對自己成功延長人們老年生活的財務後果，但是可以避免淪為行銷手法的受害者。

司湯達[47]在《巴馬修道院》（*The Charterhouse of Parma*）中寫道，「丈夫會想到要監視妻子，但是總沒有情夫想見到情婦的時候多；獄卒會想到要關門，但是總沒有比犯人想逃走的時候多。因此，不管有什麼障礙，情夫和犯人一定都會成功。」在英國治理下，行銷人員似乎把這段話的現代版本背得滾瓜爛熟。消費者的確會提防自己中了話術，但是總沒有比商人想推銷商品的時候多；政治家是會想要填補漏洞，但是總沒有政策說客想鑽漏洞的時候多。因此，不管有什麼障礙，商人和政策說客一定都會成功。

47. 譯註：Stendhal，十九世紀法國現實主義作家，其代表作為《紅與黑》、《巴馬修道院》等。

第六章
沒有空房

Chapter 6

國宅私有化

由於市政府無力興建新屋、私人營造商蓋得不夠多、政府削減給住房協會的補助，住房短缺問題越來越嚴重，民間市場的房租也應聲上漲。赤貧階級和社會上最弱勢族群，如病人、老年人、失業者以及單親媽媽和她們的子女，只能擠在為數越來越少的公有住宅，還有民間出租市場上較不受歡迎的房子裡。

過去三十年累積下來的住房短缺問題，此刻已瀕臨危急關頭，一觸即發。執政黨及二十世紀後期柴契爾採取的諸多措施，是這項問題的元兇；然而面對住房短缺，執政黨的應對之道卻是分隔出經濟上最弱勢的族群，逼著他們擠進最狹小、最破舊、最不安全的生活空間。事實上，儘管沒有挑明來講，這的確是一次「讓貧者恆貧」的戰爭、一場促進真正貧窮的運動；政府只差沒對窮人公開宣戰。但是，無論有沒有公開宣戰，情況又會有什麼不同？

舉例來說，讓我們站在派蒂・昆恩的角度看事情。她的生活並非一夕之間天翻地覆，也沒有流氓闖進家裡對她面恫嚇咆哮。她所遭遇的，是接連好幾個月受到表格、信函和訪談的疲勞轟炸：一群彬彬有禮的人，語帶歉意地解釋他們只不過是在執行一套新規定。派蒂・昆恩現年六十歲，在被判定為「健康狀況不堪工作」之前，她已經工作了三十年。說穿了，政府就是認定昆恩好逸惡勞，而她在這兩房的公寓國宅生活了四十年、看著丈夫在這裡嚥氣，現在國宅則成為她不配擁有的奢侈品。她被列為「自行驅離」的目標對象，換句話說，政府打算靠縮減補助逼她就範。若非政府的住房津貼，她根本沒辦法付房租；而由於政府降低補助，她已經租不起兩房公寓，只夠租一間單房公寓——一間理論上存在、實際上不存在的單房公寓。這就是「臥房稅」（bedroom tax）[48]的意義。

「我實在不知道怎麼辦，這裡是我的家，不光是我住的一間國宅而已。」昆恩在我拜訪她的時候說，「他們這樣對我是因為我一無所有。我敢說，如果他們可以為所欲為，他們會想辦法把我們除掉。我真的這麼相信。」

如果昆恩的房東（也就是倫敦東部的塔村區市政府），或當地的某個住房協會（提供廉價租屋的非營利團體），或附近其他自治區的類似組織，或者民間機構，任何一個地方有平價的單房公寓出租，昆恩就不必那麼苦惱。問題是一房難求。在我下筆此刻，昆恩住家一帶最便宜的私人單房公寓，一星期的房租加社區稅（council tax）要兩百四十英鎊，直逼政府目前願意補助單人的最高額度。大家對住房的需求很強烈——一般而言，空房不會在市場上留置超過四十八小時。而且，根據新規定，房屋津貼是發給房客的，而不是直接對房東發放；二〇一三年新制上路以後，私人房東租房子給津貼受益人時，變得比以前更小心謹慎。

以前的公有住宅候補名單已不存在。如今，各地排的是「社會住宅」候補名單——集合了地方政府及住房協會提供的廉價租金住宅。塔村區的候補名單上有兩萬兩千名申請人。絕大多數申請人有家人同住，因此很難確定這個申請數字代表了多少人口。不過，這個數字相當於塔村區五分之一的家戶數。在這兩萬兩千人當中，一萬人等的是單房公寓，其中五百人的等候時間已超過十二年。二〇一二到二〇一三年之間，塔村區有多少間單房公寓空出來？只有八百四十間。供給與需求彼此脫鉤。不只社會住宅如此；同年，塔村區的私人公寓售價上漲了百分之五；擁有類似人口組合的鄰近地區哈克尼（Hackney）區，房價飆漲了百分之十五。

不僅是塔村區沒有足夠的住房，倫敦、東南部地區，甚至全英國都沒有足夠的住房。短缺

48. 編註：所謂「臥房稅」並非真的徵稅，而是減少住房津貼。按照規定，每個家如果有一間空下來的臥房，津貼便減少百分之十四，兩間則減少百分之二十五。官員預估這樣的政策能替住房津貼減少每年將近四點八億英鎊的支出。

問題越演越烈。由於人口增長，加上平均家戶人數縮減，英國每年增加二十五萬個家戶數，如今全國總共有兩千六百萬戶。而每年新蓋的房子不超過十萬戶。

要了解問題的由來，必須將時間推回一九七九年。當時，柴契爾開始強迫地方政府將公有住宅賣給任何一個有能力也有意願買房的承租戶，折扣最高可達五成。這是少數幾個可以望文生義的政策之一：「買房權」（Right to Buy）。無論保守黨或新工黨都將這項政策奉為選舉妙招，因為它讓相對少數的族群得到一筆足以翻轉人生的財富，而這群人掌握了大量中間選票，其中的關聯不言可喻。

相較於同一時期的其他私有化措施，買房權政策有許多不同之處。買房的權利，跟買家對此私有化資產的個人使用有密切關係，比如皇家郵政如果以相同原則出售，買家將依他們一生投遞的郵件數量，得到不同的股價折扣。根據雨果・楊（Hugo Young）所述，柴契爾當時的上司——愛德華・希思，費了一番功夫才說服柴契爾接受這項政策。希斯在一九七四年二月敗選，他的朋友皮耶・杜魯多（Pierre Trudeau）說服他擬定幾項民粹政策，設法挽回民心。難怪柴契爾遲疑不前，因為買房權政策違背柴契爾主義的基本價值：擁護自力更生，反對政府救濟。買房權是龐大的救濟項目，專門提供給不需要救濟的人。事實上，不需要救濟正是他們得到救濟的原因。

顯然這也是英國最浩大的私有化行動，推行的頭二十五年，累積價值便已高達四百億英鎊之譜。當年是大戰過後，國庫窘困，百廢待舉，英國龐大的住房建設投資，是以犧牲其他迫切需求為代價的。然而，如今出售這筆國家資產掙來的錢，從此脫離了住宅市場：因為地方政府不得將他們出售房產的收入用來興建住宅，取代被賣掉的房屋；中央政府的住房建設經費也遭到大幅刪減。柴契爾政府在其惡名昭彰的第一屆任期裡，大刀闊斧刪減的國家支出，有四分之三是來自房屋預算。

你對於柴契爾陣營推動買房權政策時預期的成果，取決於你認為他們的動機有多麼悲觀。能想到最寬厚的觀點是，他們認為供給與需求之間存在明確的彈性定律，市場自會彌補供需缺口：也就是隨著公有住宅的新屋建量下滑，民間營造商會蓋更多房子，既供出售也供出租。剩餘的公有住宅存量以及非營利的住房協會（住房協會仍會得到政府補助，替經濟不寬裕的民眾興建房屋），將能滿足人數越來越少的赤貧階級；至於生活真的非常窘迫的人，還能收到不無小補的房屋津貼。

當然，情況並未照著這套劇本走。從私有住宅自建自住者最近在網上發表的蓋房權（A Right to Build）宣言來看，情勢發展顯而易見。這篇宣言是雪菲爾大學建築系與倫敦建築計畫「00:/」共同發表的，旨在抨擊七大私人建商的優勢地位；這七大建商——按規模由大到小排列分別是泰勒溫佩（Taylor Wimpey）、巴瑞特（Barratt Homes）、波希曼（Persimmon）、貝威（Bellway）、雷德羅（Redrow）、博維斯（Bovis）及克雷斯特尼可森（Crest Nicholson）——分占將近四成的新屋市場。但是文件中最驚人的一點，卻是一張顯示一九四六年迄今，房屋興建數量與房價歷史的圖表。

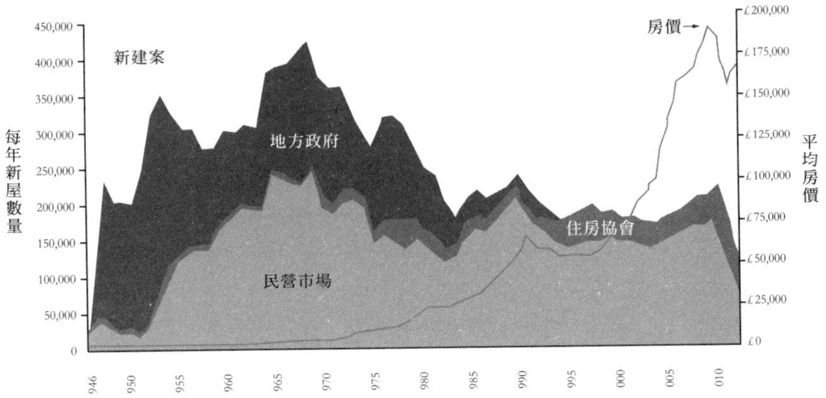

圖中顯示，一九八〇年代，隨著公有住宅的新建案萎縮到幾近於零，私有住宅的興建數量緩步上升，八〇年代末期達到每年興建二十萬戶新屋的高峰；然後就出現倒退現象，並且維持低迷水準。在一九九〇年代初到二〇〇八年金融危機前的期間，英國的經濟欣欣向榮，但是民營市場的新屋建量卻未見上升，幾乎不到每年十五萬戶的水準。市場失靈了。需求增加，供給卻沒有隨之增加。時值景氣繁榮期，搶房人潮和新屋供給之間的失衡即將達到臨界點，平均房價如火箭般一飛衝天，從布萊爾上台到二〇〇八年崩盤，房價足足上漲了三倍（塔村區的房價翻了三倍半）。即便把同時期的通貨膨脹（百分之三十六）納入考量，漲幅仍然非常嚇人。

這張圖只反映了買房權政策的部分缺

失。對於沒有買下國宅的承租戶（也許是因為沒有意願或沒有能力），房租大幅上漲了。在此同時，由於市政府無力興建新屋、私人營造商蓋得不夠多、政府削減給住房協會的補助，住房短缺問題越來越嚴重，民間市場的房租也應聲上漲。赤貧階級和社會上最弱勢族群，如病人、老年人、失業的人以及單親媽媽和她們的子女，只能擠在為數越來越少的公有住宅（也就是最賣不掉的房子，換句話說，情況最糟的公有住宅），還有民間出租市場上較不受歡迎的房子。

無論這群人租的是公有或私有住宅，絕大部分租金都必須靠房屋津貼來補貼；而當公有住宅持續售出，領取房屋津貼來承租昂貴私人住宅的貧窮和弱勢人口，比例也越來越高。許多民眾買下他們所住的公有住宅，轉賣給私人房東，後者再以高於公有住宅租金兩倍到三倍的價格，將房子租給領取房屋津貼、但是租不到公有住宅的人。

因此，買房權政策製造了一個驚人的漏洞，讓國家的錢（或者該說是納稅人的錢）流入包租公、包租婆手中。首先，政府以極高的折扣將公有住宅賣給民眾。然後，它允許原先的買家以市場價格賣房給私人包租公，藉此謀取私利。接著，政府為了抑制供給，以人為的方式拉抬市場租金——方法是讓市政府完全沒辦法興建住宅來取代被廉價出售的房子。最後，政府再以房屋津貼的形式，支付被人為拉高租金，而且遠遠高於當初公有住宅的價格——然後流入同一批包租公手中。

換句話說，柴契爾主政以來，英國政府的措施，正好跟它鼓吹人民採取的行動「購屋自住，不要租房」相互牴觸。柴契爾及其繼任人已盡一切可能賣掉國家的一磚一瓦，民眾最後落得被迫租那些價格飛漲的房屋、而且從政府賣房的對象手中租回來。買房權政策上路之前，政府每在租金補助上支出一塊錢，就花一塊錢蓋房子。如今，它每在房屋津貼上花一塊錢，只花五分錢蓋房子。

面對住房危機，當前政府的應對方式不啻雪上加霜。透過政策，它想辦法提高房價，卻未設法增加供給。在房屋市場上，政府最顯著的兩大干預行動就是限制供給及提高價格：前者是把補助住房協會興建新屋的經費刪減三分之二，後者則是模仿買房權政策，推出一套令人啼笑皆非的「幫忙買房計畫」（Help to Buy）——提供低廉貸款給經濟寬裕的人，幫助他們拚高價，搶下他們原本買不起的、要價過高的房子。

有些人相信英國民營建商的目標是盡可能多蓋房子，而不健全的中央規畫制度只會從中掣肘。這些人通常指控我的論點不公允，並且提出政府的另一項干預政策來佐證。二〇一二年，原本用來規定何處能蓋什麼建物的舊法規，被一套稱為「國土規畫政策框架」（National Planning Policy Framework，簡稱NPPF）的精簡模式取代。這套模式將規畫建地的重責大任放到地方政府身上；地方政府必須分配足夠的建築用地以滿足五年又一季之後的需求，如有必要，甚至可以徵用農地。理論上，不配合政策的地方政府若是試圖阻止投機性開發案，會在上訴時遭到駁回。但是空出住宅用地跟蓋房子是兩碼事。歷史證據顯示，驅策英國民營建商的最大動力並非盡可能多蓋房子的欲望，而是盡可能多賺錢（或者少賠錢）的欲望。

＊　＊　＊

派蒂・昆恩出生在日漸沒落的老東區。倫敦的勞工階大多級聚居於此，在狹小、擁擠、缺乏維護、管線不良、衛生條件簡陋的連棟房屋中租個房間。昆恩當時正值雙十年華，新婚燕爾。她和丈夫與成千上萬人一樣，不再跟私人房東承租，轉而跟國家租房。貝思納爾格林（Bethnal Green）、斯特普尼（Stepney）和波卜勒（Poplar）等地的磚瓦被煤煙染得黑壓壓一片，這三個倫敦行政區最終合併成為塔村區。然而遠在德國空軍及希特勒的V武器把這些地方的磚牆炸得支離破碎之前，市政當局已開始著手剷平舊街道，令當地居民遷往新蓋好的公有住宅；新房子比他們住過的任何地方都要寬敞、明亮，還有現代化的廚房和室內廁所。二次大戰結束後，推土機再度登場，一舉清掃了被炸毀的區域及貧民窟，新房屋的建設持續開展。

全國各地都重複了同樣的模式。然而，一九二〇及三〇年代以前興建的公有住宅，跟一九四五年以後興建的大不相同。兩次大戰之間，公有住宅的目標對象是窮人，重點在於重建環境最惡劣的貧民區；只可惜實際執行時，最窮的赤貧階級往往付不起房租，不得不搬到其他貧民區另覓生路。在兩次大戰之間推動公有住宅建設的政客，背後的驅策力量極其複雜；他們承襲十九世紀改革主義先驅那種一絲不苟、大家長式、傳教般的熱忱，再加上對社會主義又愛又恨——既擔心社會主義席捲而來（所以我們最好讓勞工看到資本家社會確實關心他們），又盼望社會主義降臨（而這就是社會日後的面貌）。

一九四五年後，福利國制度逐漸萌芽，社會上瀰漫鼓舞人心的氣氛，公有住宅的興建規模越來越大，建案規畫人暢談充滿雄圖壯志的目標。一九四六年，兼管公有住宅的衛生部部長安奈林・貝文告訴國會：有錢人專門住民間營造商蓋的房子，而窮人只能住公有住宅，這樣的隔離是不道德的。

社會遭到閹割。低收入戶住在地方政府提供的房子裡，自成部落；而收入較高的族群則住在屬於他們自己的部落裡。從文明的角度來看，不同收入族群之間的隔離是極其邪惡的事……它對社會不可或缺的心理與生理統一，造成了莫大傷害。

貝文的態度可以有各式各樣解讀，但是其中最重要的一項，就是國家預備大舉興建房屋，數量無上限，建設將持續進行，直到每個人都有房子住——這一點在一九七〇年代實現了。昆恩跟她的丈夫就是在那段時期搬進他們的新公寓國宅。

在那之前，昆恩（父親是一名長途貨運司機，母親則是拜倫瑪莉火柴工廠裡的工人）和她的丈夫在波區（Bow）艾雪路（Usher Road）的私人連棟房屋裡，租了一樓的房子。那是一片布滿鵝卵石的土地，到處是菸味、擁擠的酒吧和擁擠的房間，上廁所和洗澡都得到後院；洗澡的熱水得在爐子上燒好，然後注入馬蹄鐵做的澡盆。在主管當局眼中，艾雪路是典型的貧民窟，必須剷平這一區的老舊連棟房屋。政府提供了幾種公有住宅讓居民選擇，而昆恩選擇了皇家倫敦醫院附近新開發的一個小社區，就位於白教堂區（Whitechapel），與倫敦市中心的距離比以前近了兩英里。她的丈夫心存疑慮——白教堂是惡名昭彰的紅燈區，性交易日益猖獗；但他接受她的選擇，夫妻倆在此落腳安居。在那個年代，公有住宅比私人出租公寓的價值高，他們的房租從每星期一英鎊漲到四英鎊。

我跟她是在貝思納爾格林的一場公共會議上認識的，會議的目的是要討論如何對抗政府在福利政策上的改變。幾星期後，我到她家登門拜訪。她的公寓位於一棟平凡的紅磚三層樓建築裡；總共有十個單位，一樓有五間單房公寓，樓上則有五間兩房公寓，昆恩就住在其中一間兩房公寓。當時是夏天，社區公共花園裡盛開著紅色和白色的玫瑰。昆恩帶我參觀居民春天栽種的蔬果：覆盆子、草莓、萵苣、洋蔥、豌豆、四季豆和小蘿蔔。「還有一位男士很樂觀地想種點奇異果，」她說，「櫻桃還不夠熟，不能摘一顆給你嚐嚐……那裡有棵茄子，但是我猜它種不活了。」

十間房子當中，只有三間仍屬於公家所有，剩下的都賣掉了：有四間屋主自住，另外三間拿去做私人出租。有一間住了幾個學生，另外幾間的住戶則包括銀行經理（公寓離市中心僅兩個地鐵站，徒步到金融區的勞合大樓也只需要半個鐘頭）、移民律師，以及一位在倫敦某個公共藝術殿堂裡工作的會計師。「愛爾蘭人、威爾斯人、伊拉克人、孟加拉人……三個孟加拉人。還有我，英格蘭人，」昆恩說。這是會讓貝文感到欣慰的多元組合；只可惜，現在的政府打算趕走昆恩。

一九九〇年代，昆恩因為各式各樣的毛病，包括關節痛、偏頭痛、胃炎、憂鬱症、甲狀腺功能低下等，被正式認定為健康狀況太差，無法工作。從那時起，她的房租和社區稅（目前為每星期一二〇點三九英鎊）完全靠房屋津貼支付。至於生活費，她每星期有一百一十二英鎊的失能補助金（根據喬瑟夫朗特里基金會估算，要維持過得去的生活，扣掉房租，每星期需要兩百英鎊的生活費）。然而去年春天，一切都變了。臥房稅——說白了就是懲罰昆恩失去丈夫的罰金——讓她的房屋津貼縮水到每星期九七點一五英鎊，而不足的二十三點二四英鎊，就得挪用失能補助金來補貼。只可惜她現在也領不到失能補助金了。在她受到臥房稅重擊的同時，政府頒布一套更嚴謹的失能條例，她被叫去進行健康檢查，重新評估她的體能狀況。這項檢查包含十個體能評估項目，例如：

你能否在平地移動兩百公尺以上？（所謂移動，包含走路、撐拐杖走路，或者使用輪椅。）

你平常能否在同一個地方待一個鐘頭以上（站著或坐著），不隨便亂跑？

如果你有痙攣、昏厥或失去意識的毛病，發作頻率是否少於每月一次？

然後還有十個針對「心理、認知和智力功能」的評估項目：「你能否跟陌生人社交？」或者「你能否完成日常的工作？」

每一個否定的答案都會得分，分數越高，越可能被認定失能。昆恩得了零分，因此接到通知：政府承認她生病，但是病得不夠嚴重，她得開始找工作。在她失業期間，她將轉而領取失業救濟金——她賴以維生的津貼減少四成，降到每星期七十二英鎊。但是基於臥房稅，這筆津貼當中有二十三點二四英鎊得拿來付房租，因此，每星期只剩下四十八點七六英鎊的生活費。瓦斯費和電費占掉其中二十二英鎊，剩下的二十七英鎊必須支付其餘一切。她不喝酒、不抽菸、不玩賓果也沒有車；但那二十七英鎊必須付電視和電話費，以及每個人都需要的各種小東西，像是牙膏、香皂、燈泡和郵票。

還有食物。

最會添亂的英國銀行也參了一腳。他們發給昆恩三張信用卡，讓她累積了六千英鎊卡債。「真是噩夢一場，」她說，「我得去申請應急貸款。我沒錢付房租、電費和瓦斯費。年紀一大把還落到這步田地，實在很難為情。」她說自己絕非不願意工作；她十五歲那年輟學，星期一離開學校，星期二就開始工作。她也在當地的衛教組織擔任志工，不支領薪水。「我沒辦法做太吃力的事。我不是說我壓根不想工作，但是他們要你每星期做滿四十個鐘頭。政府應該替你做好求職準備，並且找出你能做哪些工作，而不是光叫你立刻就業，沒卻給任何協助。」

她能夠領到國家發的養老金，但是要等到二〇一五年十一月。只要她能守住公寓，屆時就能免除臥房稅。但是在這段期間內，她不知道要怎麼活下去。她說，「我覺得，要把人們趕出家園，應該有更光明正大的方法，」而公有住宅承租戶若當起二房東，把房間分租出去，將得面對入獄的刑罰。我問昆恩，有沒有親戚可以搬進來，讓她免除臥房稅。「那就失去擁有第二間臥室的意義了，」她說，「我為什麼不能獨享我的房子，非得跟別人共用不可？我可以叫我的外孫女搬進來，但是如果我這麼做，我的女兒就會失去家庭補貼（family credit）。不是沒有對策，但是總會有人虧錢。」

昆恩的案例最令人費解的一點是，政府很樂意付給她十萬英鎊，但是她的手頭不夠寬裕，沒資格拿這筆錢。那個數字是如今倫敦公有住宅承租戶執行買房權時，所能索求的最高優惠。鑒於她的公寓最少值三十萬英鎊，昆恩理論上可以買下它，然後轉賣出去，賺取差價。但是如此一來，她將失去棲身之所，況且，她也無法籌措剩餘的二十萬英鎊，因為她沒有錢付訂金，也借不到房貸。她和她的丈夫並不反對買房權政策，只是他們從來沒有足夠的錢讓他們變得更有錢。

* * *

按照大多數人對這世界的理解，我屬於有房階級；但是由於我背負房貸，因此，我應該算是跟銀行租房。我在爺爺奶奶位於布萊克希斯（Blackheath）的家中出生，適逢一九六二年十二月的倫敦大霾害。在那之後，我大概住過三十多個不同的地方：爸媽在倫敦租的私人公寓；諾丁罕的住房協會房產；拉納克郡（Lanarkshire）的公家宿舍（那段期間，爸爸在蘇格蘭獄政署工作）；丹迪（Dundee）的公有住宅；然後是當地的一間私人連棟房屋（那是爸媽名下的第一棟房子，當時他們三十歲出頭）；愛丁堡和倫敦的學生宿舍；北安普頓

（Northampton）的私人出租公寓；我二十七歲那年在愛丁堡買下的公寓；在烏克蘭租過的各式各樣私有化的國宅公寓；屬於俄羅斯外交使團管理局的莫斯科公寓；我和前妻在北倫敦買的喬治亞式連棟房屋的兩層樓；離婚後在倫敦東區租的房子；還有現在，我第三次買房——由貝思納爾格林一間學校改建而成的公寓住宅（恰巧是派蒂・昆恩以前上過的學校）。

我不認為短時間內，我會住進傳統定義上的公有住宅（也就是由國家持有並經營的住宅），但這主要是基於公有住宅短缺以及政府經營國宅的方式，而不是因為我對這項理念有任何異議，或者認為公有住宅必定又醜又不舒服。一九七〇年代的那些公有住宅讓人感覺生活品質低落——犯罪和反社會行為、潮濕、面對地方政府官僚體系時的無力感、噪音、跟兒童遊樂公園的距離、在不屬於自己的房子裡添加裝潢的困難度、市政府維修房子時的錙銖必較、搬家的障礙——凡此種種都不是公有住宅與生俱來的缺失，而是官員顢頇、經濟制度不合理造成的結果。

地方政府的戰後房屋興建計畫犯了幾項重大錯誤，部分因素可歸咎於柴契爾主政以前，保守黨秉持的民粹主義。保守黨人開始和工黨展開一場房屋興建數量競賽，置貝文的信念於不顧——不能光以量取勝，還要蓋得寬敞、結實。最嚴重的疏失，是採用丹麥系統的預製水泥板，在監工不良、工人和工程師訓練不足的情況下，蓋出比原設計高出三倍的大樓，因此釀成一九六八年的羅南角（Ronan Point）災難事件。當時，一場瓦斯氣爆之後，倫敦東部一座二十二層樓高的公寓大樓部分崩塌，導致四人喪生。這棟大樓終於在一九八七年大風暴來臨前剷平，否則很可能被大風吹垮；畢竟儘管羅南角的設計可以承受每小時六十三英里的最大風速，但那場風暴，最大陣風的風速高達每小時九十四英里。

隨著時間推移，一九五〇、六〇及七〇年代的公有住宅成了都市景觀的一角，紅磚和水泥浸潤出歲月的痕跡。私人建商蓋的醜陋房屋，突顯出公有住宅的優點；而公有住宅也有了新的管理方式；同時，上一任工黨政府投入經費，修復了多年的積弊和設計缺失；最後，建築師的設計初衷在新一代的眼中突然變得清晰可見——公有住宅因此變得越來越吸引人。經濟情況較差的人無法購買，但時髦人士正好趕上這一波。鄉村貴族開始搶購公有住宅，作為他們在倫敦的落腳處。有錢的父母替子女置產，還有買房出租的投資客，在房子裡頭塞滿了學生。我也差一點買一間自住，因為周邊很多朋友都這麼做。一旦轉入私有，地方政府就收不回去了。我在找房子的時候，塔村區的房屋仲介帶我看了許多公有住宅——仲介稱之為「老本土」（ex-local），意思是「以前的地方國宅」。公有住宅是我少數買得起的房產之一，賣得比私人建商的房子便宜一些，要買就得動作快。在首都，公有住宅掀起熱潮，內倫敦區的公有住宅取代了閣樓，成了新一波趨勢；時髦的新屋主用最新建材重新裝修一番，大肆吹噓他們的房子。而倫敦赤貧階級除了原本遭受的種種輕蔑之外，如今又多了一項羞辱：他們從來沒看到公有住宅的潛力。

從我的窗戶放眼望去，能見到一片公有住宅，其中許多戶已轉為私有。羅馬路（Roman Road）的另一邊是格林威社區（Greenways estate）的軍營式土磚步道；格林威社區建於一九五

○年代，堅固而平凡，不久前整修過，住了好幾百戶人家。遠方，在格林威的屋頂後頭拔地而起的，是丹尼斯・拉斯頓[49]的作品——被列入保護文物的索肯住宅（Sulkin House）：這棟建築蓋在被炸彈夷平的教堂原址，由幾戶公有的雙層公寓疊成的兩座大樓呈夾角豎立，兩端由圓柱形的中軸銜接，整座建築彷彿一本敞開的立體書——這是垂直街道概念的先驅。但是窗前最重要的景觀，是規模更宏偉的二十世紀巨石柱群：十七英畝的範圍內，有六座塔樓和五棟較矮的大樓，彼此分散，又呈某個角度對望，如此一來，每一棟樓隨時都有至少一面牆能得到日曬，而塔樓灑下的陰影將如輪軸一樣轉動方向。這是克蘭布魯克社區（Cranbrook Estate）。

克蘭布魯克非常引人注目。它跟其他社區截然不同，高樓的底層架空柱（位於建築物一樓、由外緣往內切的支柱），類似勒・柯布西耶[50]的馬賽公寓大樓（這棟大樓的規模較小）。但是在非建築師的外行人眼中，克蘭布魯克最顯著的特色，是它與勒・柯布西耶的功能現代主義（functional modernism）相悖的繁複細節：飛揚的檐口、像巨大把手似地突起於塔樓屋頂上的水泥架構、鑲嵌在米色磚牆外的蛙綠色浮雕。乍看之下，它猶如某種碩大而優雅的密碼鎖，又如雙色的魔術方塊，彷彿隨時都會一層一層呼呼作響地轉動起來，揭開某個深藏的祕密。但是知名度為它賦予了人性：你不僅知道這裡的光線多麼充足，還聽說過建築師的傳奇，甚至得知有哪些人居住在此。羅馬路附近有一排呈新月形排列的紅磚平房，緊鄰它的是噴泉和伊莉莎

49. 譯註：Denys Lasdun，英國著名建築師。
50. 譯註：Le Corbusier，法國建築師，被譽為二十世紀最重要的建築師之一。

白・弗林克（Elizabeth Flink）的銅像作品「瞎眼乞兒和狗」的花園，專供老年人居住。表面上，玩具般的平房跟後頭高聳的米色、綠色大樓是那麼不同，你會以為它們互不相干，其實，它們從一開始就出於同一套規畫。

這項計畫建於一九五五到一九六六年之間，當時，貝思納爾格林市政府為這項計畫聘請了建築師三人小組，分別是法蘭西斯・史金納（Francis Skinner）、道格拉斯・貝利（Douglas Bailey），以及資歷較深的精神導師——將現代建築的火炬從歐陸傳到英國的著名建築師，貝特洛・萊伯金（Berthold Lubetkin）。對於克蘭布魯克的設計，一般人以為萊伯金只是外圍參與者。他當時住在格洛斯特郡郊區，自從一九三九年帶著家人撤退至此後，便一直定居這裡，一邊養豬，一邊沉思；他為達勒姆縣（Durham）彼得利市（Peterlee）的礦工們造鎮的希望破滅，這件事讓他耿耿於懷。然而，正如傳記作家約翰・艾倫（John Allan）所示，萊伯金要到很久很久以後才會退隱山林。事實上，他是克蘭布魯克整體計畫的主導人，每個月都會帶著圓鼓鼓的藍圖素描本北上倫敦。

由於背後靠的是貝思納爾格林和倫敦政府的公帑，萊伯金和兩個徒弟成了最明顯的箭靶。攻擊來自四面八方，包括反對以公共經費補助房屋興建計畫的人、痛恨實驗性建築的人，還有那些比較微妙的懷疑論者：這些人衷心支持國家房屋政策，但是厭惡猶如大型水泥紀念碑的現代主義住宅風格。他們的說法是，政府無視人們對「樓上兩房、樓下兩廳，附帶一方花園」的傳統英式住宅的渴望，硬生生把承租戶塞進一個疊著一個的水泥盒子裡，簡直把他們當成工廠化養殖的牲畜。政府任由自負的建築師實現願景，犧牲了住戶；建築師只想著如何雕塑出雄偉的水泥塊——他們永遠無法想像自己、或子女、或他們認識的任何人居住其中。這說得頗有道理。作家琳賽・韓利（Lynsey Hanley）成長於伯明罕郊區的一棟公有住宅，她在二〇〇七年出版的著作《家園》（*Estates*）中嘲弄建築評論家；這些評論家把各式各樣惡名昭彰的倫敦公有住宅大廈，形容成「強壯、陽剛、抽象的結構，無與倫比、毫不妥協於居家生活」，他們說這些住宅激發出一股「微妙的恐懼感」。

「畢竟當你還得養家活口時，」韓利說，「最顧不上的就是居家生活。」她認為，前衛派建築師落實住宅現代主義的方法，「似乎掉入『建築必須是藝術』的思維。的確，建築應該要美觀，但是不應以犧牲住戶的生活為代價。」她並未明指貝利、史金納和萊伯金在貝思納爾格林的作品，但是從表面判斷，萊伯金和克蘭布魯克社區，似乎符合她所描述的自私的現代派典型。她是從左派的角度提出批評的，但是藉由將英國勞工栓進異國的極權主義住宅形式，萊伯金和克蘭布魯克也同樣容易遭到查爾斯王子之流的保守審美家譴責。

萊伯金在一九九〇年逝世，留下很大的空間供批評者抨擊。他確實很自大，而他施展才能時，總是用蠻幹而非智取。他和妻子瑪格麗特都是終身的共產黨員。萊伯金對克蘭布魯克的設計初衷，深受一趟返鄉之旅的影響；一九五三年，他在史達林過世之後回到俄羅斯故土，在那裡，國家規畫所能達到的超人規模讓他深受震撼：

重建後的史達林格勒，運用一層層碩大的花崗岩階梯將遼闊的窩瓦河放入構圖中；巨大的體育館又深又長；窩瓦頓運河像彩帶一樣穿越乾枯的大草原，沖激的河水濺起閃閃發光的泡沫；老莫斯科的新大學校園有寬廣的前院和公園，無邊的綠地宛如大海，和天際連成一線，開闊得無法想像。有幸見到此景的建築師，此生將無法輕易忘懷。

事實上，萊伯金的個人風格太強烈，當不了現代派；而他又太自由隨興，無法拘於史達林主義。克蘭布魯克社區壓根不是市政當局和建築師攜手合作下的世俗產物，它是萊伯金對貝思納爾格林和倫敦政府深感絕望的刻痕；對政府來說，住宅建設已成了一場數字競賽，建築願景以及為勞動階級打造美好世界的使命感，全淪為一綑綑的標準、法規和報價單——這是購買公有住宅的第一個契機（哈洛德・麥克米倫在一九五〇年代發明了「買房權」這個名詞）。自從萊伯金在一九三一年由巴黎抵達英國之後，他想結合自我意識和天賦來推動事業的欲望便頻遭打擊。他最早承接的案件，是有錢人的私人公寓和動物園建築，包括倫敦動物園現存的企鵝池。只有在二十世紀中葉替芬斯伯里（Finsbury）市政府工作的短暫時期，他才幾乎遂了心願：仔細聆聽居民及勞工的需求，然後在穩當且信任他的金主支持之下，用自己的方式詮釋用戶賦予他的使命。不過即便是當時，戰後的經濟窘境還是讓他左支右絀。

萊伯金初次向市政府闡述他對克蘭布魯克的願景時，首先以中世紀的形而上學當開場白，接著暢談哥白尼、笛卡爾和丁托列托[51]掀起的啟蒙運動。這是一個不知勞動階級疾苦、荒唐而又自以為是的傢伙在夸夸其談嗎？或者，縱使理想幻滅，身為藝術家工匠的責任感，讓他無法認真看待替五百多個家庭蓋房子的工作？我寧可相信後者。在那個年代，地方政府認為跟未來住戶諮商的目的，就是要釐清住戶人數，然後擬定建築師所說的「委託說明書」（surrogate briefing），計算出能容納所有人的住宅數量。若從這個角度看，克蘭布魯克要傳達的祕密訊息，就在於它與眾不同的獨特性，它讓過往行人感受到負責建造這棟建築的人，投入了非比尋常的意志力，費盡千辛萬苦，實現他認為無比重要的一件隱晦又神祕的任務；而這正是萊伯金和他的團隊希望掛上的招牌。招牌上寫著，「國宅不該只是一棟國宅」，還附加上「這很重要」幾個字。不過，他當時就懷疑人們能否看到這塊招牌。他告訴艾倫，在晚年他得到這樣的感觸：

> 民眾越來越不抱持幻想，不再認為藝術或建築能提升他們，或者預示一個更美好的未來。相對於將建築視為「為更好的明天奮鬥」這樣的願景，他們漸漸只看到法規、住房清單、記點制度等等，因此只期待一個「住處」……這讓我們努力的一切顯得如此白費力氣。

51. 譯註：Tintoretto，義大利文藝復興晚期的傑出畫家。

朵琳・肯道爾是普托大樓的原始住戶之一；那是克蘭布魯克社區的六座塔樓之一，一九六四年完工後，她一直住在高樓層的一間兩房雙層公寓。她和已故的丈夫在那裡把女兒養育成人。普托的公共設施稍顯破舊，但是整體空間既寬敞又明亮。從大廳仰望，你可以看見萊伯金階梯的淚珠狀橫切面延伸直到頂點。早年，小朋友總喜歡沿著樓梯扶手，一路從十五樓滑到底樓。在這垂直社區中，住戶關係緊密、彼此熟悉。我拜訪的當天，我們聽到樓上公寓有人正在吸地板。「她每個星期五都得打掃裡外，」肯道爾說。

靠著折扣和一筆遺產，肯道爾在一九八四年買下他們的公寓。當時由於租金逐年上漲，他們想，如果他們買的是租賃產權（leasehold）[52]，那麼跟市政府打交道的時候，他們說起話來會更有分量。最後，這個社區整體而言，約有三分之一的單位屬於私人所有。我告訴肯道爾，市政府實施買房權所收到的資金，都得用來支付他們應負擔的政府公債，肯道爾非常震驚。「我以為錢都妥善收著，等著再拿出來用，」她說，「我以為有一個買賣房屋的帳戶，所有錢都存進去那裡，等著政府重新釋出使用。」

行使了買房權的原始屋主，一個接著一個離開了克蘭布魯克。「大概有十五名買了房子的人相繼去世，他們的公寓也被轉手賣掉。樓下的亞瑟在耶誕節前後過世，他的公寓目前待售。住在奧芬巴克大樓的桑尼，耶誕節前不久過世，他的公寓也準備出售。這些房子會被人買來短期出租。你交了一些朋友，都是些好人，但是突然之間，他們全都走了。」

肯道爾是漁家的女兒，一九二九年出生於米爾福德港（Milford Haven）。中學畢業後，她就從彭布羅克郡（Pembrokeshire）搬到倫敦東部跟姨媽住，想辦法找工作。她遇到從貝思納爾格林來的裁縫師約翰，後來跟他一起搬進倫敦東區的一間私人出租公寓，當這棟老房子被拆除後，他們就住進克蘭布魯克社區。

照左翼進步派的標準說法，貝思納爾格林發生的事，是有見識的民選地方官員，拯救貧窮市民免於髒亂擁擠的貧民窟，然後提供他們既現代化又衛生的住宅，而且只索取合理的租金；在長期忽略、預算緊縮以及競爭消費主義讓這些住宅蒙塵之前，這些地方往往能讓新來的房客感到滿意。不過還有另一種更具顛覆性的說法，暗指在某個時間點——也許是一九五〇年代，或者更早——「掃蕩貧民窟」行動開始變質，地方政府毫無必要地拆除某些結構健全的老舊房屋；而政府原本可以把它們買下來整修翻新的。

肯道爾恰巧是東倫敦歷史協會（East London Historical Society）的祕書；這兩種說法她都接受。她和丈夫熱愛他們在聖彼得大道上跟私人房東租的兩房老公寓，當市政府決定拆除這間房子以及鄰近的公寓時，他們做了一番長期而艱苦的抗爭，卻無功而返。「那是一間可愛的房子，」她說，「若換做現在，人們會將它重新翻修。假如你到哥倫比亞路看看，那裡的房子還比不上以前那些公寓呢。它有一個大花園。廁所就在後門外，裝有百葉窗和黃銅管線——但那不是貧民窟。他們剷平房子的時候，我們的心都碎了。」

52. 譯註：所謂租賃產權，是指產權持有人擁有房產，卻不享有土地所有權。產權租賃期一旦到期，房產所有權便會回到永久產權（freehold）持有人手中。租賃產權的年限一般都很長，最常見的是一百二十五年，最長則可到九百九十九年。

肯道爾以同等的熱情擁抱新居，並未將從聖彼得大道搬到克蘭布魯克社區這件事，當成從維多利亞式的東區伊甸園，流放到水泥砌成的大樓國宅地獄。「我很高興，」她說，「我好喜歡這間公寓。我們有中央暖氣系統，不必再生火了。我先生說我們搬進了一艘船，因為每一面牆都漆成灰色，戰艦的顏色。除了我擺書的那面牆外，所有東西都灰灰的。還有漆成紅色的廁所，灰撲撲的紅色。」從東區搬到郊區國宅的人，經常會感覺跟熟悉的城市節奏脫節。肯道爾沒有這個問題。「反正你認識每一個人，因為他們都跟你一起搬進來，又不是得重新認識新朋友。」

肯道爾指著我所坐的扶手椅，告訴我萊伯金也曾坐在同一個地方，問她是否喜歡她的新居。我半信半疑，那人說不定是史金納，或者貝利？但是肯道爾堅持是老頭子本人，有濃烈的俄羅斯口音之類的。「我總有個印象，覺得這裡由他發號施令。以前，我們每一個當媽的都會來這裡見他。他會說，『一切都好嗎？』他會走進來吃片餅乾、喝杯茶，然後說無論他走進哪一間公寓，他的裝潢總能跟家具搭配無間。所有東西彼此相襯，這讓他非常自豪。」

肯道爾從上一棟房子的廢墟帶走的，是絕不讓管理當局再度摧毀家園的決心。她一一指出市政府悖離萊伯金原始設計的地方。整棟公寓大樓原本靠中央鍋爐提供暖氣，但是管理當局關掉中央鍋爐，轉而在每一間公寓配置獨立的鍋爐；因此，塔樓外牆如今垂掛著醜陋的白色煙管，彷彿囚犯逃獄用的打結床單。原本，塔樓外牆切出許多深長的缺口，連接公寓之間的寬闊走廊是露天的，肯道爾可以一覽聖保羅大教堂的風景；然而一九八七年暴風雨後，市政府在走廊上裝了不鏽鋼百葉窗，遮蔽了所有視線，黯淡的外觀就像一整排拉上了鐵門的商店。塔樓外牆上的綠色浮雕，原本是用水泥做的，上頭鑲嵌著玻璃珠，在陽光下閃閃發亮；市政府拿鋁製的盒子取代。如今只要一下雨，居民就會被雨點打在金屬盒子上的滴答聲逼得抓狂。歷史協會一再要求將克蘭布魯克列入保護文物，但是遭到斷然拒絕。「市政府不明白他們擁有的是多麼美好的建築，」肯道爾說，「對他們來說這不過是一個社區。」

萊伯金在世上留下的最後一項藝術，是他替社區所做的最後潤飾。在他的願景中，有一條寬敞的林蔭步道從羅馬路穿過克蘭布魯克，直抵維多利亞公園的廣闊綠地。這條林蔭大道的確存在，但是市政府拒絕收購把克蘭布魯克跟公園的栗子樹和湖泊隔絕開來的最後一小塊土地。萊伯金只好用斜坡和逐漸遠離的迴圈，雕塑這個陰暗的死巷子，造成視覺上的錯覺。當你靠近的時候，你彷彿覺得它會帶領你通往某個神祕而充滿希望的未來。可惜如今連這也沒了，市政府疏於維護。我拜訪肯道爾的時候，她剛剛收到新政策傳單，政府宣布為了讓孩童對社區產生「歸屬感」，將鼓勵他們在舊雕塑周圍的牆上塗鴉，放手表達自己。這項計畫叫做「金光閃閃的家園」。

一九六三年，無政府主義的住房作家柯林．沃德（Colin Ward）走訪貝思納爾格林地區。他見到了丹尼斯．拉斯頓新設計的公有住宅大樓之一，欣賞了英國有史以來最大規模的公有住宅計畫——宏偉的漢薩（Hanseatic）風格邊界社區（Boundary Estate），也見到了政府拆除該地區最早的慈善住宅區——伯德特．庫茲女爵（Baroness Burdett-Coutts）經不起狄更斯

（Charles Dickens）的苦苦糾纏，出資在哥倫比亞廣場替模範工人修建的維多利亞時代住宅。廣場被剷平，以供貝利、史金納和萊伯金的另一項建案使用。沃德見到臨時搭建的木造平房「活動房屋」，有些是新的，有些年代夠久遠，周圍還搭了花園。沃德寫道，貝斯納爾格林的活動房屋，「是最新的臨時展覽，不僅是社會學家的動物園，也是建築博物館。關於都市勞工階級住房所需的種種刻薄的、傲慢的、感情用事的、殘忍的或人道的假設，都在這裡一一展示。」

* * *

貝斯納爾格林仍然是一座建築博物館。既然塔村區已正式成為英國發展速度最快的區域，貝斯納爾格林也可說是一間建築美術館，是歷代房屋政策的展覽廳。新的房屋開發模式一一浮現。由學校改建、由教堂改建、由猶太會所改建、由醫院改建。派蒂・昆恩搬到白教堂區後，她母親從前工作的火柴工廠已被改建成私人公寓。二〇一二年奧運期間，軍方提議以工廠的老水塔作為維安平台，應付來自空中的恐怖威脅，當時奧運場地離昆恩老家只有一英里遠。這一區到處可見房屋仲介。民營建商在塔村區的攝政運河沿岸興建、行銷公寓住宅，彷彿運河邊即蔚藍海岸（CÂte d'Azur）；儘管不久前，攝政運河一帶還是天黑以後別去的後工業時代破舊地區。然而，在倫敦兩大金融區——西堤區（the City）和金絲雀碼頭區（Canary Wharf）——的經濟陰影下，這裡目前仍然住著大量貧民，老邁、疾病纏身、丟了工作或者收入微薄。如同東南部各地，人們對一般受薪階級負擔得起的房子有龐大的需求；而且需求越來越大，得不到滿足。原有的公有住宅存量持續下滑，政府又不蓋新的公有住宅，這些需求將如何解決？其中一個可能性是：貧民窟死灰復燃。在塔村區，以低於市場價格出租的住宅，已有四成被正式列為過度擁擠。對於私人出租公寓過度擁擠的問題，塔村區不像東鄰的紐漢市（Newham）市那樣樂於提供資訊。紐漢市宣布取締「鴿子籠住宅」，但是問題依舊存在。二〇一一年，一名私人房東漠視塔村區勒令他改善兩間前國宅公寓的命令，被處以兩萬英鎊罰鍰。這兩棟公寓各有兩間臥房和一間客廳：房東把客廳隔成兩間房，製造出四間狹小的套房。他還在一棟大樓外加蓋鐵皮屋，其中一間潮濕、陰冷、不安全、蟑螂和臭蟲為患的公寓，總共住了七個人。一個新的流行趨勢是「租來出租」——某個人租下房子，然後想辦法把每一吋可用的地板空間分租出去，直到湊足了付給房東的租金，另外還賺一筆。

另一個可能性是由住房協會出手解圍。如今，它們在英國出租的戶數已經高於地方政府。它們是誰？情況何以演變至對它們倚賴如此之深？

在自來水、鐵路、電力以及其他國營事業的私有化過程中，雙方陣營涇渭分明：不留就走、不是堅持就是變節。利害關係人士不是支持私有化，就是堅決維持國營，其他形式一概不予考慮。如果有人提議既不維持國營現狀又不公開上市的別種模式，人們便充耳不聞。但就住房供給而言，除了私有及公有兩種選擇外，遠在買房權政策上路以前，即存在著另一種選項。從中世紀開始，英國便出現各式各樣的住房協會，幫助窮人擁有片瓦的棲身之地。住房協會通常是慈善組織，但也不盡然如此，嚴格上來說，它們既是「工商互濟協會」（industrial and provident societies），也是「註冊的社會房東」（registered social landlords）。它們循商業化模式運作——以商業貸款利率借錢、興建房屋出售或出租、力求不虧本——但是它們不能獲利，而且它們不發股息，也沒有股東。每一分盈餘都得投入它們最主要的功能，也就是為經濟弱勢族群提供廉價出租住宅。

有一些早期的住房協會仍然存在：例如一八六〇年代，英裔美籍商人兼慈善家喬治・皮博迪（George Peabody）成立的皮博迪基金會，此基金會目前在倫敦擁有兩萬多戶出租住宅。還有喬瑟夫朗特里住宅基金會（Joseph Rowntree Housing Trust），這是一家巧克力商，一九〇四年為了管理約克郡附近的新伊斯維克（New Earswick）模範村而設立的。新伊斯維克村還存在，仍然以低於市場行情的租金出租住宅。一九六〇年代，理想主義分子在倫敦北部和西部群起抗爭，反對惡質房東的剝削行為、以及國家以拆房子為樂的政策。一九六三年，布魯斯・肯里克（Bruce Kenrick）創立了諾丁山住房基金會（Notting Hill Housing Trust），也就是目前在倫敦擁有兩萬七千戶房產的諾丁山住房協會。幾年後，當肯・洛區（Ken Loach）的遊民紀錄片《凱西回家》（*Cathy Come Home*）在全英國投下震撼彈，肯里克又另外成立了遊民收容所。一九六八年，建築師大衛・李維（David Levitt）、大衛・伯恩斯坦（David Bernstein）和規畫師貝佛莉・伯恩斯坦（Beverly Bernstein）共同成立了循環三三（Circle 33），後來納入由全英國九個住房協會共同組成的集團，稱作循環住房集團。

一九七四年，住房協會開始偏離它最原始的慈善、無政府和理想主義的根源。當時，嚴格控制經濟的政府開始提供經費，幫助它們興建遠超過其棉薄之力可以興建的房屋數量。不過讓住房協會徹底改頭換面是在一九八八年，那時是柴契爾的第三任任期，她反對計畫經濟，狂妄又激進。買房權政策陷入泥淖：蓋得最好、最誘人的公有住宅銷售一空，留下數百萬戶沒有能力或意願買下房子的承租戶，繼續住在政府欠缺經費維護的廣大社區。這些人仍然是地方政府的責任。由於財政部已經收到了地方政府的銷售收據，並且將房客交的房租轉到貸款銀行手裡，地方政府沒有財力進行翻修或重建，改善許多社區的設計缺失。

要將這些興建不良的紅磚與水泥叢林拉回像樣的水準，需要非常龐大的經費。除了增稅之外，這筆經費只能靠舉債籌措，而地方政府源源不絕的租金收入是絕佳的擔保品。但是，一九八八年的中央政府不肯讓地方政府舉債，一方面是不相信公部門的能力，然而最主要的原因，則是因為舉借的額度會納入英國政府的整體公債，暴露出柴契爾的減稅措施讓國家財政陷入危機的事實。於是它們把腦筋動到了住房協會身上。首先，作為非營利組織，住房協會被正式歸類為「私部門」，因此它們在公開市場借的錢，不會出現在政府帳上；其次，中央允許地方政府將住宅儲量整批賣給住房協會（或者分批賣，由地方政府自行決定）。地方政府出清公有住宅庫存的唯一障礙，是政府迫於國會壓力不得不附加的一則條款：未經住戶投票通過，房屋庫存不得完成轉賣。

公有住宅庫存的第一波轉手，規模相對較小：主要是鄉下地區的保守黨政府，從白金漢郡

（Buckinghamshire）的奇爾特恩（Chiltern）區政府開始，將四千六百五十戶的整體庫存一舉賣給新成立的奇爾特恩諸邑（Chiltern Hundreds）住房協會（如今更名為「模範住房協會」）。新工黨執政之後，這項政策才開始大步起飛。布萊爾及布朗有意為數百萬名公有住宅房客做出正確的事，也就是整修日益老舊的公有房屋；但是他們不願意地方政府多借錢來籌措所需經費。地方政府承受出脫公有住宅及房客的壓力，他們轉而向房客施壓，希望房客投下贊成票。「贊成」表示支持動用公帑，「反對」則否。承租戶被告知，投「贊成」票表示很快能拿到錢整修房屋，「反對」則會導致工程遙遙無期。政府花了數百萬英鎊了結公有住宅的負債，幫助新住房協會順利接手。接下來，一個接著一個地方政府走完這套流程：格拉斯哥出清了八萬戶國宅；桑德蘭賣掉了三萬六千戶；二〇〇三年春，沃索爾（Walsall）和柯芬翠（Coventry）合計脫手四萬三千戶；到了二〇〇八年年底，共有一百七十個地方政府完全出清手上的公有住宅。

一九八五年時，住房協會經營的戶數，僅占全體社會住宅的百分之十三，其餘皆屬地方政府的公有住宅。但到二〇〇七年，兩者比例各半。到了二〇一二年，僅剩一百七十萬戶仍在地方政府手上，其餘兩百四十萬戶屬於住房協會所有。住房協會似乎是「第三條道路」（Third Way）[53]經濟的最佳體現，既不為獲利，也不受國家控制，差可比擬教育界的學術團體或醫界的信託基金會，但是身上流著更古老、更高貴的血統。一九九九年，在泰姆賽德（Tameside）的一萬七千戶移交典禮上，布萊爾表示房屋儲量的轉移「徹底埋葬公部門與私部門之間的意識形態分歧」。

新自由派思想當道，社會普遍認為股東資本主義所體現的私利欲望，是任何組織獲致成功的唯一深層動力；然而，住房協會以整體而言更具效率、更尊重住戶的方式，將盈餘重新投入興建更多住宅的事實，顯然是對這種思潮的一次痛擊。二〇〇九年，喬瑟夫朗特里基金會的研究發現，絕大多數接管公有住宅的住房協會，對於公共設施及生活空間的改善，超越了官方的合宜住宅標準；在社區管理議題上，他們賦予住戶更大的發言權，勝過理論上比較民主的地方政府；他們甚至越過職權範圍，投資興建諸如圖書館和學校等公共建設。琳賽・韓利在塔村區一個醜陋、破敗的社區，買了一棟之前已經轉為私有的國宅，她後來投身運動，成功將社區轉移到住房協會手中，然後剷平社區、重新建設。她寫道：

這是許多社區全然不適合人類居住的明證。這些地方的住戶和我們一樣，選擇摧毀自己的家園以便建設更好的社區，讓犯罪和反社會行為失去立錐之地，讓過於擁擠的家庭終於能給孩子屬於自己的房間……住戶不僅投票贊成，更親自投入設計。在我們的指導小組會議上，最常聽到的抱怨是，「市政府從不聆聽我們的心聲。」

53. 編註：也被稱為「中間路線」，是一種介於自由經濟主義與傳統社會主義中間的政經概念，政治立場中間偏左，是社會民主主義的一個流派。

反對住宅存量轉手的人表示，住宅是人類生活的基本需求，政府應該負起直接責任；住宅存量轉手，只不過是政府在買房權政策這樣的卸責行動後，再度嘗試第二次卸責。他們認為，住宅存量轉手實際上是另一種私有化行動，國家將為此付出極高的成本。二〇〇三年，國家審計部針對住宅存量轉手進行調查，報告中認定這項計畫頗具成效，不過審計部承認，如果地方政府獲准使用補助金和貸款自行整修百萬戶住宅，成本將比住房協會的花費少了十三億英鎊。審計部表示這項計畫有其他好處：將風險由納稅人轉移到住房協會身上、更迅速地維修房屋、賦予房客更大的發言權（一般而言，住房協會讓承租戶占社區管委會的三成席位）。然而，社會政策思想家諾曼・金斯伯格（Norman Ginsburg）在他的文章〈公有住宅私有化〉（*The Privatisation of Council Housing*）中寫道，「無庸置疑，轉手之後，修繕的步伐的確加快了，但那只不過是因為地方政府受到掣肘。承租戶的參與也增加了……但是住戶的整體影響力，是否勝過他們透過地方政黨所發揮的作用，還有很大的爭議。」至於風險轉移的概念，他說，把擔負風險的責任，從納稅人轉移到理論上窮得付不起稅金的住戶身上，豈是一件好事？「這似乎是在慶幸社會免除了滿足基本需求的責任。」

* * *

至於地方政府若被賦予機會，是否能像住房協會那樣成功地執行整修計畫（在英國城市住了幾十年的人，恐怕沒幾個能看出公有住宅社區比以前好看多少）？這是個沒有答案的問題。二〇〇二年，伯明罕在公有住宅承租戶投票否決住宅存量轉手後，成功整修了七萬戶公有住宅，顯示答案是肯定的。但是如今住房協會大體取代了公有住宅，而且基於買房權政策的效果，人口膨脹和市場供需失調的現象已顯而易見，後繼的政府求助住房協會填補缺口。二〇〇五年，住房協會的浪潮打到了克蘭布魯克社區。

相較於一舉出脫整批住宅存量，塔村區決定將一個個社區分別轉手。對於克蘭布魯克，政府首選的投標者是創立於一九九〇年的史旺住房協會（Swan Housing Association），該住房協會原本是為了持有並經營埃塞克斯郡巴希爾登（Basildon）的新市鎮住宅而創立的。在經驗豐富的房產經理約翰・西奈克（John Synnuck）帶領下，該組織開始擴張、興建房屋，並且透過存量轉移政策向地方政府購買房產。

他們受到一個叫做保衛公有住宅（Defend Council Housing）的組織抵制；這是喬治・蓋洛威（George Galloway）在當地發起的反對組織，他因反伊拉克戰爭而被工黨開除黨籍，然而他仍持續奮戰，在尊重團結聯盟（Respect）的旗幟下贏得了貝斯納爾格林和波區的國會席次。保衛公有住宅組織宣稱，史旺的接管，象徵了社區的私有化，公有資產將轉入貪婪的企業手中。他們打贏了這場論戰，獲得了選票。克蘭布魯克仍屬於公家所有。但是住房協會的支持者宣稱住戶犯了大錯，住房協會的接管根本不會是、也不能算是私有化行動，他們認為住戶受騙上當，選擇了一個更黯淡、更沒有保障的未來。「保衛公有住宅組織造成了莫大傷害，」全英國住房協會總會——全國住房聯合會（National Housing Federation）的領袖大衛・歐爾（David

Orr）告訴我，「他們為了追求公有住宅的意識形態，說服民眾投票否決自己的最佳利益，我認為這是不可原諒的……一百年前，九成的英國民眾住在私有的出租住宅，屋況大多很惡劣，是公有住宅改變了一切。但是他們保衛公有住宅及其地位——不僅是歷史地位，還有當前及未來的地位——的方法是攻擊住房協會，並且說服民眾投票反對顯然對他們有利的事，我覺得這非常愚蠢。」

在克蘭布魯克反對運動（這是全國保衛公有住宅激進人士發起的多起抗爭之一）中，對於事實細節，蓋洛威並非總是毫無錯誤的。幾乎所有住房協會都沒有股東、不付股息，史旺也不例外，因此蓋洛威對史旺的這番控訴並不屬實，「這些組織的存在，是為了企業自身的理由，為了企業自身的利益，也為了他們股東的利益。」住房理論家兼政治活躍分子格林・羅賓斯（Glyn Robbins）也參與了克蘭布魯克的反史旺運動；我和昆恩相遇的那場會議，就是由他主持的。他不像蓋洛威那樣激進，但是仍然把住房協會稱作「企業化經營的民營公司」。

羅賓斯在伊斯靈頓（Islington）公有住宅社區擔任管理委員，我們在他位於桂格巷的辦公室裡二度會面。他用激進人士的身分說話，指出把住房協會宣揚成溫和的慈善團體，是一種詐術。「他們有一種親切的、沒有威脅的形象，有時候確實無害，也做了善事；但是隨著它們越來越倚賴民間的融資管道，變得越來越商業導向，對那些最需要房子的窮人來說，它們跟私部門沒什麼兩樣。在付股息給民間投資人和付二十五萬英鎊年薪給住房協會執行長之間，我們如何畫定界線？如果你打算在公部門服務，難道不明白自己得接受不一樣的報酬，反映出這套價值標準？」

我去檢視史旺進行的實際翻修工程；這個公有住宅社區是史旺在塔村的波區所接管的。在這個被鐵道環繞的場址上，三棟巨大而破舊的公寓大廈正在裡裡外外地整修。建築師利用高樓大廈的底層空間，興建數百戶低矮樓層的新公寓和房舍，這些住宅無論空間大小或外觀，都勝過民營建商在倫敦東區其他地方所興建的住宅。社區的任何住戶若有意願以原來的租金水準承租新蓋的或翻修過的公寓，都分得到房。剩下來的單位將以市場價格出租、半買半租（shared ownership）或賣斷。史旺從這些商業活動得到的收入，將用來補貼它旗下的社會住宅。

朵琳・肯道爾之所以反對史旺接管克蘭布魯克，並非因為她誤以為史旺是個營利事業，而是因為史旺為了取得整修的資金，打算清除萊伯金的設計：他們打算在現有的建築之上，以及在建築之間的間隔上興建新屋，而這些間隔空間原本是克蘭布魯克的社區活動中心。這些新房子有些會被賣掉，有些會以市場價格出租。

政府雖然跟住房協會大獻殷勤，卻不斷督促它們用更具創意的方式籌措營運所需的資金。政府刪減了興建房屋的補助金，強迫住房協會在它們接管的公有住宅或新蓋的社區找出空間，多蓋房子出售或出租，以利交叉補貼。政府鼓勵住房協會跟民間舉債、或者多從事商業活動以便為它們的慈善事業募集經費，如此一來，政府讓它們變得越來越像營利事業。這樣的危險是，社會住宅最後可能變成民營企業的慈善票根，一如銀行給慈善團體的捐款。

住房協會中也出現令人不安的肥貓蹤跡。《房市內幕》（*Inside Housing*）雜誌放大檢驗各個住房協會執行長的薪水，在它所列的一百位執行長的最新薪資中，沒有一個人的年薪少於十萬英鎊；其中十六人（包括史旺的史奈克）年薪超過二十萬英鎊。二〇一〇年，住房二一協會（Housing 21）發給即將退休的執行長瑪琳達・菲利浦價值超過五十萬英鎊的報酬——薪水和退休金共二十萬七千，另外還有價值三十萬的紀念禮。二〇一三年八月，好地方（Great Place）住房協會對它們即將退休的執行長也同樣大方，除了價值二十萬四千英鎊的薪水、退休金和紅利外，董事會還送給他價值二十四萬五千英鎊的臨別贈禮，這等同讓好地方的每一個住戶分攤二十八英鎊。

住房協會也開始奮力地多角化經營。二〇一一年，為了接管桑德蘭公有住宅而成立的珍土集團（Gentoo Group），已跨入了營造、設施管理、太陽能板、防彈玻璃等產業，並且開發一款稱為街頭情報（Streetwise）的軟體，幫助住房管理委員追蹤、控制社區裡的麻煩人物（「街頭情報可以計算各種法律行動與干預措施的成本，來幫助組織找出最具成本效益的方法來對付反社會行為。」）。珍土的一億七千五百萬英鎊營收當中，有三分之一與社會住宅無關，不過該公司向我保證，它們絕對不會拿住戶的房租補助其他活動。在此期間，珍土執行長彼得・沃爾斯（Peter Walls）從市政府住房署署長跳槽過來，薪水幾乎漲了一倍：但是珍土竟找不到方法替經濟弱勢族群蓋新房子。桑德蘭的人口持續萎縮，政府早就規畫在二〇二一年以前拆除五千戶公有住宅。但是拆除四千戶前公有住宅、賣掉四千五百戶給買房權的買家，只興建一千五百戶平價出租公寓作為替補，導致平價住宅少了七千戶的存量。

二〇一三年，野心過大的大都會（Cosmopolitan）住房協會瀕臨破產，若非另一家大型的住房協會聖所（Sanctuary）幫忙解圍，後果不堪設想。原來，大都會用它的社會住宅資產作為擔保品（其中一大部分是原屬於切斯特城〔Chester〕的七千戶公有住宅），貸款資助它的學生宿舍事業。然而會計上的疏失導致大都會違反了貸款協議。要不是聖所出手相救，此刻，那些承租戶的房東大概就得換成某個大型的金融機構。

史旺近幾來年分割出幾家子公司：蓋房子來販售的史旺新屋（Swan New Homes）、維沃（Vivo）私人安養中心，以及赫拉（Hera）物業管理公司。如果維沃與赫拉賺錢，那好極了，利潤都能歸於社會住宅公共基金。然而要是賠錢，史旺可能就得挪用盈餘來支撐這幾家以營利為目的的子公司。目前而言，在史旺興建的新屋中，有四分之三充作社會住宅。但是似乎每次住房協會證明它們可以在政府縮減補助的情況下完成使命，縮減的補助就成了新的常規，隨時可以進一步縮減。如果你對這一切的走向還存有疑慮，二〇〇八年，執政的工黨改了一條規則，允許成立營利性的住房協會——彷彿該黨的政策小組錯聽了喬治・蓋洛威對住房協會的詮釋，覺得那個主意不錯。

「幾個規模比較大的住房協會已經發展到了資產、知識和專長兼備的階段，這讓它們有能力在截然不同的市場上運作，開始思索蓋房子來賣。而且不必仰賴其他營造商，是自建自售。」歐爾告訴我，「不過麻煩的是，當我們偏離了以純粹資本投資提供社會租賃住宅的模式，出現更商業導向的行為，左翼人士就會開始說，『瞧，早說了吧，他們全是一群貪婪的混蛋，只想蓋房子，只關心開發案。』事實並非如此，但那是日後會出現的說法。」

政府最能控制住房協會的施力點，就是住房協會所能收取的房租必須由白廳來訂定。房租多半是透過房屋津貼的形式支付的。英國現在有三種不同的租金模式：市場租金、公有住宅的房客付的「社會租金」（以倫敦而言，大約是市場租金的一半或更低），以及目前限定在市場租金八成水準的「平價租金」。二〇一〇年，聯合政府刪減它給住房協會的三分之二的補助經費，但是仍然希望住房協會興建同樣數量的住宅。住房協會唯一的辦法，就是在市場上借更多錢。而償債的唯一辦法，就是收取更高的租金。好吧，政府說，從今天起，只要你們興建新的社會住宅，就可以採平價租賃模式，收取市場行情的八成租金。此舉間接導致政府的住房福利補助支出增加。

「關注興建新住宅的政府部門，強力要求租金上漲，」歐爾說，「關注住房福利的部門，強力要求租金下調。還有一塊專門掌管所有財務事宜的政府部門、也就是財政部，希望見到這兩種互斥的情況同時出現。」他大可以補充說明另一個矛盾：鼓勵住房協會運用更有創意的融資方法，鞭策在它們有限預算下擠出更多住宅的政府機構，叫做住房與社區局（Homes and Communities Agency）。照理說，負責確保住房協會不冒多餘金融風險的管理機構就是住房與社區局；但住房協會接管公有住宅後，政策變得益發錯綜複雜。聯合政府要求，當社會住宅租約終止（例如原來的公有住宅房客過世），該住宅將以「平價」租約模式重新出租；但是聯合政府在住房福利政策上的改變，使得「平價」住宅的貧窮房客越來越難不拖欠房租，這意味著住房協會要還錢給債權人，將會出現危險，也導致住房協會越來越難貸到款項。

一九七九年以來，社會住宅政策的方向是讓政府一步步脫離興建住宅的事務，如今更要一步步脫離租金補助事宜。你可以想像，儘管欠缺事實證明，自由市場派人士仍然相信市場可以在不強迫富人捐助的情況下，為窮人提供舒適合宜的住宅。這是以君子之腹度小人之心。但是我更情願相信他們真正的意圖（一種並非居心叵測、也沒有公開討論過的意圖），是希望廢除為了拉近貧富差距而課征的富人稅，用實物稅、良心稅取而代之；換句話說，就是要壓低所得稅和公司稅，允許貧民窟一一回籠，讓富人所受到的威脅是可以輕易忽略的良心威脅，而非財富上的威脅。歷史往往是不斷循環而非直線前進，狄更斯的時代終將再度降臨。

* * *

貧民窟即將重現。然而崩毀過程當中，還存在著一大障礙：社會住宅的短缺問題，無法跟整體的住宅短缺問題畫清界線。面對全面失靈的市場，政府袖手旁觀。麥特・葛瑞菲斯（Matt Griffith）針對住房危機，為公共政策智庫IPPR發表一篇犀利的論文〈我們必須解決問題〉（*We Must Fix It*）。他指出私人營造業面對的盤根錯節的問題，不只是反映出更深層次的經濟萎靡，而是這些問題本身就是更深層次的經濟萎靡。葛瑞菲斯認為，興建房屋已不再是英國既有營造商的主業，他們基本上成了土地販子。葛瑞菲斯估計英國營造商擁有足以興建一百五十萬戶住宅的土地。這個數字遠高過其他估計，因為他不僅計入已拿到營建許可的土地，還把非正式的保留地算進去：精明能幹的地方仲介看準日後能拿到營建許可，因此透過祕密期權協議跟地主談妥販售農地的合作事宜。

為什麼不在這片土地上加快建設？因為建商的土地成本，跟這片土地的未來房價休戚相關。經濟景氣時，他們蓋比較多房子，但是對於房價往往過度樂觀，因此土地買貴了。不景氣的時候，他們沒辦法蓋房子，因為蓋了房子等於告訴大家他們的土地買貴了，導致資產貶值，損失慘重，嚴重威脅他們本身以及借錢給他們的銀行。寡占市場的幾家私人營造商沒有爭相興建最吸引人的住宅，反而在比誰最能善用土地儲備（land-banking）來度過上一波的房市泡沫，並且預測下一波泡沫。整個制度莫不鼓勵囤積土地，讓新屋供不應求，以便維持高房價；如此一來，連帶鼓勵銀行偏好發放房貸，勝過其他貸款項目。全英國銀行放出去的款項中，房貸的比例高達驚人的七成六，其中六成四是住宅抵押貸款。這些資金原本可以流向其他更有生產力的事業。房貸在銀行資產中占的比重之高，因此，葛瑞菲斯希望藉由壓低房價和地價，針對土地擁有權制度推動的激進改革，很可能再度讓銀行受到重創。正如馬丁・沃爾夫在《金融時報》上對買房權政策心灰意冷的攻擊所言，「一個解除管制、充滿活力的房屋供給市場，就代表著代表金融界和政界的世界末日。」

大衛・歐爾對此開出藥方：增加市場另一端的房屋供給，方法是稍微提高政府對住房協會的補助，並且將公有住宅交給新的歐式國宅仲介，後者可以在不增加國債的情況下借到款項。住房協會和地方政府擁有自己的儲備土地，並且有充分理由進行開發。「補助金住宅的最大特色是什麼？答案就是補助金，」歐爾說，「如果政府真心希望見到新屋的供給量增加，他們會停止詢問，『辦得到嗎？』而會開始問，『怎麼才能辦到？』如今，我國每年花在住房和運輸的支出是一百零五億英鎊——其中九十五億英鎊用於交通運輸，剩下十億英鎊才是住房經費。如果我們決定撥八十五億英鎊給交通部，撥二十億英鎊給住房部，總數仍然是一百零五億，但是這多出來的十億，可以讓我們在二號高鐵的規畫方案八字還沒一撇之前，一年內蓋出四萬戶新屋。」

原本，這座島嶼的南部就已十分擁擠，而且人口日益成長；要在這裡替每個人找到棲身之處，所有人都得做出讓步。沒有人知道克蘭布魯克社區的命運。我和朵琳・肯道爾一樣，希望它維持公有，並且想辦法依照史金納、貝利和萊伯金當初的設計妥善維修，恢復原貌。這是我的憧憬，但是我不知道如何實現。要是塔村和史旺一樣，決定在社區綠地增建住宅，或者乾脆整個打掉重建呢？市政府已經跟史旺聯手在另一個公有社區做了這種事了。它們不顧李察・羅傑斯（Richard Rogers）和札哈・哈蒂（Zaha Hadid）的美學異議，重建黑牆隧道（Blackwall Tunnel）附近、野獸派風格的水泥大樓羅賓漢庭園（Robin Hood Gardens），聲稱得到了大多數住戶的支持。如果我們發起抗爭，保護克蘭布魯克不受類似遭遇，我們會是拯救國家藝術資產的正義鬥士，或者我們成了鄰避分子[54]，阻撓迫切所需的新屋建設？

54. 譯註：Nimby，not in my back yard的縮寫，意思是「別在我家後院」，指居民排斥或嫌惡某些環境設施（比如垃圾場、焚化爐）。

更大的一場仗，是捍衛克蘭布魯克所體現的理念：社會住宅必須由富人交稅支持，並非只有富人的命才有價值。格林・羅賓斯的父親生於一九二九年的萊姆豪斯（Limehouse）貧民窟，這裡的房子後來被夷平。那裡沒有熱水，也沒有浴室，一棟房子裡住了三戶人家；羅賓斯父親一家四口擠在一個房間睡覺。一九三六年，他們分到一間位於達格南（Dagenham）的公有住宅，那是一棟有前院和後院的郊區房子，他們的子孫因此度過了一段穩定的生活。「如果我當初告訴爺爺奶奶，他們有朝一日可能動了買房子的念頭，他們會覺得我胡說八道，他們沒理由這麼做。」羅賓斯說，「要到了一九七九年以後，誘惑才會開始發酵。他們基於尊嚴，堅持不買下房子，所以當爺爺奶奶過世後，房子回到市政府手中，照理要分給名單上的下一個家庭。但我最近回去看時，房子當然賣掉了，屋況糟糕透頂。」

你可以把羅賓斯的悲憤視為鄉愁。畢竟，從貧民窟到公有住宅的歷程，是專屬於過去兩代人的單程旅途。英國現在沒有貧民窟，沒有棚戶區；但是那得假設這趟旅程不會朝這種方向前進。

一趟回歸二十世紀初的旅程已經開始了。一九八〇到九〇年代之間，我們以為隨著公有住宅的數量持續下降，有房階級的比例會持續上升；然而二〇〇四年以後，英國的房屋自有率便開始下滑。一九九二年迄今，跟私人房東租屋的無殼蝸牛人數增加了一倍。喬瑟夫朗特里基金會的執行長茱莉亞・安文（Julia Unwin）很悲觀，「二十世紀初，自由市場造就了破敗的貧民窟。現在我們無疑目睹了貧民窟重現、惡劣房東大賺黑心錢、人們一步步陷入赤貧的現象。貝佛里奇有施粥場，我們有食物銀行。我們確實又回到了原點。窮人與富人之間出現一道鴻溝，貧富階級之間永遠存在差距，但是如今，雙方的差距似乎特別懸殊。」中產階級時代的到來並不妨礙貧民窟的出現；對過去的鄉愁，如今已成了對未來的預言。

第七章
極右派國度

Chapter 7

私人島嶼：非請勿入

歐洲外來移民對英國的影響，不如獨立黨希望見到的那般危言聳聽。報告指出，大多數問題是政府失靈或雇主剝削或兩者兼備而產生的：雇主仗著政府執法不力，以低於最低標準的薪資，聘用需錢孔急、未加入公會的移民，在惡劣的環境下超時工作。

奈傑爾・法拉吉（Nigel Farage）在二〇一五年參選西敏寺席位的選區薩尼特（Thanet），巧妙地落在法拉吉位於南倫敦的住家，和他在布魯塞爾歐洲議會辦公室之間的通勤軸線上。從地圖來看，若說肯特郡是英國的右腳，那麼薩尼特島就是它的大拇指，隔著大海往東指向布魯塞爾。自從十五世紀以來，分隔薩尼特島跟英格蘭本島的海峽被泥沙淤塞之後，它就不再是座真正的島嶼，但是仍然三面環海。每當夏日驕陽如熾，這座圓墩墩的半島上，空氣中會有滿滿的光，令人頭暈目眩、失去空間感，彷彿在世界邊緣，只要往前幾步，就會進入某個炫目的無垠虛空。難怪透納（Turner）會對羅斯金（Ruskin）說，薩尼特擁有全歐洲最美的天空。

薩尼特有北薩尼特和南薩尼特兩個國會選區，還有一個地方議會也叫做薩尼特。除此之外，「薩尼特」是一個概念，連結了三個濱海小鎮。這三個城鎮彼此相鄰、唇齒相依，卻不失各自的獨特性，就像同住一間公寓的三名室友。半島南邊的拉姆斯蓋特（Ramsgate）原本是個渡船口；面東的布羅德斯泰（Broadstairs）是高級度假區；工業時代，北邊的馬蓋特（Margate）曾是英國的夏日遊樂場，如今繁華落盡。法拉吉即將在南薩尼特參選，這個選區涵蓋拉姆斯蓋特、布羅德斯泰，以及馬蓋特的一小段濱海區，叫做克里夫頓維爾（Cliftonville），另外還有薩尼特以南的幾個區域，包括桑德維奇鎮（Sandwich）。

二〇一四年的初夏傍晚，我從倫敦搭火車到拉姆斯蓋特。當地的艾靈頓賀瑞森中學（Ellington and Hereson）仿照電視節目《問答時間》（Question Time），邀請獨立黨（Ukip）領袖參加論壇。當時，法拉吉還沒有正式宣布參選。二〇〇九年正式上路的倫敦高鐵是二十一世紀的產物：迅速快捷、全車空調、日本製造。這項新服務並未區分頭等艙和二等艙，所有車票一律索價過高，全體一視同仁。列車衝出大都會車站的水泥與玻璃建築，沿著歐洲之星鐵道，以一百四十英里的時速穿越肯特郡，一小時二十分鐘後抵達拉姆斯蓋特。然而，當列車轟隆隆地駛進拉姆斯蓋特，我下了火車，踏入寧靜的濱海小鎮，覺得自己彷彿回到了一九七〇年代的英國。大街兩旁有三兩棟大型的半獨立屋，瀰漫著家常的散漫氣氛。在倫敦，多的是錢，少的是空間或時間；在這裡，情況剛好恰恰相反。

艾靈頓賀瑞森中學建於二〇〇七年，由幾棟閃閃發亮的白色建築組成，是工黨推動的民間融資方案（PFI）之一。除了法拉吉之外，籌畫並主持這場論壇的高年級學生查理・萊斯，還設法邀請到南薩尼特的現任托利黨國會議員蘿拉・桑茲（Laura Sandys），以及工黨、自民黨和綠黨的候選人。蘿拉・桑茲主張英國維持歐盟會員國身分，不過她並不打算競選連任。我仔細觀察法拉吉在其他人發言時的表情，以往的照片和新聞鏡頭，他總是露出傻呼呼的微笑或大笑；見到他一本正經的模樣，感覺有點奇怪。我記得我曾在一場記者招待會中觀察戈登・布朗，當時的首相是東尼・布萊爾；我很好奇布萊爾回答記者問題時，布朗會出現什麼表情。此刻，我見到法拉奇和當時的布朗一樣——別過頭去，不看其他發言人也不看觀眾，對笑話或挑釁無動於衷，設法讓自己看來漠不關心，以表示這裡談論的一切毫不重要，他關心的是英國的未來。這樣的表情很難不顯得冷漠，而法拉吉看起來的確很冷漠。

在他的答辯中，他天花亂墜地說著他那自相矛盾的民粹式言論。他認為除了毒品之外，歐盟是一切問題的源頭；而在毒品問題上，要是專家認為可行，他認為開放毒品無妨。阻礙政府補助地方機場的是歐盟；賦予勞工太多權力以至於傷害經濟的也是歐盟；英國企業無法外銷更多商品給印度，還是歐盟的錯；而從歐陸來的移民，是社會住宅短缺的主因。

南薩尼特對奈吉爾・法拉吉有什麼期待？作為一個名人，他可以幫助拉姆斯蓋特和布羅德斯泰登上新聞版面。但是，選民是否相信脫離歐盟是英國的當務之急？他們是否願意把國家交給獨立黨掌管？或者，他們純粹想讓法拉吉混入國會，就像庫柏力克的電影《二〇一一太空漫遊》結尾中的那名太空人那樣，想辦法拔掉失控的超智慧電腦的電路？

許多證據顯示了薩尼特支持獨立黨的主要論點：遙遠而陌生的力量興起，削弱了地方的權力。然而那些遙遠而陌生的巨大勢力跟布魯塞爾（歐盟）無關。主要牽涉其中的是全球企業和連鎖集團，是新自由主義的政治議程：國營事業私有化、變更司法管轄權、保護財產繼承、將稅負重擔從富人轉到窮人身上。艾靈頓賀瑞森中學照理隸屬於肯特郡政府，但是事實上，二〇三二年以前，擁有、維修和主宰這塊校區的，是比爾芬格全球基建公司（Bilfinger Berger Global Infrastucture），它是一間同時擁有加拿大醫院和澳洲監獄的盧森堡投資機構。比爾芬格把經營學校的工作外包給麥提（Mitie）公司，而麥提除了經營學校之外，還有許多業務範圍，包括接受政府委託，從希斯洛機場強制驅離移民。學校必須自行支付校舍租金，並且支付維修費或整修費給麥提。副校長柯林・哈瑞斯告訴我，「每換一個燈泡就得花二十五英鎊。」艾靈頓賀瑞森有意脫離肯特郡的菁英教育體系（該郡仍沿用「11+測驗」）[55]成為公辦民營的學校，直接從中央政府取得經費。然而就算如此，比爾芬格依舊是學校的房東。艾靈頓賀瑞森申請公辦民營學校的程序被擱置，因為針對誰該付房租和服務費給比爾芬格分散在全球各地的投資人，白廳和肯特郡遲遲無法達成共識。

這一年，住在佩斯郡（Perthshire）城堡裡的蘇格蘭女富豪安・格洛格（Ann Gloag）以一英鎊買下薩尼特的曼斯頓機場，然後關閉機場，一百四十四人因而失業。在馬蓋特鎮深耕六十年的霍恩比（Hornby）火車模型製造商，將配送倉庫移往肯特郡的另一區，不過此舉並未引發太多議論，因為火車模型製造廠本身，許多年前就轉到了中國。同樣在選區內的桑德維奇鎮，仍舊試圖從三年前的打擊站起來：當時，美國輝瑞藥廠大幅縮減它龐大的研究實驗室，原本聘用了兩千五百名科學家，如今只剩下六百人。拉姆斯蓋特最有前途的開發區——昔日位於海邊的帕雷蘇馬遊樂園，因地主長期在外而荒廢了十年。在布羅德斯泰新開設的維斯特伍德十字購物中心裡，五十三家商店和餐廳當中，只有一間漢堡店和一間自有品牌配飾專賣店，不是總部設在其他地方的連鎖商店。維斯特伍德十字購物中心搶光了拉姆斯蓋特大街上的人潮，在這條街上，大銀行的分行孤伶伶地站在破舊的店面、慈善商店、舊貨店、當鋪和布萊特豪斯分期付款公司之間。你可以用一星期六英鎊的分期付款價格跟布萊特豪斯買洗衣機，不過年利率是百分之六十五。維斯特伍德十字隸屬倫敦的超大型地產巨頭——土地證券集團（Land

55. 譯註：英國某些郡縣實施菁英教育制度，學生從小學升初中之際會參加一次以難度著稱的考試，高分通過者可以進入菁英學校，其餘學生則分發到普通學校。由於應考生的年紀都在十一歲上下，故稱作「11+ 測驗」（11-plus）。

Securities），這家公司在全國各地總共擁有三十五個購物中心和商店區。

沿海的地平線上矗立著一座座風力渦輪機，那是全球第三大的薩尼特風力發電廠，隸屬於瑞典國營的瓦藤福電力公司（Vattenfall）。至於薩尼特的地下電纜，則由亞洲首富李嘉誠壟斷。南方自來水公司負責供應薩尼特的自來水和污水處理；這家公司的業主是香港投資基金與澳洲、加拿大退休基金共組的財團，由美國和瑞士的商業銀行擔任顧問。薩尼特的海灘常常因為南方自來水廠污水外漏而被迫關閉。

在法拉吉選定的戰場上，不在地地主（absentee landlordism）越來越多、私有化行動頻仍，當地經濟與基礎設施跟在地居民越來越疏離；這絕對與歷屆英國政府所做的選擇有關。若真要扯上歐盟，那就是跟參與設計歐盟的一名前大宗商品交易員有關。這名前交易員最近在歐洲貨幣全球借款人與投資人論壇（Euromoney Global Borrowers and Investors Forum）上說道，「如果後歐盟時代……我們能提出一套更便宜、更具競爭性的管制架構，同時維持住顧客信心，我們或許能讓倫敦成為更有競爭力的市場，吸引來自全球各地的外資銀行。」這位前交易員就是奈吉爾・法拉吉。

* * *

從薩尼特地方上來看，居民覺得遠距離的勢力——包括布魯塞爾、西敏寺、荷里路德（Holyrood）、輝瑞——占盡他們的便宜；雖然這是他們往獨立黨靠攏的原因之一，但不是主要因素。蘇格蘭獨立公投的隔天早晨，法拉吉被問到比起歐洲議題，「英格蘭問題」（英格蘭事務是否只准英格蘭議員決定，如同大不列顛其他三個構成國的制度？）能否替獨立黨吸引更多選票？他回答道，這是西敏寺的另一項弊政，跟歐洲和移民問題一樣對獨立黨有利。但是這三項議題何者對獨立黨在薩尼特的選情最有成效，事實已很明顯。畢竟西洛錫安問題（West Lothian question，即上述的英格蘭問題）的重要性既微妙又難以理解。而當拉姆斯蓋特居民打開水龍頭，一大群澳洲退休族便因而受益，這項事實的重要性也同樣既微妙又難以理解。安·格洛格在曼斯頓機場玩的金錢遊戲，其複雜和瑣碎的程度一如歐盟的共同漁業政策。對民眾來說，最容易理解的是，在拉姆斯蓋特、布羅德斯泰和馬蓋特的街上，似乎出現許多操東歐語言的人口。根據獨立黨所言，這就是問題所在。「去年一年，英國多出了五十萬人口，」獨立黨的傳單吶喊，「真是夠了！」傳單上畫著多佛（Dover）的白色懸崖插著一個告示牌，「很抱歉，我們客滿了。」[56]

「我們遭遇的問題，也是讓年輕人最忿忿不平的問題是，所有非技術性工作都被東歐人搶走了，」獨立黨南薩尼特競選部經理馬丁·希爾說。他的邏輯是，來自歐陸的工作人口，大約等於英國本地居民的失業人口。解決方法就是工作交換：趕走歐洲人，把英國人放上他們原先的工作崗位，就算需要採取強硬的措施也在所不惜。「超過兩百萬名歐洲人在我國工作，」他

56. 根據全國統計局，英國人口在二〇一二年中到二〇一三年中之間成長了四十萬人。其中超過半數的成長是基於出生率高過死亡率而產生的，因為移民而增加的人口數是十八萬三千四百人。

說，「明智的做法是，用兩年時間訓練我們的人取代歐洲人的工作。我們會告訴無業遊民，如果他們不工作，就會失去所有福利。有時候，你得拿棍子逼人們重返工作崗位。」

獨立黨的薩尼特總部位於拉姆斯蓋特的破落大街旁，狹窄的辦公室剛剛粉刷成象徵該黨的紫色和黃色。希爾坐在他的辦公桌後頭，輕鬆地舒展著四肢。他的臉上蓄著都鐸式大鬍子，時時刻刻掛著善意的微笑。我們是在盛夏季節碰面的，法拉吉還要過幾個星期才會宣布在哪個選區參選，不過希爾和他的副手艾倫・奈特都已經開始領全薪了。出生於北德文郡（Devon）的希爾經歷豐富：十七歲離開學校之後，他曾當過廚師學徒，也當過典獄長。不久前，他接受訓練成了分包商，組織了一支龐大的推銷團隊，替蘇格蘭電力公司SSE進行挨家挨戶的推銷工作。二〇一一年，SSE被控誘拐顧客更換電力供應商，因此停止逐戶推銷電力。希爾說他的業務員沒做錯事，他們是SSE的替罪羔羊。他訓練他的團隊登門從事艱難的推銷工作，為此，他很自豪。「每次被拒絕，你就往前邁進一點點；如果你明白這個事實，成功就離你不遠了。」

二〇一三年肯特郡議會大選，獨立黨奪得十七個席次，成為該郡第二大黨；而在薩尼特的八個席位中，獨立黨占了七席，希爾是當選人之一。在那之前，希爾曾在二〇〇三年獨立參選，對抗保守黨的現任議員，不過輸了選戰。而在更早之前，他是黨齡二十年的保守黨員。比這些都更早的是，他住在倫敦時，曾加入一個叫做進步黨（Progress Party）的組織。還有，他跟反移民的非主流政客丹尼斯・戴德菲爾德（Dennis Delderfield）走得很近。早於前述這些事的一九七八年時，他曾在民族陣線（National Front）擔任分會主任。「我在監獄服務的時候結識了許多人，包括許多退役警察的家屬，」他說，「一開始，民族陣線只是一群退休軍警交流感情的地方。」

一九七八年，一份工會報告記載倫敦東區上百起針對孟加拉人的種族暴力事件，「光天化日之下，人們被榔頭敲打、被刀刺，劃傷臉、刺穿肺，還有人被棍棒、槍枝、磚塊和雨傘襲擊，甚至被踹到失去意識。」這份報導並未將暴力事件的元凶直接指向民族陣線，但是指控他們在背後鼓動、製造事端。那一年，民族陣線在反猶太人的新納粹分子約翰・廷德爾（John Tyndall）領導下，推動一個以學童為宣傳目標的種族主義運動，叫做「如何辨識紅色教師」（How to Spot a Red Teacher），「當他們嘲笑我們的白色臉孔和國家，以及讓英國如此偉大的一切，你就能認出他們。」有鑑於獨立黨堅決否認他們是種族主義的政黨，我以為希爾會為自己辯護一九七八年他曾是民族陣線的一員，又或者為此無地自容、為此致歉。出乎我意料之外，他反而替民族陣線辯護，「許多人試圖把民族陣線跟極右派扯上關係，」他說，「但是那是不公平的，事實並非如此。」希爾跟一名埃及女子熱戀結婚之後就脫離了民族陣線。有些原來的夥伴不滿他娶了異族女子，跟他起了激烈爭執，之後，他就搬到東海岸定居。

希爾的組織工作多半著眼於擴大黨的群眾基礎，讓支持者超越既有的中年和老年族群。他的工作頗有進展。法拉吉的個人魅力，加上把英國問題歸咎於歐洲的訴求，吸引了某些年輕人加入獨立黨，包括學校辯論會的籌畫人——查理・萊斯。萊斯剛滿十八歲。每天早晨，他會先發放獨立黨傳單，然後上學，傍晚放學後就到拉姆斯蓋特超市的魚櫃台工作。他打算明年參選地方議會。

我跟他約在大街上的尼洛咖啡館再度見面。他告訴我，他在學校沒被人欺負，但是在街上，有人罵他有種族歧視、有性別歧視、害怕同性戀、心胸狹窄。他的政治生涯，從二〇一〇年大選前的一堂課後開始：當時，他的老師顯然對「僵局國會」（hung parliament）[57]一知半解，萊斯轉而上網求助。那一刻之前，他在童稚時期認識的政府只有工黨政府，後來經濟崩盤，他認定是工黨的錯，因此沒辦法支持它們。他把景氣回溫歸功於保守黨，並且到蘿拉・桑茲的辦公室實習，但是他也無法全心支持保守黨，因為它們主張讓英國留在歐盟。然後，用他自己的話說，他「在獨立黨仍然備受打壓的時候發現了它們」。所謂「打壓」，他指得是媒體的輕蔑和貶抑。學校辯論會一過，他終於在七月成了獨立黨黨員。在互不知情的情況下，他的父親也同時加入了獨立黨。

我問他，歐盟是否曾經妨礙或傷害他和他的家人？「就個人而言，歐盟從來沒礙著我，」他說，「但是它很可能對我產生負面影響，例如找工作方面的困難。假如我們對歐洲敞開大門，說不定會吸引好幾百萬名人口湧進來。」當時，萊斯再過兩星期才滿十八歲，但是說起法拉吉的平易近人，他流露出老一輩人的語氣，「我想，能隨時走進酒吧和奈吉爾把酒言歡，真是太好了。」

目前，法拉吉還能在危險的平衡中拿捏分寸，既像是前布萊爾時代的親切鄉紳——老保守黨員能接受的老派保守人物，如丹斯尼・柴契爾之流——又是勇於衝撞當權者，試圖翻天覆地的激進分子。由於欠缺想要在舊世界的廢墟重建新世界的左翼民粹黨派，獨立黨想要在新世界的廢墟重建舊世界的理念顯得非常誘人，足以吸引年輕選票。然而，隨著越來越接近權力，獨立黨不得不將它們的叛逆思想轉化成政策。黨內每一個人都同意查理・萊斯對歐盟的看法，「我無法接受我們的法律多半在海外制定，而我們無權置喙。」[58]但是並非每一位黨內同志都認同他對同性戀婚姻的堅定支持。（「我不喜歡別人告訴我什麼可以做、什麼不能做。」）

一天晚上，我找馬丁・希爾的二十八歲副手艾倫・奈特喝一杯。他的小表弟一起跟著來，他們兩人都喝果汁。「馬丁說我是他的祕密武器，我很有感召力……」奈特說，「我理解獨立黨想要達成的目標。我相信我會成為它們的一項重要資產。」但是他並非毫無保留，「我說，一旦我發現它們的路走偏了，我會立刻走人。我可不是不分青紅皂白的愚忠，我要為崇高的事業而奮鬥。」

奈特是另一名土生土長的拉姆斯蓋特人。父親在他十五歲時過世。他原本在薩尼特大學

57. 編註：也稱作「少數派國會」（Minority Parliament），是指議會制的國家裡，沒有任何一個政黨在議會內取得絕對多數。通常來說，當這樣的情況出現時，政黨們會籌組聯合政府、少數派政府或以解散國會來解決。英國於二〇一〇年出現僵局國會，兩大黨工黨及保守黨都沒有取得超過半數的席次，最後由保守黨和自民黨組成聯合政府，保守黨黨魁卡麥隆出任首相。

58. 一份二〇一〇年的下議會報告指出，新的英國法規大約有百分之十五到百分之五十來自布魯塞爾，實際數字取決於你的衡量方式。然而，歐洲法規必須在各國政府代表以及歐洲議會會員——包括英國政府代表和來自英國的歐洲議會會員同意之下，才能通過。

讀大眾傳播，後來輟學、搬家、做了各種工作，然後又搬回來。「我不想加入奴隸產業，」他說，「我不喜歡金錢這個概念，錢似乎會誘發人們最糟的一面。與其聽大家說三道四，我決定停下來，聆聽和觀察外面的世界。我開始看見反覆出現的模式。我對歷史深感興趣，因此大量閱讀歷史、科學和宗教方面的書籍。我大概梳理出了這個世界的運作方式……很長一段時間，我對政治非常反感。我決定仔細研究每個政黨，看看哪一個政黨對未來的規畫最符合我的期待。我讀了很多資料，也聽了奈吉爾・法拉吉演講。」

奈特說他並未盡信種種陰謀論，不過「某些事情可以用不同的觀點來看」。例如，他相信九一一恐怖攻擊是美國政府策畫的行動，目的是要製造進攻伊拉克的藉口，而進攻伊拉克不是為了石油，而是為了古代文物。「我認為它們試圖挖掘遠古世界，」他說。我問奈特，他的消息是從哪兒來的。他說，「只是為了掌握時事，」他每天一早會先逛逛一個叫做RSOE EDIS的匈牙利網站，網站上頭提供全球發燒話題事件的分布圖，例如地震或伊波拉病毒。他也看BBC，並且定期瀏覽Disclose.tv——「那是我以前常上的陰謀論論壇。」他不上推特，也不用臉書。對於外來移民問題，他發表了正統的紫黃色教條——「英國本地人成了下層階級，我們的意見被貼上種族歧視的標籤。」不過，他的語氣少了點苦澀。「說真的，獨立黨是本地最好的選擇，」他說，「但我沒說它是全國各地最好的選擇。」59

二〇一二年，前任的保守黨副黨魁艾許克羅勛爵（Lord Ashcroft）根據兩萬人大調查和十四場焦點座談會，發表了一篇報告，標題為〈他們的想法和我們的相同：剖析獨立黨的誘惑〉。他認為獨立黨吸引選票的原因，不在於該黨的歐洲或移民政策，而在於它們替膽怯的老百姓發言，說出了人民心中的恐懼、埋怨和偏見：

它們說，學校再也不能上演耶穌誕生劇或慶祝豐收節；人民再也不能插旗紀念聖喬治、再也不能把聖誕節叫做聖誕節；非少數族裔的人再也不能晉升警界高層；你不能穿著印有英格蘭字眼的衣服上公車；你如果不是移民，就申請不到社會住宅；你不能抱怨這些事情，否則會被說成種族主義分子；你甚至不能打自己的孩子。以上是獨立黨的選民和潛在支持者在焦點座談會中提到的例子。無論是否屬實，這些例子說明了選民認為主流政黨已經被盛行的政治正確文化牽著鼻子走，不再能代表沉默的大眾。

艾許克羅勸保守黨高層不必驚慌，也警告他們不要試圖模仿獨立黨。「保守黨人曾說，英國即將變成異鄉，」他指的是二〇〇一年威廉・黑格（William Hague）說的話，「我們告訴同志，只要跟著我們走，就能找回自己的國家。但是我們發現，對於立志執政、或者訴求對象不只是少數族群的政黨而言，這樣的政治宣言是沒有未來的。我們不能悄悄地跟少數族群說我們

59. 奈特在二〇一四年十月被開除。

和他們站在同一邊，期望其他人都沒聽見。」艾許克羅預測這次歐洲議會選舉，獨立黨將會大勝，保守黨則會受到重挫。但是不必緊張，民眾告訴他的研究人員，歐洲議會選舉的意義跟歐洲歌唱大賽的意義差不多，而他們的選票，只是用來表達抗議的一種方式。

但獨立黨在二〇一三年郡議會選舉的勝利就不容等閒視之了。在薩尼特，歷屆執政黨的歷史是一頁頁的背叛、瀆職、橫行霸道和無能，而這正是革命起義的沃土。一九八三年，保守黨的資深地方議員西里爾・霍澤（Cyril Hoser），因詐欺和偽造文書罪被判刑六年。一九九九年，南薩尼特選區的保守黨國會議員、資歷長達十四年的強納森・艾特肯（Jonathan Aitken），因偽證罪判刑十八個月。二〇一三年，郡議會的前保守黨黨鞭桑迪・以西傑（Sandy Ezekiel），因濫用公權在馬蓋特買下兩塊相鄰的房地產（其中一塊是屬於郡議會的財產），被判刑十八個月。同年，經營拉姆斯蓋特和奧斯坦德之間渡輪服務的跨歐羅巴（Transeuropa）公司宣布倒閉，之前，資深的工黨和保守黨議員曾跟它們簽訂祕密協議，縱容該公司積欠高達三百四十萬英鎊的港口費，議會最後得註銷這筆負債。二〇一二年，保守黨議員肯・葛雷格利（Ken Gregory）受到警方警告，因為他在另一名同事——雙性戀的無黨籍議員約翰・沃羅（John Worrow）的電話答錄機中留言，「只要一點狗屎運，愛滋病就會找上你。」不久後，警方找上工黨議員麥克・哈里遜（Mike Harrison），因為他在臉書上形容雙性戀的綠黨議員伊恩・崔佛（Ian Driver）是「撩起衣服、不男不女的人」。去年，議會內部的標準委員會指出薩尼特人民對僵局議會信任瓦解、議會黨派之間瀰漫惡意與攻擊的氣氛，議會不理會這份報告，標準委員會的四名無黨籍會員全體辭職。

崔佛是工黨的逃兵。二十一世紀頭十年，議會的規畫委員會主席是工黨議員肯・葛雷格利。後來，工黨失勢，保守黨掌權，葛雷格利於是脫離工黨投入保守黨陣營，保住他的職位。保守黨推出來跟法拉吉競選的候選人克雷格・麥肯利（Craig Mackinlay），是獨立黨的創始人之一，曾出任獨立黨黨魁。有人猜想，獨立黨最近的勝利或許會導致保守黨分裂。這在肯特郡已成事實：許多獨立黨議員都是從保守黨叛逃過來的。

「傳統上，濱海地區的政治生態是非常不穩定的，」本土調查雜誌《薩尼特觀察季刊》（*Thanet Watch*）的創辦人諾曼・湯瑪斯說，「許多保守黨人似乎還在觀望風向，等待時機跳船到獨立黨。」湯瑪斯表示，獨立黨的選民可以分為兩種族群。第一種族群是為了避開有色人種而從倫敦遷移過來的白色移民。「他們原本以為倫敦是鱔魚凍[60]和珠母鈕王和皇后（pearly kings and queens）的天堂，但這些黑人和少數族裔搬進來破壞了一切，他們就搬到布羅德斯泰和馬蓋特這些地方。他們把薩尼特視為某種白人領地，可以在這裡重拾幸福。這裡仍然有許多這樣的人投票給獨立黨——他們經濟無虞，大概也沒有什麼可抱怨的，只是原本就懷有成見。我經常花很多時間在鎮中心推銷雜誌，不用多久，就會有人跑來告訴我，在那些外國人進來以前，這個國家原本多麼美好。」

60. 譯註：jellied eels，英國傳統食物。

另一個族群是找工作的人。薩尼特的失業率高達百分之十，其中以年輕人居多。謠言鬧得沸沸揚揚，都說英國人連最低工資的工作都找不到，全被東歐人搶走了。許多人提到薩尼特農場（Thanet Earth）——這是位於拉姆斯蓋特西邊鄉下的四座巨大溫室，荷蘭農民以電腦調控溫室環境，大量生產番茄、青椒和黃瓜提供英國的超級市場。農場規模無與倫比，有將近一百萬株番茄植栽。「薩尼特農場的開幕受到熱烈好評，」馬丁・希爾說，「它為本地提供上千個工作機會。不過，這些工作全都落到了東歐人和荷蘭人手中。」我請求參觀薩尼特農場，或至少跟他們談談獨立黨的評論。農場委託的弗雷斯卡公關公司拒絕我的要求，只寄給我一份枯燥無味的聲明，「薩尼特農場的員工多元化且國際化，我們深深引以為傲……求職者必須有合法的英國工作權和居留權，至於他們的國籍，則不在我們的考量之下。」

政府的移民事務諮詢委員會（Migration Advisory Committee）表示，自從二〇〇四年歐盟擴大範圍以來，已有近百萬東歐人移入英國從事低技術工作。二〇一〇年以後，更有成千上萬的西班牙人、葡萄牙人和義大利人湧入。根據政府的最新估算，肯特郡有百分之四的人口由非英裔的歐盟公民組成。委員會最新的報告表示，歐洲外來移民對英國的影響，不如獨立黨希望見到的那般危言聳聽。報告指出，大多數問題是政府失靈或雇主剝削或兩者兼備而產生的：雇主仗著政府執法不力，以低於最低標準的薪資，聘用需錢孔急、未加入公會的移民，在惡劣的環境下超時工作。二〇一二年，肯特郡的霍頓養雞場被政府勒令停業，因為政府發現養雞場把立陶宛來的工人當成奴隸，雇主苛扣工資，讓工人住在潮濕且鼠輩肆虐的房子，或讓他們長期以小巴士為家，從一家農場換到另一家農場，整個英國都有他們的流浪蹤跡。政府監察員人力嚴重不足，無法監督雇主是否確實支付最低工資，以目前的速度，恐怕要花兩個半世紀才能查遍每一個雇主。

儘管這麼說無法安慰找不到工作的拉姆斯蓋特的十八歲青年，但是我們很難想像若是沒有外來移民，英國要如何運作。隨著英國人的壽命越來越長，總得有人負責那些粗重而吃力的工作。一九七一年以來，英國人口增長了百分之二十五，但是退休年齡的男性人口則暴增了百分之七十。

勞工權益得之不易。如何在已爭取到勞工權益的國家保護這些權益，並且讓其他國家來的勞工也享有這些權益，對傳統左翼思維來說，移民議題是一大挑戰。自由派人士很難回答這個問題，「如果你不堅信全球各地的人都有來英國工作和居住的絕對自由，你如何畫定界線？」答案的開頭或許是，「當移民成為傷害人民既有權益以及移民本身權益的工具，就是界線所在的地方。」

法拉吉在高中高年級生或國際企業家的簇擁下，會堅稱他不反對移民，也不反對歐洲和歐洲人——只是反對英國留在歐盟。他說，若是反對移民就太「低能」了。他表示希望實現瑞士式的歐盟貿易關係，以及澳洲式、以點數為基礎的移民制度：減少波蘭來的營造工人，增加印度來的科學家。但是這並非獨立黨在街頭巷尾傳達的理念。艾許克羅勛爵說得沒錯，一般大眾不覺得歐盟會員身分是個問題，移民才是；所有的外來移民、外國人、相異的物種。「拒絕大量移民，」獨立黨在薩尼特發放的傳單這麼說。有關英國本地人受苦受難而外國人吃香喝辣的謠言和訛傳在網路間甚囂塵上，右翼媒體上的仇恨軼事越來越以偏概全：如果某個外國人鑽制度漏洞，那麼肯定有成千上萬、甚至難以計數的外國人和他一樣在鑽漏洞。由此來看，法拉吉是受益者。獨立黨的言論並非低調的悄悄話，而是大聲的吶喊。

每當你跟法拉吉的擁護者交談，話鋒總會自然而然地轉到移民問題。有一次，我跟兩名鐵路工人史提夫・休斯和西蒙・布里奇聊了起來；當時他們坐在拉姆斯蓋特大街上的酒吧外喝酒。他們兩人都曾受父親鼓吹而投票給工黨，也都聽過關於柴契爾時代的諸多恐怖事件。他們覺得在最近的勞資糾紛中，鐵路、海事和運輸工會（RMT）的表現讓他們失望了。如今他們都打算投票給獨立黨。「法拉吉說話很實在，」休斯說，「他的主張不錯，因為我們快被占領了。我絕對沒有種族歧視，我有很多黑人朋友。但是那些移民似乎享有比我們更多的權利……我五十歲了。依我看，這個國家五十年後會由穆斯林執政。我真的這麼想。」

「這裡有許多恐怖分子製造許多問題。」布里奇說，「在倫敦，每三個人當中就有一個是恐怖分子，非常嚇人。」61

他們身旁都有奉公守法的英國公民沒辦法領取福利金的第一手故事，也都曾耳聞外國移民闖進政府機關、帶著厚厚一筆貸款離開的二手故事。

「我有個做生意的朋友，」休斯說，「他大概用了十五、六個波蘭人替他工作，因為他們一星期只拿兩百英鎊，而且節日、病假都不支薪，他也不必給工人年假或其他福利。」62

「波蘭人無所不在，」布里奇說，「要是他們只是過來討生活，那倒沒什麼問題，但是他們搶走別人的飯碗了。要說工作認真，誰也比不過波蘭人。他們拚命工作，而且只拿一點點薪水。誰會拒絕這種好事？」

「大家心知肚明，獨立黨永遠不可能執政，」休斯說，「但是法拉吉是個鬥士，也是個紳士。他喜歡喝啤酒。」

* * *

一九三八年，伊莉莎白・鮑恩（Elizabeth Bowen）在她的小說《心之死》（*The Death of the Heart*）中，描述了從倫敦到肯特郡海邊的一趟火車旅行。那是英國文學史上最不同凡響的旅程之一了。她在沒有誇飾現實的情況下，把故事裡的年輕主角波西婭從一個屬於十九世紀的情境——保守而壓抑的都會樓房、讓人沮喪的僕從、床笫上的挫折、勢利偽善的民風以及厚重的家具——帶到了光明的二十世紀，一個由自由、消費主義和偷情的刺激構成的世界。在廉價的西班牙套裝行程興起之前，這趟旅程的各種版本——從階級森嚴、民風僵化而陰鬱的英格蘭城市，奔向南部海岸的沙灘、遊樂場和自由自在——讓馬蓋特維持數十年生機盎然，而馬蓋特最東緣的克里夫頓維爾，也是唯一被畫進南薩尼特選區的一小塊地方，有著一排又一排高聳

61. 每八名倫敦居民就有一名回教徒。

62. 勞工法對英國及波蘭勞工一視同仁。

的公寓樓房；這裡是遊客的安憩之地，我猜許多跟我同輩的人都是在這裡受孕的。「以前每到夏天，這個小鎮的人口就會多出兩倍、三倍或四倍，」克里夫頓維爾的工黨議員克萊福・哈特說，「整個伯明罕空無一人，全跑來這裡過兩個星期的假期。我是在離海邊幾英里的一棟公有住宅出生的。夏日季節，我媽總得在窗戶貼上『沒有空房』的牌子，因為老是有人跑來敲門。」

一九八〇年代初期，這裡的假日觀光業突然變得蕭條，克里夫頓維爾的旅社門可羅雀。可是這些建築規模太大，無法當成一般住宅出售；不過，那些各自擁有衛浴設備的數十個房間，正好可以變成廉價的出租套房。接下來三十年，隨著經濟與政府政策的潮流變化，許多受到重創的英國東南部居民湧進這裡，克里夫頓維爾就跟著這群人，包括難民、臥房稅受害者、失業人口、吸毒者、其他城市不歡迎的麻煩人物，一起漸漸衰敗。最近幾年，有兩個新的族群搬了進來：東歐來的移民（包括許多從捷克和斯洛伐克來的吉普賽人），以及試圖挽救克里夫頓維爾舊日風俗的倫敦中產階級。

傳統上，整個克里夫頓維爾都是工黨的票倉，但是哈特坦承他很難對抗獨立黨的攻勢。哈特不久前還是議會的議長，但是在五月的一個星期六晚上，他在推特上跟批評者進行一番激烈的唇槍舌戰之後，就辭職下台了。「許多勞動階級心懷不滿，各黨各派的政客都讓他們覺得失望，」他告訴我，「我已經竭盡所能替弱勢族群發聲，但是我想，當他們看著三個全國性政黨的領袖，大概很難看出他們之間有什麼不同。就連我也看不出來。他們全都被執政黨同化了。」

南薩尼特和北薩尼特之間的界線，是從克里夫頓維爾到馬蓋特大海灘的東邊，把馬蓋特近年復興運動的核心——透納當代美術館（Turner Contemporary art gallery）——畫到了非法拉吉那一邊。拉姆斯蓋特的社運人士又忌妒又羨慕地看著馬蓋特的社運團體鼓吹議會支持復興運動，看著這項運動促成了中產階級化：它帶動馬蓋特濱海區的其他活化運動，例如夢鄉遊樂園的重建。這叫做透納效用。許多人把馬蓋特視為另一個惠茲特布爾（Whitstable）：首先吸引藝術家進駐，通勤族和觀光客便隨之而來。

一個酷熱的下午，我爬上透納美術館後的山丘，走入克里夫頓維爾，踏進很可能即將成為法拉吉國度的地方。舊旅社的欄杆上掛著黑色的塑膠垃圾袋，上頭寫著「此袋可回收使用、可防海鷗攻擊」。街道上有一股破敗的華麗感，我猜一九七〇年代的諾丁頓大概就是這樣。氤氳的水氣下，海面透出碧綠的顏色。我轉進阿斯頓路，這裡有一棟宏偉的維多利亞式倉庫被改建成一間間的工作室，供畫家和手工藝術家使用。我上前跟幾名坐在台階上曬太陽年輕男女攀談，他們並非什麼畫家或手工藝術家。

我很難如實記錄這段談話，因為許多人同時開口，而且只有一個人透露姓名。許多男人喝醉了，打著赤膊，炫耀著身上的刺青，一邊說話一邊揮著手中的酒瓶加強語氣。我只需要說我在寫一篇關於獨立黨的文章，他們便開始滔滔不絕地說自己多麼熱愛法拉吉，多盼望他解決移民問題。「我對天發誓，獨立黨得想想辦法，」一個男人說。他說自己是做賣車生意的，正打算賣掉停在對街路邊的那輛銀色車子。「我告訴你，只要你在這條街上住三個月，就算你原本沒有種族歧視，現在也有了。波蘭佬還可以，我還能忍，他們很努力掙錢。但有些人光坐在台階上喝酒、嘴裡吐出鳥食，只會消耗我們的資源。」

「為了我兒子著想，我會投給獨立黨，」他旁邊的女人說，「我小時候難得見到一個黑人，現在白人倒鶴立雞群了。」

我起身離開之際，當中一名微醺的雄辯家把我拉到一旁。他的名字是克里斯，原本在風力發電廠有份體面的工作，不過後來發生了變故。我們一邊說話，他的同居人一邊在周圍來回繞圈圈。她因為長期濫用毒品而面色泛黑，臉上長了疹塊，裙襬底下的小腿肚布滿了膿瘡。克里斯告訴我，她的情況比以前好多了，所以不久前才又開始穿裙子。他試著用委婉的說詞解釋她的境況，「她以前用過快克，」他說。他們住在一個地下室套房，他帶我走到通往他家的巷子。他說鄰居老在後院亂丟垃圾，然後指著他買來妝點門面的一排盆栽。他八成整天喝酒，但他希望大家知道他很努力、他很用心。

我在下一條街的街角遇到另外一群鄰居。他們大概是一整個斯洛伐克家族，老老少少都有，全都在家門口或坐或站。其中只有一名十五歲的女孩潔西卡會說英語。她開口說話，但是立刻變得冷硬而猜疑。「你為什麼光找斯洛伐克人談話？」她問。

幾戶之外住著一群來自捷克的吉普賽人，他們清醒地站在門外聊天。米洛斯拉夫的脖子上掛著一條厚重的銀項鍊，墜子是戴著荊棘冠的基督頭像；他的左胸刺著手槍和玫瑰的圖案，胸部正中央則刺著卡拉什尼科夫衝鋒槍的標誌和「五十個吉普賽人」的字眼。「我不喜歡他們，」他指的是斯洛伐克人，「因為他們把我們比下去了。」米洛斯拉夫十一歲就到了英國，他最近辭去工廠的工作，準備到賓士車的門市上班。「我沒有英國護照，但我覺得自己是道道地地的英國人，」他說，「我沒有英國身分，但是因為我在這裡很久了，我覺得自己是英國的一部分。」

在英國，吉普賽人常常會被誤認為南亞人。米洛斯拉夫告訴我，不久前他才在街上遭到莫名其妙的攻擊，他猜是因為種族的緣故，不過他似乎不覺得奇怪。他讓這起事件聽起來不過是一樁倒楣事，彷彿是被雨淋成落湯雞一樣平凡。他之所以提起，只因為發生了一件非比尋常的事：他受到攻擊後，一名白種的英格蘭人前來幫忙。他為我編織一幅動人的想像畫面，如果法拉吉在街上遭到攻擊，會有一名捷克吉普賽人出手相助，把他血淋淋的身體摟在懷裡，給他安慰。米洛斯拉夫跟許多有工作的移民一樣，支持獨立黨的某些理念，但不支持這個政黨。「你得分清楚誰是來工作、納稅，誰只是來享受福利的，」他說，「他們是種族主義政黨。你不能把所有人放在一個袋子裡一概而論。」

事實上，歐盟移民其實得克服許多障礙，才能在英國享有福利（這與社會大眾的想法恰恰相反）。我在布羅德斯泰跟P見面，她今年二十五歲，來自波蘭弗羅茲瓦夫，在英國待了五年半，並且從國王學院取得語言學碩士學位，說得一口好英語——好到足以找到教師工作，負責教移民說英語。她替一項稱作「調適」（Conditionality）的政府專案做事：英語不好的福利申請人有接受英語教育的機會，分為兩輪，每輪為期二十四周。如果沒有進步，福利就會中斷。

我給她看比較溫和的獨立黨文宣，她覺得無可挑剔。「有太多人只是來這裡享受福利，而我還得替他們的住宿買單，我不喜歡這樣，真的，」她說，「但是同時，也有許多人認真納稅，努力為這個國家的福祉付出。」我給她看那張寫著「抱歉，我們客滿了」的傳單。她皺起了鼻子。「太糟糕了，我覺得這是針對那些沒什麼教育水準的人。」

P在英國的期間，多半住在倫敦；她覺得搬來薩尼特，無疑是另一次移民經驗。「剛接到這份工作時，我甚至連馬蓋特在哪裡都不知道，」她說，「這是我第一次接觸真正的英國人——他們各式各樣的小傳統，他們工作時聊的話題；他們不談文化，不談政治，只聊聊家庭、酒吧、卡拉OK之夜和冰島的旅遊促銷活動。這裡的人吃得很糟。我覺得這裡的人胖得離奇，他們吃得很不好，又不自己開伙。」

當今歐盟的設計理念之一，就是讓勞力分配更接近美國模式，每個人都能善盡其才。無論工作機會在歐洲什麼地方，人力可以輕易跨歐陸流動，從波蘭到英國就像從奧克拉荷馬州到加州一樣簡單。但是即便在美國，所謂的「一樣簡單」不一定很簡單；而比起美國，歐洲的勞動階級更缺乏文化內聚力。美國還有聯邦政府制定的最低薪資標準。更何況，歐洲合眾國（United States of Europe）就是獨立黨用來反對英國加入歐盟的訴求。

到目前為止，獨立黨崛起的最大受害者是保守黨，但是法拉吉等同也對工黨提出了一個難對付的問題，有待工黨回應。歐盟是個混合體，它既追求社會公義，也為全球資本主義服務；強迫行動通訊業者降低漫遊費率並促使英國清理海岸的歐盟，也是賦予跨國公司權力控告政府的歐盟；努力提高英國勞工權益的歐盟，也是幫助雇主挑撥全國勞工彼此對立的歐盟。對此，一個泛歐洲的右翼反移民政黨聯盟，便在英國、法國、瑞典、芬蘭、德國、荷蘭以及歐盟許多其他國家應運而生、蓬勃發展。而作為歐洲思想與行動匯集者的左翼進步黨派，卻反而輕忽了問題，兀自做壁上觀。

後記

本書初版問世之後，我有機會跟來自英國各地的讀者暢談。我發現許多人跟我看法一致，都認為有必要徹底重新思考私有化政策。他們和我一樣，想要探究的不只是出了什麼差錯；我們還想知道如何撥亂反正，但是已不相信既有政黨能對根本的議題提出創新思維。我們不再希冀改變遊戲規則，而是要顛覆大局。

我無法弭平這道缺口。我不是政客、經濟學家或歷史學，我只是個作家。然而，專業經濟學家未能預見二〇〇八年的金融海嘯，讓我這種愛刨根問底的門外漢信心大增；如今，就是這份信心鼓勵著我自己去尋找結論。

這本書不是要鼓吹政府循二十世紀中期的思維，大舉將公用事業重新收歸國有。有一個奇怪的觀念，認為唯一能替代私有制的方法，就是將自來水或鐵路公司變成財務不透明的政府機關；與其說這個觀念是左翼社運分子灌輸於社會的，倒不如說是右翼政論家炒作出來的結果。他們擔心越來越多人懷疑現行的經濟政策方向，於是想挑起「英國會退回一九七〇年代或蘇維埃化」這種不實的恐懼來恫嚇民眾。

英國私有化行動最荒謬又自相矛盾的地方，就是讓英國的基礎建設反而被外國政府收歸國有：前英國國營事業被化整為零，一塊塊落入法國、荷蘭、瑞典、中國、新加坡和阿布達比的政府手中，成為別人的資產。

我也無意攻擊民營企業。我書寫的內容並不包括汽車製造商、建築師事務所、餐館、小吃店、美容院、夜總會、房地產仲介、農場、藥商、軟體設計公司，或者過去和現在宣示私有制度的各行各業。我書寫的內容甚至不包括民營的大型寡占事業——例如銀行、超級市場和會計師事務所。我所書寫的事業，本質上迥異於那些彼此競爭的私人企業；如同迪特爾・赫爾姆（Dieter Helm）對能源業的描述，這些事業不能被順理成章地視為「私有產業」或「國有產業」，只能被視為政治產業。

我所寫的，是許多人會稱作「公用事業」（public services）其私有化的故事。「公用事業」是個很貼切的詞，我們應該繼續用它，因為它捕捉了這些事業為公眾利益而存在的重要概念。但是這個詞太空泛，無法充分反映這些大型私有化行動的本質；它也太狹隘，無法將歷史完整納入參考。這個詞過於模稜兩可，因為公用事業可以輕易地轉為私有；這種狀況很常見，而且不見得不好，想想計程車、航空公司、水管工和麵包店等例子就可以明白。

我寧可形容我所書寫的，是關於普及網路（universal networks）的私有化故事。所謂「普及」，我指的是政府認為必須提供給全體公民、且無論他們有沒有能力付費，都不可或缺的社會和科技體系。

富裕國家大約有十來個這樣的普及網路。我很難說出一個精準的數字，部分原因是每個國家都不同。在英國，醫療服務是一個普及網路；但是在美國，你可以說它是，也可以說它不是。無法說出精確數字的另一個原因，是新科技不斷製造新的服務，淘汰掉舊的普及網路。我們今生有可能目睹郵政服務這個普及網路的消逝，由新的網際網路取而代之。

網際網路的興起，為普及網路的發展過程提供了很好的範例。對普通百姓來說，網際網路一開始是一種新鮮的花招，甚至是一項奢侈品。後來它漸漸成了有用的奢侈品，然後成了有用的日用品，接著開始廣為流行，最終變成沒有接上網路會讓人覺得丟臉，甚至難以生活。到了最後，網際網路已不可或缺，每個人想當然都能連上網路。舉例而言，假如你今天在英國失業了，你得證明自己每天起碼投了七張履歷表找工作，才能領取失業救濟金；而這只有靠網際網路才辦得到。

網際網路起初是一項政府專案，然後一般人也開始透過民營企業連上網路。然而，一旦民營的、可自由選擇參加與否的網路躍升為普及網路，這個網路就不可能繼續專屬於自由市場世界。當社會認為全體公民都必須能夠隨時隨地連上網路，政治壓力就會逐漸加溫、迫使網路普及化。好比說，強烈擁護自由市場的英國政府就曾逼迫手機公司將彼此競爭的私人網路串連起來，以提供更廣泛的覆蓋率。又好比在美國，歐巴馬總統也曾建議將網際網路歸類為「公用電信服務」。

讓我們把時間倒推兩世紀，回到十九世紀初的喬汀翰；你可以看見自來水事業的發展也走過類似路徑。自來水產業的肇始，是政府委託民間企業提供清洗街道的用水；民間水公司的經營一上軌道，就開始開發新的服務：自來水、廁所。它的發展模式跟網際網路如出一轍——自來水一開始是新奇的奢侈品，接著變成有用的奢侈品，再變成有用的日用品，然後便流行起來。到了這個時候，政府開始對水公司施壓，要求提供普及化的服務、也就是要求水公司將管線延伸到付不起水費的地區。經過一段長期抗爭，當足夠多人明白自來水的普及不只是慈善事業，更對整體社會有益之後，喬汀翰的自來水網路終於遍及每一戶人家。

第一個普及網路是國防，也就是領土的防衛。而且，由於國防超越了家庭和宗族利益，並且涉及了領土的定義，它也是現代國家的發端。二〇一四年，伊拉克和烏克蘭的軍隊雙雙受到重創，不令人意外的是，這兩國後來也是受到外部干政最嚴重的國家；外部人士鼓吹以自由市場方案解決唯有政府帶領重建普及網路才能解決的問題，導致兩國經濟惡化。

繼國防之後成立的普及網路，每個國家各有不同：警察與司法、交通、福利、教育、醫療、自來水、郵政、天災（如火災、水災和傳染病）防護、能源、現金與付款、垃圾收集，以及如今的網際網路（現今的電話系統已成了網際網路的分支）。食物並非普及網路，因為包括英國在內的大多數政府選擇透過福利津貼避免人民挨餓。住房也不是，不過在一九七〇年代的英國，住房差一點變成普及網路。就目前而言，英國政府沒有義務替健康狀況良好、沒有小孩的成人遊民提供遮風避雨的地方。

關於這一長串的普及網路清單，有兩項令人震驚的事實。首先，這份清單幾乎跟現代政府單位的典型組合相互呼應。如果全部轉入民營，政府還剩下什麼？政府存在的目的是什麼？政府是否保護、供應、庇護、指引和建造？如果答案為否，那麼「國家」又是什麼？

另一項事實是，許多卓越的經濟學家替私有化行動提供了理論依據，然而在他們有生之年，這些普及網路既不成網路，也絲毫不普及。亞當・斯密寫下《國富論》時，英國唯有的普及網路跟中世紀時期一樣——國防、司法系統，以及貨幣鑄造（有些人或許會把道路和濟貧法算進去）。

柴契爾及其追隨者在英國推動的私有化路線，讓英國重新回到工業化前的制度，也就是除了國防、警察-司法-獄政系統、貨幣發行、垃圾收集、濟貧院和道路維修之外，政府一概不插手其他產業；福利金被廢除了，而其他如醫療、教育、天然氣、電力、自來水、火車和客運、網際網路等普及網路，只能以市場價格購買，換句話說就是「去普及化」。英國窮人將可以再度自由地選擇挨餓、死於可治療的疾病、成為文盲，或者在濟貧院裡勉強糊口。

柴契爾的邏輯無疑吸引了某些人——主要是保守黨、獨立黨和有錢人之流，對這些人來說，喬治王時代的英國是他們憧憬的理想。然而政客、經濟學家和金融圈等主流私有派人士駁斥這樣的邏輯。當然，對於擁護私有化行動的有錢人來說，私有化行動無疑有理性的自利成分存在：它讓政府可以更輕易地降低高收入族群的所得稅。但是絕大多數支持私有化的人都明白，維持主要普及網路的普及性對每個人都有好處；他們也知道，只要人人都有權投票，就會有許多人受益於醫療服務、教育和福利制度的普及，以至於「去普及化」窒礙難行。

於是，私有化政策的捍衛者轉而倚賴六項謊言。第一，民營企業的結構比公營事業健全。

這種說法比較接近宗教信仰而非現實，部分教友把企業主管吹捧成新的祭司階級。真相比較乏味：有時候公家機關失靈，有時候民營企業失靈。私有化時代之前的英國國鐵和之後的聯網鐵路公司都是商業化經營的公營事業，而且都比私有化的路軌公司有效率。英國最大型的兩家民營銀行最近得靠公眾資金紓困。公用事業私有化之後的最大缺點，是這些企業的第一要務在於替企業主和高階主管牟利，而不是替社會大眾服務。比較起來，老國營事業的典型毛病——人力結構無法以更新、更好的營運模式分配——還比較好解決。

第二個謊言是，私有化的網路必須在自由市場上競爭。但是，某些不可或缺的網路（例如自來水和能源輸送）是與生俱來的獨占事業，根本不存在競爭。況且在民主社會中，公用事業一旦成了普及網路，就免不了承受政治壓力；並非因為這些事業受到政府監督，而是因為財力兩極化的階層彼此角力。低薪階級如搬運工、清潔工、保母、僕佣等苦力，合理地要求這些服務可以免費或者平價，他們不光是為了自己，更為了讓子孫能夠跟權貴階級的孩子站在同一個起跑線上。而那些有能力蔑視窮人不可或缺的基本公用服務（例如教育和醫療）的有錢人，則希望政府補助對他們有利的某些服務，例如他們在偏遠鄉下的第二棟房子附近的電信服務、通往第三棟房子的快速道路，以及第四棟房子周遭的防洪措施。

第三個謊言是，縮小政府權力意味著降低賦稅。事實上，稅務結構只是從累進稅制倒退回單一稅制，毫不考慮人民的負擔能力。

第四個謊言是，在福利被無情刪減、全民收入下跌（只除了最有錢階級）而公用事業費用越來越高的情況下，這些網路是每個人都可以負擔的，因此可以維持其普及性。

第五，私有化有助於本國企業在海外市場競爭。事實上，參與普及網路的私有化企業試圖將觸角伸向英國外的市場時，最後多半鎩羽而歸。而持續將英國自來水、能源和運輸產業的所有權移往海外（部分醫療產業也可能出現類似狀況），不僅意味英國大眾失去了主控權，也意味英國將高技術的設計、工程和行政工作轉往其他國家。

第六個謊言是，私有化行動對文化的破壞無關緊要，人們對此毫不在乎，而電廠、全國郵政系統的概念、市立醫院，或甚至大家齊心協力為後代子孫付出的精神，不像保留迷人的科茲沃爾德村落或國家公園那樣，可以產生人民的凝聚力。事實上，它會，它可以，而且非常緊要。

我們能做些什麼？以下是我的一些想法，從討論經濟時使用的語彙開始。

- 新聞界、政界和學界需要認同私有化普及網路的費用等同於稅賦的觀念，任何有關公民稅賦負擔的討論，都必須把這些費用納入計算。同樣的，如果私有化的普及網路出現超額付費、增值、濫用職權、浪費或官僚作風，新聞界和政界應該以對待政府機關的方式處理這些狀況。
- 普及網路的基礎設施以及在網路內委託服務的權力，應該由傳統住房協會這一類商業化經營的非營利組織負責，政府的所有補助也都交由這些組織分配。

- 如果需要更多資金興建普及網路的基礎設施，應該透過發行債券直接借款，而不是藉由出售股分或股東權益取得。
- 私人企業、獨立的非營利事業以及其他國家的國營事業可以參與普及網路的競爭，但不可以買下普及網路的所有權。
- 可行的話，普及網路應該採取累進費率（無論循國民健保模式或透過收入狀況調查），就像從前的英國學生不僅免學費，還可以領取生活津貼。
- 普及網路的主事者應該具有民意代表性，可以透過直選產生；主事者的任期應該超過兩屆政府的任期，並且隨時可以被民眾罷免。

我知道這些想法還存在許多問題，而且兩邊不討好。就算受到大眾監控，私人企業繼續提供公用服務的想法，恐怕很難讓左翼人士接受；而其餘的觀念則會讓右翼人士感到錯愕（什麼？把光纖網路收歸國有？買回水庫？荒唐！無稽之談！）。最後一項提議——拆解政府，讓公用事業主管的任期更接近大型專案的壽命，這很可能讓所有人感到為難。但是這些想法不能算是提議，只是我從為這本書進行研究時獲取的心得，可以供做思考的方向。

跟我同年的男人多半覺得這個社會每況愈下，我也不能免疫。然而，有時候我覺得自己似乎越活越天真、越心存希望。如果傳統社會主義把人性看得太良善，那麼過去三十五年來風行於英國社會的正統經濟觀與道德觀——個人的貪婪與家庭利益是讓世界運作順暢、讓最大多數人獲得幸福的動力——則太過無情。我不相信這種說法。「在意」這個詞因為普及網路的業者濫用，而失去了意義，我們很容易忘了，我們把工作做好的原因，除了賺錢之外，也因為我們真的在意。雖然偶有例外，但是我們在意的程度超過了犬儒的想像。無論我們在私人企業做事、吃公家飯或自己當老闆，我們在意我們的顧客，我們想把工作做好，不僅為了口碑，也為了工作本身。那是非賣品，有錢也買不到。

謝誌

本書的許多章節，最早都發表於《倫敦書評》（*London Review of Books*），〈號誌失靈〉則刊登在《衛報》。感謝《倫敦書評》編輯Mary-Kay Wilmers的支持與耐心，也感謝她同意破例刊登這些不符合《倫敦書評》正常篇幅的文章。我也要對《衛報》編輯Alan Rusbridger致上同樣的謝意。另外，我還必須感謝《倫敦書評》的Daniel Soar、Jean McNicol、Paul Myerscough、Deborah Friedell、Christian Lorentzen、Joanna Biggs、Alice Spawls、Nick Richardson及Jonah Miller。特別感謝當時在《衛報》擔任專題編輯的Ian Katz，是他最早建議我調查西岸幹線的內情，而我花了一年半時間才交稿，他也從無怨言。感謝Charlie English及Rob Edwards，他們運用資訊自由法幫助我取得帶領路軌走向滅亡的顧問諮詢報告。

為了寫這本書，我採訪了超過一百五十個人次。在我希望採訪的對象中，有些人不願意受訪，有些人被工作單位禁止受訪，有些人則在匿名的條件下才肯開口。我在書中若引述受訪者的話，並且得到同意，便會寫出受訪者姓名。但是有許多人幫助我蒐集背景資料，也有許多人是在我還一知半解、抓不到重點的時候接受訪問，因此沒被引述。屬於後者的有住房議題方面的Rabina Khan，以及醫療議題方面的David Worksett和Allyson Pollock。感謝他們花時間幫助我了解事情的來龍去脈。我要感謝Peter Morris，承蒙他以無比耐心教我看懂企業財報上的數字，幫助我理解私人財團收購英國基礎設施的過程。Alice Weston、Keith Hill、John Bryant、Roger Harding、Neil Litherland及Stuart Macdonald則以他們的洞見，幫助我看清楚紊亂的英國住房政策。

在這個時代，大企業的開放顯得矯飾——亮麗、友善、內容豐富的網站和熱鬧的公關活動不過是表面功夫，背後隱藏的是員工被噤聲、企業否認公司歷史並且拒絕回答可疑問題；一般綜合記者必須感謝專業領域記者，他們日復一日一絲不苟地追蹤特定領域，連有所顧忌的高階主管都習慣他們的存在。為此，我特別感謝《房市內幕》和《保健服務期刊》的工作人員。

此外，我接觸的這兩個組織、皇家郵政的David Simpson，以及維京鐵路的Chris Green，派來想像力豐富又能說善道的人協助我調查；他們有足夠的職權和自信來直接面對我的問題，給予我睿智又幽默的答案，並且坦率接受批評，願意回顧公司的陳年往事。

當新聞調查工作越來越深入，記者對受訪者的要求，可能就不只是陳述事件，而需要受訪者針對陳述事件所需的基本用語，給予記者即時教育；這有賴受訪者莫大的耐心，尤其當詢問彷彿變成了審訊。我特別感謝Stephen Littlechild和Emma Cochrane，謝謝他們願意停下來為我解釋概念。

承蒙Dieter Helm在《倫敦書評》刊登〈電力戰爭〉之前賜閱初稿；也謝謝校閱〈沒有一滴水可喝〉的Michael Pryke和校閱〈傷痕累累〉的Nick Timmins。不過，這些文章若有任何缺失，仍是我個人的責任。

有關於電力市場的舞弊事件，可以在Marija D. Ilic、Francisco Galiana和Lester Fink聯手編纂的《*Power Systems Restructuring: Engineering and Economics*》以及David Newbery寫的《*Privatization, Restructuring, and Regulation of Network Utilities*》等書中找到案例。Colin Jones與Alan Murie合著的《*Right to Buy: Analysis and Evaluation of a Housing Policy*》有極高的參考價

值。Matt Griffith的報告〈*We Must Fix It*〉也是一樣，你可以在IPPR智庫的網站（ipprorg）找到這篇文章。我也深深受惠於William Waugh所著的《*John Charnley: The Man and the Hip*》，以及John Allan的傑作《*Lubetkin*》。

我還想謝謝Chloé Penman、Mattieu Le Goff、Joseph de Weck、Marc Francis及Stewart Smyth；我的經紀人Natasha Fairweather；我在Verso出版社的編輯Leo Hollis，以及老家最忠實的讀者Russel及Susan Meek。

財團治國的年代：從自由市場到不自由的人民／詹姆斯．米克（James Meek）著；黃佳瑜譯．-- 初版．-- 臺北市：時報文化，2016.09
面；　公分．--（文化思潮；5）
譯自：Private island : why Britain now belongs to someone else
ISBN 978-957-13-6774-3（平裝）
1. 市場經濟 2. 民營化 3. 社會發展 4. 英國

552.41　　105015869

Earlier versions of the following chapters originally appeared in the London Review of Books;
Chapter 1 in vol. 33, No.9; Chapter 3 in vol. 30, No.15; Chapter 4 in vol. 34, No.17; Chapter 5 in vol. 33, No.18; Chapter 5 in vol. 36, No.1; Chapter 7 in vol. 36, No.19
An earlier version of Chapter 2 appeared in the Guardian under the headline 'The £10bn Rail Cash'
Published by arrangement with United Agents.
through Andrew Nurnberg Associates International Limited

ISBN 978-957-13-6774-3
Printed in Taiwan

文化思潮 005

財團治國的年代 從自由市場到不自由的人民

Private Island: Why Britain Now Belongs to Someone Else

作者　詹姆斯．米克 James Meek｜**譯者**　黃佳瑜｜**責任編輯**　陳怡慈｜**責任企畫**　劉凱瑛｜**美術設計**　許晉維｜**董事長．總經理**　趙政岷｜**總編輯**　余宜芳｜**出版者**　時報文化出版企業股份有限公司　10803 臺北市和平西路三段 240 號 4 樓　**發行專線**——(02)2306-6842　**讀者服務專線**——0800-231-705．(02)2304-7103　**讀者服務傳真**——(02)2304-6858　**郵撥**——19344724 時報文化出版公司　**信箱**——台北郵政 79-99 信箱　**時報悅讀網**——http://www.readingtimes.com.tw　**電子郵件信箱**——ctliving@readingtimes.com.tw　**人文科學線臉書**——http://www.facebook.com/jinbunkagaku｜**法律顧問**　理律法律事務所　陳長文律師、李念祖律師｜**印刷**　勁達印刷有限公司｜**初版一刷**　2016 年 9 月｜**定價**　新台幣 360 元｜（缺頁或破損的書，請寄回更換）｜時報文化出版公司成立於一九七五年，並於一九九九年股票上櫃公開發行，於二〇〇八年脫離中時集團非屬旺中，以「尊重智慧與創意的文化事業」為信念。